Bea Harazd · Mario Gieske · Hans-Günter Rolff
Gesundheitsmanagement in der Schule

Schule und Gesundheit

Bea Harazd · Mario Gieske · Hans-Günter Rolff

Gesundheitsmanagement in der Schule

Lehrergesundheit als
neue Aufgabe der Schulleitung

Eine Veröffentlichung der
Dortmunder Akademie für Pädagogische Führungskräfte (DAPF)
der Technischen Universität Dortmund

 LinkLuchterhand

Bibliografische Information der Deutschen Nationalbibliothek
Die Deutsche Nationalbibliothek verzeichnet diese Publikation in der Deutschen
Nationalbibliografie; detaillierte bibliografische Daten sind im Internet über
http://dnb.d-nb.de abrufbar.

ISBN 978-3-472-07653-7

www.wolterskluwer.de
www.schulleitung.de

Umschlag: Martina Busch, Grafikdesign, Fürstenfeldbruck
Titelfoto: © Kristian Sekulic - Fotolia.com
Satz: RPS Satzstudio, Düsseldorf
Druck: Wilhelm & Adam, Heusenstamm
∞ Gedruckt auf säurefreiem, alterungsbeständigem und chlorfreiem Papier

Eine gesunde Lehrkraft ist jemand, die mit Freude ihrem Beruf nachgeht, die einfach frei ist, sich den Kindern zuzuwenden, (...) die ihren Beruf als befriedigend erlebt. Die aber auch darüber hinaus nicht nur für den Beruf lebt, sondern einfach auch noch andere Felder hat, die sie erfüllen und die sie ausfüllt. (...)

Für mich besteht Gesundheitsmanagement aus zwei Aspekten: Einmal diese Rahmenbedingungen, die Sicherheitsbestimmungen, darauf zu achten, dass die eingehalten werden. Aber für mich ist dieser Bereich, dafür zu sorgen, dass es hier eine Form von seelischer Gesundheit des Lehrerberufs gibt, dies ist für mich noch stärker in der Verantwortung. Für das eine gibt es Checklisten, da hake ich ab, alles erfüllt. (...) Das andere, das muss ich mit meiner Person ein bisschen ausfüllen. Und da gehören die Bereiche rein: Wer mit wem zusammen, (...) also ich gucke sehr genau, wer unterstützt wen, wer ergänzt wen, in der Art (...). Ich versuche den Menschen ganzheitlich zu erfassen und versuche, da auch Unterstützungsbedarfe wahrzunehmen. (...) Also ich denke, durch eine hohe Transparenz der Maßnahmen, die ich mache, dadurch, dass ich sehr viel rede, sehr viel erkläre, ist sehr viel Abwesenheit von diesem Grummelbauchgefühl: (...) Alle Dinge die ich tue sind jederzeit bei mir abfragbar und ich erkläre ganz viel. Also Transparenz, denke ich, über das, was ich tue ist ganz wichtig. (...) Also alles, was so seelisch belastet, psychisch belastet, da sehe ich meine Aufgabe, ihnen den Rücken frei zu halten, ihnen den Rücken zu stärken in schwierigen Gesprächen. Unterstützung in die Schule zu holen. (...) Also muss ich versuchen Strukturen einzufordern und aufzubauen, die diesen Bereich der Lehrerin abnimmt.

Zitat einer Schulleiterin, März 2008

Inhalt

Vorwort

Die Unfallkasse Nordrhein-Westfalen ist der Unfallversicherungsträger der öffentlichen Hand in Nordrhein-Westfalen. Sie ist u. a. zuständig für ca. 6 700 allgemeinbildende und berufliche Schulen, etwa 2,9 Mio. Schülerinnen und Schüler und ca. 43 000 angestellte Lehrkräfte. Sie sorgt zum einen für die medizinische, berufliche und soziale Rehabilitation unfallverletzter Versicherter, zum anderen unterstützt sie die Schulen dabei, ihrer Verpflichtung gerecht zu werden, Arbeits- bzw. Schulunfälle sowie schulbedingte Gesundheitsgefahren zu verhüten und für eine wirksame Erste Hilfe zu sorgen.

Der Präventionsauftrag ist für die Schulen von nicht zu unterschätzender Bedeutung, denn die »schulische Gesundheitssituation« ist bedenklich: Viele Schülerinnen und Schüler haben schwerwiegende Gesundheitsprobleme und die Lehrkräfte sind in der Mehrheit gesundheitlich hoch belastet und damit in ihrer Leistungsfähigkeit eingeschränkt. Um diese Situation nachhaltig zu verbessern, reicht es nicht mehr aus, Gesundheit zum Thema von Schule und Unterricht zu machen. Nachhaltig wirken Prävention und Gesundheitsförderung nur, wenn sie mit dem Bildungs- und Erziehungsauftrag von Schule verknüpft sind, also dem originären pädagogischen Anliegen von Schule dienen.

Der Präventionsarbeit der Unfallkasse Nordrhein-Westfalen liegt deshalb der Ansatz einer integrierten Gesundheits- und Qualitätsförderung zugrunde. Dieses fundierte Konzept geht von einer engen Wechselbeziehung zwischen Gesundheit und Bildung aus. Gesundheit ist sowohl eine Voraussetzung als auch ein Ergebnis schulischer Bildungs- und Erziehungsprozesse. Das Wohlergehen der Schülerinnen und Schüler sowie von Lehrkräften ist nicht nur ein Zeichen von Schulqualität, es fördert sie auch. Denn positives Wohlbefinden hat einen fördernden Einfluss, z. B. auf die Leistungsmotivation und mindert störendes Verhalten. Negative Emotionen wie Angst und Hilflosigkeit hingegen wirken sich ungünstig auf die Leistung aus. Und umgekehrt wirkt sich eine schlechte Schulqualität, z. B. in Form fehlender Partizipation, zu hohen Leistungserwartungen oder einem schlechten sozialen Klima negativ auf die Gesundheit aus, während beispielsweise ein gutes soziales Klima ein Treiber für eine gute Schulgesundheit ist. Zudem zeigen internationale Studien, dass Bildung einer der wichtigsten sozialen Faktoren der Gesundheit ist. Sie wirkt auf das Gesundheitsverhalten und auf die Einstellungen zur Gesundheit.

Demzufolge sollen die präventiven und gesundheitsförderlichen Unterstützungsangebote der Unfallkasse Nordrhein-Westfalen nicht nur die Gesundheit der schulischen Akteure verbessern, sondern auch mittel- und unmittelbar die Schul- und Unterrichtsqualität optimieren. Mit unseren Maßnahmen und Aktivitäten möchten wir Schulen dabei unterstützen, sich zu guten gesunden Schulen zu entwickeln. Eine gute gesunde Schule verständigt sich über ihren Bildungs- und Erziehungsauftrag, setzt ihn erfolgreich um und leistet damit einen Beitrag zur Bildung für nachhaltige Entwicklung. Sie weist gute Qualitäten in ihren pädagogischen Wirkungen und ihrem Bildungs- und Erziehungserfolg, der Qualität von Schule und Unterricht sowie der Gesundheitsbildung und -erziehung von Schülern aus. Sie sorgt für die stetige und nachhaltige Verbesserung dieser Bereiche durch die konsequente und systematische Anwendung von Erkenntnissen der Gesundheits- und Bildungswissenschaften (vgl. BRÄGGER & POSSE, 2007, S. 37 f.).

Das Unterstützungsangebot der Unfallkasse Nordrhein-Westfalen umfasst Informationsangebote, z. B. die Zeitschrift »forum schule« oder das Internetportal »Sichere Schule« und bietet Seminare, Lehrgänge und Fachtagungen für die unterschiedlichsten Zielgruppen an. Programme, Modellprojekte, wissenschaftliche Studien und Wettbewerbe zu Themen der gesundheitsförderlichen Schulentwicklung werden unterstützt und Beratungen angeboten. Außerdem verleiht die Unfallkasse NRW jährlich den Schulentwicklungspreis »Gute gesunde Schule« an Schulen aus Nordrhein-Westfalen. Sie würdigt damit gute und vorbildliche Leistungen auf dem Gebiet der gesundheitsorientierten Schulentwicklung.

Für die Gesundheitsqualität einer Schule spielen die Führungskräfte, insbesondere die Schulleiterin oder der Schulleiter eine wichtige Rolle. Sie sind der Schlüssel für Innovationen und Qualität und damit auch für die Verwirklichung der guten gesunden Schule. Sie nehmen nicht nur direkt durch ihr Handeln und durch ihre Führungskompetenz Einfluss auf die Gesundheit und Leistungsfähigkeit der Schülerinnen und Schüler und insbesondere der Lehrkräfte, sondern auch indirekt durch ihr Vorbildverhalten, durch ihren Optimismus und ihre Zuversicht. Durch die Gestaltung eines gesundheitsförderlichen Arbeitsumfeldes und eines wertschätzenden Umgangs können sowohl eigene als auch Leistungspotentiale der Mitarbeiter freigesetzt und ein produktives und faires Miteinander geschaffen werden.

Die Erkenntnisse und wissenschaftlichen Ergebnisse über das Gesundheitsmanagement von Schulleitungen und über die Auswirkungen ihres Führungsverhaltens auf die Gesundheit und Leistungsfähigkeit der Lehrkräfte sind allerdings noch lückenhaft. Um diese Lücken ein wenig mehr schließen zu helfen, hat die Unfallkasse Nordrhein-Westfalen das vom Institut für Schulentwicklungsforschung (IFS) der TU Dortmund zusammen mit der Dortmunder Akademie für Pädagogische Führungskräfte (DAPF) durchgeführte Forschungsprojekt »Wirkung neuer Leitungskonzepte auf die Qualität von Schulen« finanziell gefördert. Die Ergebnisse dieser Studie, die zu einem Teil in dem vorliegenden Band beschrieben werden, wird die Unfallkasse Nordrhein-Westfalen zur Optimierung ihrer Fortbildungen, Medien und Beratungen zum schulischen Gesundheitsmanagement nutzen.

Unser Dank gilt den Wissenschaftlern Prof. Dr. (em.) HANS-GÜNTER ROLFF, Dr. BEA HARAZD und Dipl. Reha.-Päd. MARIO GIESKE für die gute Arbeit und kollegiale Zusammenarbeit mit der Unfallkasse Nordrhein-Westfalen. Gedankt sei auch Prof. Dr. MARTIN BONSEN, Prof. Dr. STEPHAN HUBER, Prof. MICHAEL SCHRATZ und Prof. Dr. BERNHARD SIELAND, die durch ihre Mitarbeit im wissenschaftlichen Beirat das Forschungsprojekt unterstützt haben.

GABRIELE PAPPAI (Mitglied der Geschäftsführung)

HEINZ HUNDELOH (Leiter des Bereichs Bildungseinrichtungen)

1. Einleitung: Schulleitung im Wandel – neue Konzepte von Führung, Management und Steuerung

HANS-GÜNTER ROLFF

Über Schulleitung ist in Deutschland bisher wenig geforscht worden; über neue Konzepte von Schulleitung liegen auch über Deutschland hinaus bisher nur sehr wenige Studien vor. Dabei ereignet sich gerade im deutschsprachigen Raum ein Wandel der Schulleiterrolle bisher unbekannten Ausmaßes. Die Schulen werden allerorts selbstständiger, eigenverantwortlicher oder teilautonomer – je nach »Landessprache« unterschiedlich benannt, in der Sache jedoch gleich gelagert. Gleichzeitig werden die Qualitätsansprüche an Schule, nicht zuletzt durch die PISA-Studien angefeuert, höher, und das Schule halten für die Lehrpersonen aus unterschiedlichen Gründen immer schwieriger – vom zunehmenden Erwartungsdruck bis zur sich dramatisch verändernden Kindheit. Der Ruf nach neuen Leitungskonzepten nimmt ebenso zu wie der nach guten und gesunden Schulen. Über beides und besonders über deren Zusammenhang haben wir geforscht.

Bevor wir die grundlegenden Ergebnisse berichten, muss geklärt werden, was man sich unter »neuen« Konzepten von Schulleitung vorstellen kann.

1.1 Schulleitung wird immer wichtiger

Die Leitungstätigkeit nimmt rapide zu. Es kamen in den letzten zehn bis fünfzehn Jahren Tätigkeiten hinzu, von denen davor nicht einmal die Begriffe bekannt waren wie Personalmanagement, Budgetgestaltung, Unterrichtsentwicklung, Qualitätsevaluation, Fortbildungsplanung, Change Management und Gesundheitsförderung. Zudem türmen sich Entwicklungsprobleme vom Verlust an Bindung und Gemeinschaft, eskalierender Aggressivität, Zusammenstoß rivalisierender Kulturen bzw. Religionen bis hin zur Digitalisierung der Kommunikation mit ungeahnten Folgen. Schulleitungen sind aufgerufen, für ihre Schulen Konzepte zu entwickeln, die geeignet sind, derartige Erziehungsprobleme zu bewältigen. Erziehungsentwicklung wird in Zukunft vermutlich wichtiger als die in diesen Jahren dominierende Unterrichtsentwicklung.

Schulleitung bedeutet Leitung eines mittelständischen Betriebes, sowohl hinsichtlich der schieren Größe als auch der sozial-ökonomischen Bedeutung. Schule halten ist vermutlich sogar noch schwieriger als einen Betrieb zu leiten; denn Bildung und Erziehung als Ergebnis von Schularbeit sind keine materiellen Güter und auch keinesfalls nur Dienstleistungen, sondern Produkte hochkomplizierter, reflexiver und teilweise widersprüchlicher Lernprozesse. Hinzu kommt, dass Lehrer nach Meinung von EVANS (1996) ein besonderer Typ von Mitarbeitern sind, denen es mehr als anderen um Anerkennung, Einfluss und Gemochtwerden geht, die als Beamte faktisch unkündbar sind und die zur Ausübung ihrer Tätigkeit ein hohes Maß an Autonomie fordern und auch benötigen und sich deshalb nur schwer führen lassen (und Führung nicht selten überhaupt in Frage stellen).

Zudem sollen Schulleiter gemäß OECD-Konzepten (PONT, NUSCHE & MOORMAN, 2008) in Zukunft auch stärker an der Entwicklung des ganzen Schulsystems (zumindest in der Nachbarschaft) mitwirken und zu sogenannten Systemsleadern werden. Dazu gehören regionale Schulentwicklung, Einbeziehung außerschulischer Lernorte, Vernetzung von Fachkonferenzen und Nutzung des Know-hows von Nachbarschulen.

Das ist eine Aufgabenfülle, die keine Person allein bewältigen kann. Deshalb sind neue Konzepte von Schulleitung gefordert, die bereits an vielen Orten erprobt oder zumindest in Ansätzen entwickelt werden. Neue Konzepte von Leitung sind komplexe Konzepte. Man kann dabei grundlegend ausdifferenzieren:

1.2 Leitung

Leitung differenziert sich nach

● Führung
● Management und
● Steuerung.

In allen drei Dimensionen sind Ausweitungen zu erkennen, denen im Folgenden nachgegangen wird.

1.2.1 Führung und verteilte Führung

Führung ist immer Menschenführung. Sie setzt ein Mindestmaß an Einverständnis der Geführten voraus. Sie kann sich direkt auf Personen beziehen oder indirekt (DUBS, 2005); sie kann personal sein oder strukturell (WUNDERER, 2005), indem sie Strukturen schafft, die Menschen leiten und lenken, fordern und fördern. Sie kann belasten oder entlasten. Führung hat allein deshalb einen Konnex zur Gesundheit.

Führung ist heute so komplex geworden, dass sie aufgeteilt werden muss. Aufgeteilte Führung (distributed leadership) ist ein aktuelles Thema in der internationalen Schulleitungsdiskussion. Bei HARGREAVES und FINK z. B. heißt es:»Die Annahme, organisationale Intelligenz könne durch eine einzelne Führungsperson verkörpert werden, trägt das Risiko mangelnder Flexibilität in sich und erhöht damit die Wahrscheinlichkeiten von Fehlentscheidungen und -handlungen (...). Aus diesen Gründen zielen immer mehr Bemühungen darauf, die einzelne Führungsperson durch distributed leadership, durch stärker verteilte Führung, zu ersetzen. Dieser Führungstyp umfasst ein Beziehungsnetzwerk von Personen, Strukturen und Kulturen (...). Er ist nicht bloß eine Rolle, die einer Person in einer Organisation zugewiesen wird. Distributed leadership ist eine organische Aktivität, die sich auf Beziehungen und Verbindungen stützt.« (HARGREAVES & FINK, 2006, S. 24).

Verteilte Führung – so könnte die Übersetzung vermutlich besser lauten – bringt weitere Personen über den Schulleiter hinaus in Führungsfunktionen; Personen, die schon leiten können oder es aber vom Schulleiter lernen, der dann »leader of learners« wird. Der Schulleiter oder die Schulleiterin sind Chefs. Sie stehen in der

Mitte eines Beziehungsnetzes, in dem sie die Letzt- bzw. Gesamtverantwortung behalten. Es kommt die erweiterte Schulleitung (ESL) hinzu, die die Abteilungsleiter oder – je nach Schulform – die Stufenleiter in Führungsverantwortung bringt. Stellvertreter gehören selbstverständlich auch dazu. Wenn es didaktische Leiter (wie in Gesamtschulen) oder Verwaltungsleiter (wie in etlichen Schweizer Gymnasien und Berufsschulen) gibt, gehören diese auch zur ESL. Zur Führung einer Schule, allerdings eher im Sinne von Mitbestimmung und ohne dass dafür Funktionsstellen vorgesehen sind, gehören auch die Lehrer- und die Schulkonferenz.

Zur konsequenten Aufteilung von Führung passt schließlich die Übertragung von Führungsaufgaben auf die Vorsitzenden der großen Fachgruppen wie Deutsch oder Mathematik usw. Dieses »Aufbauen« der Fachgruppen ist verhältnismäßig neu und eindeutig die Aufgabe des Schulleiters. Der Schulleiter schafft eine Innenarchitektur: Er etabliert eine innere Struktur der Schule, stärkt die Fachschaften und verknüpft sie miteinander zur Konferenz der Fachgruppen, die ein- oder zweimal pro Jahr unter seiner Leitung tagt (auch in Grundschulen).

Verteilte Führung wird nur dann ein Erfolg und eine Erleichterung für den Schulleiter, wenn es gelingt, die passenden Personen in die sich ausdifferenzierenden Funktionen zu bringen. Das ist bei Abteilungs- oder Stufenleitern ein bekanntes Thema, bei den Fachkonferenzen allerdings eher neu. Denn die (manchmal auch Sprecher oder Vorsitzenden genannten) Leiter der Fachkonferenzen müssen die Führungsrollen erst einmal annehmen und erlernen. Heute verstehen sie sich eher als Verwalter einer Position, die pflichtgemäß abwechselnd besetzt wird und die die wenigen Geschäfte einer Gruppe führt, die durchschnittlich zweimal im Jahr tagt und wesentliche organisatorische Dinge erledigt.

Zu Führungspersonen werden die Fachgruppenleiter erst, wenn die Fachgruppen an Gewicht gewinnen und wenn sie vom Schulleiter in dieser neuen Rolle »gecoacht« werden. Es geht dabei vor allem um Auftrags- und Rollenklärungen.

Personalführung heißt in erster Linie, sich um die Qualität der Lehrkräfte zu kümmern.

Bei verteilter Führung führt der Schulleiter die innerschulischen Führungskräfte und diese wiederum führen die einzelnen Lehrpersonen. Der Schulleiter kann bereits bei einer mittelgroßen Schule nicht mehr jeden einzelnen Lehrer persönlich führen. Schon aus zeitlichen Gründen kann er nicht mit jedem Einzelnen jährliche Mitarbeitergespräche realisieren und Zielvereinbarungen schließen. Er kann sich auch nicht immer selbst um die Problemfälle unter den Lehrkräften kümmern, die in Schulen so gern tabuisiert werden, aber dennoch vorkommen und allen bekannt sind. Wenn das Kollegium in geführte Gruppen untergliedert ist und sich diese Gruppen zu Teams entwickeln, dann können diese Teams die Entwicklung der darin arbeitenden Personen übernehmen. In professionellen Einrichtungen sind in der Tat Teams verantwortlich für Führung und Personalentwicklung. Wenn es in einer Fünfer- oder Sechsergruppe einen »Problemlehrer« gibt, dann kann er den Gruppenansprüchen viel weniger ausweichen als im großen Kollegium, in dem er »Monade« ist. So wie die »Schule als Institution erzieht« (BERNFELD, 1925), so führt

3

und entwickelt eine Arbeitsgruppe das Personal. Schulleiter werden dadurch entlastet, aber müssen als »Innenarchitekt« dieses Netzwerk funktionierender Gruppen erst einmal in Gang setzen. Das ist ein Beispiel für indirekte oder strukturelle Führung.

Fachgruppen sind die am besten bekannten und am meisten verbreiteten innerschulischen Arbeitsgruppen. Sie stellen so etwas wie »schlafende Riesen« der Schulentwicklung dar. Sie schlafen, weil sie normalerweise nur einmal pro Schulhalbjahr tagen und dann nur die nötigsten Organisationsfragen klären und sie sind gleichsam Riesen, weil sie über ein großes Potenzial zur Unterrichtsverbesserung verfügen. Aufgrund ihres Potenzials bilden sie die ideale Arbeitsstruktur für die Entwicklung, Realisierung und Evaluierung der pädagogischen Qualitätsarbeit, – aber nur, wenn sie mehr als bloße Routineveranstaltungen sind, die zweimal im Jahr tagen und nur die nötigsten Geschäfte klären.

Alle Lehrerinnen und Lehrer – zumindest in weiterführenden Schulen – gehören einer oder mehreren Fachgruppen, Fachschaften oder Fachkonferenzen an, wo sie Fachfragen diskutieren und gemeinsame Maßnahmen vereinbaren – oder eben auch nicht. Aller Erfahrung nach sind sich die meisten Fachschaften ihrer verantwortlichen Rolle für Qualitätsarbeit noch nicht hinreichend bewusst. Ähnliches gilt für die Bildungsgangkonferenzen, die in den letzten Jahren in den berufsbildenden Schulen entstanden sind.

Fachgruppen und Bildungsgangkonferenzen sollten vier wesentliche – wenn möglich aus dem Schulprogramm abgeleitete – Funktionen haben:

● Verantwortung für die fachliche Qualitätsentwicklung in einem Fach,
● Mitverantwortung für die Personalführung in einem Fach,
● Verantwortung für die eigene Infrastruktur und
● Interessenvertretung der fachlichen Anliegen.

Wenn Führung aufgeteilt wird auf Stellvertreter, Abteilungs-, Stufen- und Didaktische Leiter bis hin zu Fachkonferenzvorsitzenden und Jahrgangsstufensprechern, dann entsteht ein sogenanntes Mittleres Management (vgl. FREIMUTH, HAUCK & TREBESCH, 2003).

HARGREAVES und FINK betonen zu Recht, dass verteilte Führung nicht nur die positive Seite der Beteiligung mehrerer Führungspersonen und damit auch der Entlastung zeigt, sondern auch Fehlentwicklungen und Probleme auftreten können. Sie explizieren die unterschiedlichen Ausprägungen verteilter Führung, indem sie ein »Thermometer verteilter Führung« entwickeln (HARGREAVES & FINK, 2006, S. 113, vgl. Abb. 5.2).

Abbildung 1.2.1: Thermometer verteilter Führung

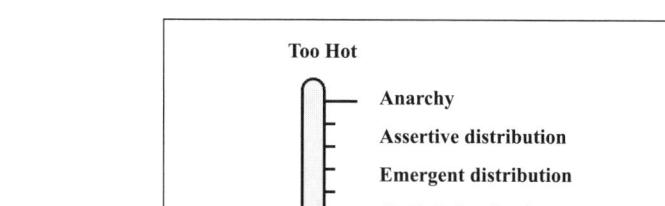

Am Fuße des Thermometers platzieren sie »Autokratie«, die nichts mit aufgeteilter Führung gemein hat, sondern allein auf Führungsansprüchen des Chefs beruht. In aufsteigender Folge erwähnen sie als nächstes die *traditionelle Delegation*, bei der vor allem dasjenige vom Schulleiter delegiert wird, was gewöhnlich, uninteressant oder unerfreulich ist.

Davon unterscheiden sie *progressive Delegation*, bei der viel mehr und viel weiter (in das Kollegium) delegiert wird. Hargreaves und Fink nennen als Beispiele Fachgruppen, aber auch Gremien außerhalb der Linienstruktur bzw. der Aufbauorganisation wie »Evaluations-Ausschüsse«. Auf diese Weise nimmt – nach ihren Worten – die »Führungs-Dichte« zu.

Die folgende Stufe nennen HARGREAVES und FINK (2006) »Guided distribution« oder auch »Distribution by design«, was nicht so einfach zu übersetzen ist und vielleicht *geplante* oder *gestaltete Verteilung* heißen könnte. Hierbei arbeitet die Schulleitung ähnlich wie ein Architekt, der sich eine Struktur überlegt und sie dann bewusst gestaltet. Auf die Schule übertragen könnte es sich dabei z. B. um eine »Innenarchitektur« des Qualitätsmanagements oder der Unterrichtsentwicklung handeln, oder um eine Architektur, die beides kombiniert. HARGREAVES & FINK nennen auch die Umgestaltung der Schule zur »Professionellen Lerngemeinschaft« als Beispiel für gestaltete Verteilung (S. 121).

Die nächste Stufe bezeichnen sie als »Emergent distribution«, was – weil es ebenfalls keine unmittelbare Entsprechung in der deutschen Sprache hat – als *emergente Verteilung* übernommen wird. Hier handelt es sich um einen geradezu idealen Führungsstil: »Leadership also emerges from individuals and groups who seize the initiative to inspire and influence their colleagues to take up opportunities, move in new directions, or attend to external pressures – with or without the principal's blessing«

(HARGREAVES & FINK, 2006, S. 122). Führung in diesem Verständnis kann in der Schule allgegenwärtig sein, im Leitungsbüro, in den Fachräumen oder im Lehrerzimmer, d. h. überall dort, wo Lehrpersonen zusammenkommen und sich auf Lernen, Lehren oder Entwicklung konzentrieren. Emergente Führung kann nicht angeordnet und auch nicht delegiert werden. Sie passiert unvorhergesehen und überraschend.

Schließlich erwähnen HARGREAVES und FINK noch *assertive Führung*, was mit anspruchsvoller oder auch anmaßender Führung übersetzt werden könnte. Hiermit ist eine aktivistische Orientierung von Lehrern gemeint, die oft basisdemokratisch orientiert sind, und die Mitwirkung und Mitentscheidung verlangen, auch gegen »untätige« Schulleiter, aber selbst nicht durch die Verfassung der Schule legitimiert sind. Dies ist eine kritische Konstellation von Führung, die Reformen und Entwicklung erzwingen will und bei der Lehrer in unabgestimmter Weise die Agenten des Wandels sind. Noch kritischer einzuschätzen ist die letzte Stufe, Anarchie. Anarchie ist per definitionem Führungslosigkeit.

Die Typologie von Hargreaves und Fink macht deutlich, dass verteilte Führung eine komplexe Konstruktion ist, die nach weiterer Klärung durch Forschung verlangt. So wäre es interessant zu untersuchen, wie die unterschiedlichen Versionen von verteilter Führung auf die Qualität von Schule wirken.

1.2.2 Management und Co-Management

Führung und Management überschneiden sich. Führung ist, wie erwähnt, eher auf Personal bezogen, Management eher auf Sachen. Management umfasst Betriebsleitung, Projektmanagement, Budgetmanagement, also eher sachbezogene Domänen, aber auch Konfliktmanagement, Gesundheitsmanagement und Changemanagement. Führung bezieht sich also eher auf personenbezogene Angelegenheiten wie Personaleinstellung, -beurteilung und -entwicklung.

Auch die Managementaufgaben sind derart expandiert, dass sie nicht mehr von einer Person allein erledigt werden können, jedenfalls nicht in zumutbarer Weise. Deshalb ist Co-Management angesagt. Dabei werden zwei Varianten von Co-Management unterschieden:

Variante 1: Die erweiterte Schulleitung betreibt Co-Management. Alle Funktionsstelleninhaber arbeiten beim Management zusammen.

Variante 2: Der Lehrerrat bzw. Personalrat ist am Management beteiligt. Er übernimmt Verantwortung für das Management der Schulentwicklung – oder wirkt nur mit.

Co-Management betrifft im ersten Sinne allein die Zusammenarbeit der befugten Leitungspersonen. Und Co-Management muss zu Entscheidungen kommen können, auch wenn kein Konsens besteht. Es muss zumindest ein transparentes Entscheidungsverfahren geben, wobei es Bereiche geben sollte, in denen der Schulleiter zumindest ein Vetorecht hat.

Auf die Steuergruppe kann sich das Co-Management also nicht erstrecken, denn diese besteht nicht nur aus befugten Leitungspersonen und sie strebt einen Konsens an, weshalb sie Mehrheitsentscheidungen vermeidet.

Ein gutes Beispiel für Co-Management ist eine um die Abteilungs- bzw. Stufenleiter und vielleicht auch Fachkoordinatoren erweiterte Schulleitung bzw. eine kollegiale oder Teamschulleitung. Auch die Zusammenarbeit der Schulleitung mit gestärkten Fachgruppenleitern ist Co-Management (des Prozesses der Fachunterrichtsentwicklung). Co-Management lässt ein sogenanntes Mittleres Management entstehen, das in den Schulen bisher wenig etabliert ist: Selbst Abteilungs- oder Stufenleiter haben sich häufig mit ihrer Leitungsrolle noch gar nicht identifiziert.

Ein gut funktionierendes Co-Management aufzubauen, gehört zu den vornehmsten Aufgaben eines Schulleiters, welcher die Innenarchitektur seiner Schule zu optimieren versucht und Synergien erzeugen möchte. Integration wird im Übrigen nicht nur über eine passende Innenarchitektur erreicht, sondern auch über Inhalte wie Leitbilder, Schulprogramme und Schulcurricula.

Offen bleibt, ob der Personal- bzw. Lehrerrat zum Co-Management zählt und/ oder die ganze Lehrerkonferenz. Diese Frage wird für mitbestimmte Betriebe aktuell diskutiert und überwiegend bejaht (vgl. Zeitschrift Organisationsentwicklung 2/2003):»Co-Management meint, dass der Betriebsrat in weitaus stärkerem Maße als bislang Mitverantwortung für die Mitarbeiter des Unternehmens übernimmt. Er fördert die Qualifikation und Adaptionsfähigkeit der Arbeitnehmer, er fordert sie aber ebenso von ihnen ab« (SCHNEIDER, 2003, S. 82). Das Problem ist allerdings, dass Betriebs- und Personalräte in der Rolle des Mittleren Managements leicht in eine Sandwich-Position geraten können zwischen (Schul-)Leitung und Personal, die sie beide zu vereinbaren geneigt sind. Freimuth u. a. nennen diese Personen »Orientierungswaisen« und legen dar, dass das Mittlere Management insgesamt leicht in einen solchen Rollenkonflikt geraten kann (FREIMUTH et al., 2003, S. 26).

1.2.3 Steuerung und Steuergruppen

Steuerung betrifft die »dritte Dimension« von Leitung. Der Steuerungsbegriff ist für den Schulbereich erst im Zusammenhang mit Schulentwicklung aufgetaucht, also Ende der achtziger Jahre. Dies ist kein Zufall. Denn erst im Rahmen von Schulentwicklung und dem damit einhergehenden Trend zur selbstständigen Schule erhielten die Schulen Gestaltungsautonomie (vgl. ROLFF, 2007, S. 50 ff.) und damit die Schulleitungen die Aufgaben, die Weiterentwicklung der Schule zu gestalten und die damit verbundenen Realisierungsprozesse zu steuern.

Eine interessante Frage ist, welchen Platz eine Steuergruppe (STG) in diesem Zusammenhang einnimmt. Steuergruppen gehören nicht zum Führungssystem und auch nicht zum Co-Management, weil sie unter anderem aus Mitgliedern bestehen, die über keine institutionell angelegten Entscheidungsbefugnisse verfügen. Sie entscheiden allerdings über Prozessfragen im Rahmen von Schulentwicklung mit, aber dieses nicht aufgrund gesetzten Rechts, sondern lediglich ermächtigt durch ein Mandat des Kollegiums bzw. zumindest der Schulleitung.

Dennoch ist die Steuergruppe eine wichtige Einrichtung der Schule: Sie sorgt für die Steuerung der Entwicklung der ganzen Schule auf dem Wege zur lernenden

Organisation. Über die Prozess-Steuerung hinaus sorgt sie für die Aktivierung des ganzen Kollegiums und die Erzeugung von Akzeptanz. Nicht zuletzt bietet sie für die Mitglieder einen Ort der Personalentwicklung: Sie lernen steuern, d. h. Prioritäten setzen, Projekte entwickeln usw. und einige auch leiten. Insofern gibt es Überschneidungen zum Co-Management.

Ähnlich verhält es sich mit den übrigen Bausteinen zur Innenarchitektur einer Schule. Die Jahrgangsgruppen unterscheiden sich von den Fachgruppen vor allem dadurch, dass sie üblicherweise in keiner gesetzten Ordnung als Gremium auftauchen. In Bezug auf die Unterrichtsentwicklung ist die Funktion der Jahrgangsgruppen allerdings mindestens genauso bedeutsam wie die der Fachgruppen: Fachgruppen indes werden sogar in neueren Schulgesetzen genannt. Sie sind der Ort für Methoden-, Team- und Kommunikationstraining – und damit Basis für allgemeine, fachübergreifende Unterrichtsentwicklung, der etliche Schulentwicklungsexperten die Priorität vor der fachspezifischen Unterrichtsentwicklung zusprechen.

Die Koordination der Fachgruppenarbeit unterliegt wiederum der Steuergruppe, kann aber auch Angelegenheit der Erweiterten Schulleitung (ESL) sein. Die ESL kann ohnehin als funktionales Äquivalent zur Steuergruppe angesehen werden. Allerdings hat die Steuergruppe mehr Potenzial als die ESL, das ganze Kollegium zu aktivieren und Akzeptanz für schulweite Entwicklungsprozesse zu gewinnen.

1.3 Konfluente Leitung – oder wie alles zusammenkommt

Damit die aufgeteilte Führung nicht zu einer fragmentierten Organisation führt, sind Medien der Integration gefragt. Der gesellschaftliche Trend führt allerorts zu mehr Differenzierung, er verlangt aber auch nach mehr Integration. Das Gleiche gilt für Schulleitung. Die bisher wenig diskutierte Frage lautet also, wie die zahlreichen Einzelaktivitäten wieder zu einem handlungsleitenden Ganzen zusammengefügt werden können, für das die Person der Schulleiterin bzw. des Schulleiters letztverantwortlich ist. Eine Antwort lautet zunächst unsortiert:

- Schulleitungsbild und Schulprofil
- Führungsleitbild
- Masterplan für die Schulentwicklung
- System des Qualitätsmanagements
- Gesundheitsmanagement sowie
- Organisatorische Vorrichtungen wie
  - ESLn
  - Steuergruppen und
  - die Konferenzen der Vorsitzenden von Fachgruppen, die der/die Schulleiter/in leitet.

Schulleitung muss daraus ein kohärentes Ganzes machen. Etwas systematischer kann man vier Ebenen unterscheiden, auf denen sich das Ganze konstituiert:

- Organisation, d. h. Geschäftsverteilungsplan u. a.
- Verantwortung und Verbindlichkeit, d. h. Zeitvereinbarungen u. a.

8

- Kultur, d. h. Werte, Normen und Ziele
- Symbolik, d. h. Schullogo u. a.

Bleibt die Frage, wie man das komplizierte Geflecht von verteilter Führung, Co-Management und Prozess-Steuerung am besten und unverwechselbar benennen sollte. Eine Möglichkeit wäre »konfigurative Leitung«, eine andere »kohärente Leitung«. Beides ist bezeichnend, aber vielleicht nicht bezeichnend genug. Man könnte amerikanisch aus dis(tributed) leadership und Co-Management das Kunstwort *Disco* oder vielleicht *Discom* basteln, also *Disco*-Leitung (was ja missverstanden werden könnte) oder *Discom*-Leitung. Möglicherweise wirkt das zu künstlich konstruiert.

Kein Kunstwort wäre das Wort konfluente Leitung. Konfluenz bedeutet laut Fremdwörterbuch »Zusammenfluss (mehrerer gleichrangiger Ströme).« Das trifft das hier dargelegte Leitungskonzept recht gut. Und Strom bezeichnet einen Prozess. Außerdem suggeriert das Wort Strom Energie und Synergie. All das ist hier gemeint. Außerdem gab es in den USA eine starke Bewegung, die sich confluent education nannte. Also eine gewisse Tradition gibt es auch. Deshalb machen wir den Vorschlag, das zukunftsorientierte Leitungskonzept »konfluente Leitung« zu taufen.

Nicht gemeint ist hier ein Begriffsverständnis, wie es in der Psychotherapie heimisch ist. Dort bedeutet Konfluenz nicht zusammenfließen, sondern ineinanderfließen. Ineinanderfließen verwischt Grenzen und Abgrenzungen, wird letztlich pathologisch. Konfluente Leitung meint gerade umgekehrt, dass Grenzen definiert und Rollen geklärt werden. Auch geht es um Gegenüberstellungen und unterschiedliche Interessen wie beim Verhältnis von Schulleitung und Personalrat. Konfluenz soll einen gemeinsamen Rahmen schaffen, in dem unterschiedliche Akteure zusammenspielen. Konfluenz ist dann ein System- oder Strukturmerkmal und nicht auf die einzelne Person bezogen – wie in der Psychotherapie. Am nächsten kommt dem hier gemeinten Begriff der Konfluenz der Begriff Synergie.

Dubs (2005, S. 139) hat zwischen Führungs- und Handlungsverantwortung unterschieden und darauf hingewiesen, dass Handlungsverantwortung delegiert werden kann, Führungsverantwortung jedoch nicht. Konfluente Leitung teilt Führung auf und praktiziert Co-Management. KFT ist ein idealtypisches Konzept, das nur flexibel und unterschiedlich angewendet werden kann. Die Schulleiterin bzw. der Schulleiter muss einschätzen, wie weit man dabei gehen kann, was nicht zuletzt von den im Kollegium vorhandenen Potenzialen abhängt. Die Letztverantwortung verbleibt ohnehin bei ihr bzw. bei ihm.

1.3.1 Führung als Leitkategorie

Der US-amerikanische Managementexperte Bennis hat den viel zitierten Satz geprägt: »Manager packen die Sache richtig an; Führungskräfte packen die richtige Sache an« (Bennis, 1990, S. 211). Wenn dieser Satz zutrifft, ergibt sich daraus Führung als Leitkategorie für Leitungshandeln. Das ist nicht selbstverständlich angesichts des Umstandes, dass nicht wenige Vertreter der Managementlehre Management als Leitkategorie propagieren. In den letzten Jahren überwiegt jedoch zunehmend der Eindruck, dass Führung die Leitkategorie ist, was besonders durch den aufkommenden Leadership-Begriff deutlich wird, der Führung nicht selten überhöht und mit Charisma in Verbindung bringt.

Charisma ist ein Begriff aus dem Neuen Testament (Zweiter Korinther-Brief), der »Gnadengabe« meint. Charisma ist ein Anspruch, der kaum zu erfüllen ist: Wer verfügt schon über Charisma? Und kann man Charisma überhaupt lehren und lernen? Vermutlich nicht.

Richtig und wichtig am Leadership-Begriff ist, dass er stark mit Persönlichkeit konnotiert. Und in der Tat geht es bei Führung wesentlich um Persönlichkeit. Führung heißt nicht nur Führen von Personen, sondern setzt selbst Persönlichkeit, Führungspersönlichkeit voraus. Nicht jeder kann führen, aber Führung kann man im Unterschied zu Charisma lernen, wenngleich das schon ein Stück Persönlichkeit voraussetzt. Die besten Führungskräfte hören im Übrigen nicht auf, an ihrer Persönlichkeit zu arbeiten, beispielsweise indem sie sich immer wieder fragen:

- Warum bin ich in einen pädagogischen Beruf gegangen?
- Wofür stehe ich (als Führungskraft)?
- Welche Werte vertrete ich?
- Welches Vermächtnis möchte ich einmal hinterlassen?

Wer äußere Entwicklung will, muss auch innere Entwicklung wollen; wer Schule weiter entwickeln will, muss sich auch selbst entwickeln.

Führung ist auch moralische Führung. Das gilt allgemein. Denn wo es Machtunterschiede, d. h. Hierarchien gibt, geht es auch um Moral. Moral ist zudem in der Schule ein Thema, weil es in der Schule um Menschenbildung geht. Ohne Moralvorstellungen kann Schule nicht bilden und ohne Moralvorstellungen kann man den anspruchsvollen Beruf eines Schulleiters nicht überzeugend ausüben.

Führung ist eine Entwicklungsaufgabe, wobei Schulleiter nicht nur sich selbst im Fokus haben, sondern das ganze Kollegium: Lehrer helfen Schülern beim Lernen und Schulleiter helfen Lehrern bei der (Personal-) Entwicklung.

Führung ist darüber hinaus eine Gestaltungsaufgabe: Schulleiter haben die ganze Schule zum Thema: Strategien, Strukturen und Kulturen. Lehrer haben eher ihre Klasse oder ihr Fach als die ganze Schule im Blick.

1.3.2 Gute und gesunde Schule als Bezugsrahmen

Für ELMORE, Schulleitungsforscher an der Harvard-University, bedeutet Führung eigenverantwortlicher Schulen dreierlei:

- Die Bedingungen zu gestalten, unter denen Schüler und Lehrer besser lernen.
- Organisationen zu schaffen, die unterstützende und kohärente Umgebungen für eine erfolgreiche Praxis darstellen und
- Führungsfähigkeiten und Führungspraktiken bei anderen entwickeln (ELMORE, 2004, S. 42 ff.).

Führung in diesem Sinne ist strukturelle Führung oder indirekte Führung. Sie ist im Kern Gestaltungsaufgabe, Gestaltung einer guten Schule (zunehmend durch die

Qualitätstableaus der Schulinspektion bestimmt) und Gestaltung einer gesunden Schule.

BADURA hat Merkmale einer gesunden Organisation herausgearbeitet, die sich nahezu ohne Abstriche auf Schule übertragen lassen. Sie sind in Tabelle 1.3.1 wiedergegeben.

Tabelle 1.3.1: Merkmale gesunder und ungesunder Organisation

	Gesunde Organisationen	Ungesunde Organisationen
Sinnstiftende Betätigung (Arbeit, Freizeit usw.)	stark verbreitet	weniger stark verbreitet
Soziale Kompetenz	stark ausgeprägt und verbreitet	gering ausgeprägt und verbreitet
Stabilität, Funktionsfähigkeit primärer Beziehungen (Familie, Arbeitsgruppe usw.)	hoch	gering
Umfang sozialer Kontakte jenseits primärer Beziehungen	hoch	gering
Gegenseitiges Vertrauen, Zusammenhalt unter Mitgliedern (»Klima«)	hoch	gering
Ausmaß persönlicher Beteiligung an systematischer Willensbildung, Entscheidungsfindung (»Partizipation«)	hoch	gering
Vertrauen in Führung	hoch	gering
Identifikation der Mitglieder mit übergeordneten Zielen und Regeln ihres sozialen Systems (»Wir-Gefühl«; »Commitment«)	stark ausgeprägt	gering ausgeprägt
Vorrat an gemeinsamen Überzeugungen, Werten, Regeln (»Kultur«)	groß	gering
Ausmaß sozialer Ungleichheit (Bildung, Status, Einkommen)	moderat	hoch

Quelle: BADURA (2008, S. 124)

BADURA nennt gesunde Organisationen auch salutogene soziale Systeme. Er stellt fest, dass salutogene Merkmale sozialer Systeme in vielerlei Form auftreten:

● »als Möglichkeit zur Entwicklung *vertrauensvoller Bindungen* an einzelne Menschen, Gruppen, Organisationen,
● als positiv bzw. hilfreich empfundene *Rückmeldungen* aus dem sozialen Umfeld in Form von Zuwendung, Information, Anerkennung und praktischer Unterstützung,
● als *gemeinsame Überzeugungen*, Werte, Regeln, die Berechenbarkeit als Voraussetzung für die Beeinflussbarkeit sozialer Systeme und die zwischenmenschliche Kooperation erleichtern,

● als *mitarbeiterorientierte Führung*, die sich um eine dementsprechende Gestaltung von Arbeit und Organisation bemüht sowie um klare Ziele und Transparenz« (BADURA, 2008, S. 120).

Die Diskussion über salutogene Systeme hat die Autoren des vorliegenden Studie angeregt, ein Konzept Salutogener Leitung zu entwerfen (vgl. Kap. 2) und empirisch zu überprüfen.

1.4 Erkenntnisinteresse

Das Erkenntnisinteresse der gesamten Studie geht aber über den Entwurf eines Konzeptes Salutogener Leitung hinaus. Pointiert zusammengefasst lässt es sich in zwei Fragen kleiden:

1. Welche neuen Leitungskonzepte lassen sich unterscheiden und wie weit sind sie verbreitet?
2. Wie wirken neue Leitungskonzepte auf die Qualität von Schulen und die Gesundheit des lehrenden Personals?

Das hier vorliegende Buch konzentriert sich auf zwei Aspekte: das Verhältnis von Schulleitung und Lehrergesundheit sowie die Beziehung von Qualität und Gesundheit in der Schule. Das Verhältnis von Qualität und Gesundheit ist bisher nicht vielmehr als in Analogien gefasst. In diesem Buch wird versucht, die Beziehung auf Basis empirischer Befunde näher zu analysieren.

2. Theoretischer Hintergrund und Forschungsstand zur Lehrergesundheit

Mario Gieske & Bea Harazd

Gesundheitsmanagement in der Schule stellt für Schulleiter[1] ein relativ neues Aufgabengebiet dar. Wie gut der Schulleitung das Gesundheitsmanagement an der Schule gelingt, wird letztlich an der Gesundheit der in ihr arbeitenden und lernenden Personen deutlich. Natürlich unterliegt die Gesundheit von Schülern und Lehrkräften nicht nur schulischen Einflüssen. Individuelle Dispositionen und außerschulische Umwelteinflüsse sind wichtige Erklärungsfaktoren für die Gesundheit. Da der berufstätige Mensch 70 Prozent seiner wachen Lebenszeit mit Arbeit füllt, hat die Arbeit bzw. Arbeitsumgebung einen nicht unerheblichen Einfluss auf seine Gesundheit. Daher kann der Erfolg von Gesundheitsmanagement in der Schule an der Gesundheit von Lehrkräften und Schülern gemessen werden. Die meisten Studien zur Gesundheit in der Schule – so auch diese – orientieren sich an der Lehrergesundheit, wenn es um die gesundheitsförderliche Gestaltung des Arbeitsplatzes Schule geht. Selbstverständlich ist die Gesundheitsförderung von Schülern ein mindestens ebenso wichtiges Thema, stellt aber einen etwas anderen Schwerpunkt dar und ist deshalb nicht Gegenstand des Forschungsprojekts.

Unzweifelhaft ist der Einfluss von Schulleitern auf die gesundheitsförderliche Gestaltung des Arbeitsplatzes Schule begrenzt. Die Schulpolitik entscheidet über Klassengröße, Reformvorhaben etc. Dennoch wäre es zu kurz gegriffen, würde man Schulleiter und Schulen in diesem Zusammenhang als machtlos hinstellen. Wie viele Initiativen, Einzelschulberichte, aber auch unsere Forschungsbefunde zeigen, sind Schulen und die in ihnen tätigen Lehrkräfte unterschiedlich stark beansprucht. Dies verdeutlicht, dass auch auf Schulebene etwas für die Lehrergesundheit getan werden kann.

Es liegen bereits etliche Studien zur Lehrergesundheit vor. Internationale Studien zur Lehrergesundheit können jedoch nur mit Vorsicht auf die Situation in Deutschland übertragen werden, da z. B. in den USA und in Kanada die Verbeamtung, wie in den meisten europäischen Ländern, die Ausnahme ist. Selbst in deutschsprachigen Ländern ist ein Vergleich aus dem Grund schwierig, weil Lehrkräfte beispielsweise in der Schweiz keinen Beamtenstatus haben. Dies bedingt, dass Befunde der Gesundheitsforschung vermutlich nur begrenzt für Lehrkräfte in Deutschland gelten. Daher ist die umfassende Erforschung der Situation deutscher Lehrkräfte notwendig.

Im Kapitel wird zunächst die Gesundheit als neue Aufgabe der Schulleitung erläutert. Anschließend werden, neben aktuellen Daten und einem Forschungsüberblick zur Lehrergesundheit, grundlegende Konzepte und Begrifflichkeiten von Gesundheit und Krankheit vorgestellt. Zudem wird die Konzeption eines gesundheitsförderlichen Leitungshandelns – **Salutogenes Leitungshandeln** – vorgestellt.

---

1 Aus Gründen der Lesbarkeit wird das generische Maskulinum verwendet, welches weibliche wie männliche Personen gleichermaßen einschließt.

2.1 Gesundheit als neue Aufgabe der Schulleitung

Gesundheit und Beanspruchungen von Lehrkräften stellen aktuell und in den letzten Jahren sowohl in der Öffentlichkeit als auch in der empirischen Lehrerforschung ein wichtiges Thema dar. Immer wieder wird betont, dass ein Großteil der Lehrkräfte nicht die gesetzlich vorgeschriebene Regelaltersgrenze (derzeit 65 Jahre) erreicht und frühpensioniert wird. Zunehmend spielt die Gesundheitsförderung der Lehrkräfte am Arbeitsplatz Schule eine größere Rolle. Dabei geht es nicht allein um die Verhütung von Krankheit. Vor allem die Frage nach Bedingungen, mit denen Gesundheit und Wohlbefinden in der Schule gefördert werden können, steht verstärkt im Mittelpunkt. Vor dem Hintergrund erhöhter Anforderungen und im Zuge des schulischen Qualitäts- und Autonomiediskurses kommt Schulleitern hierbei eine Schlüsselrolle zu. In vielen Ländern wurde der Orientierungsrahmen für Schulqualität um den Aspekt gesundheitsförderliche Arbeitsbedingungen bzw. gesundheitsförderlich gestaltetes Arbeitsumfeld erweitert (z. B. Brandenburg, Niedersachsen, Hamburg, Baden-Württemberg). Dies dokumentiert den Stellenwert, den die Gesundheitsthematik für Schüler, Lehrkräfte, aber auch für Schulleiter an Schulen angenommen hat. Auch in Nordrhein-Westfalen ist die Gesundheit von Schülern und Lehrkräften Teil der Qualitätsanalyse. Hier gilt im Qualitätstableau unter der Rubrik »Führung und Management« das Vorhandensein eines Konzeptes »für eine aktive Gesundheitsvorsorge bei den Lehrkräften und anderen Mitarbeiterinnen und Mitarbeitern« als Qualitätsmerkmal (MSW, 2006, S. 11). Der Schulleiter nimmt für die Erhaltung der Lehrergesundheit eine wichtige Rolle ein, die im Rahmen des Arbeitsschutzgesetzes (z. B. §§ 3, 4, 5) und des Schulgesetzes Nordrhein-Westfalen (§ 59 Abs. 8) definiert wird. Im Schulgesetz NRW (2006) wurde neben den Leitungsaufgaben Personalführung und -entwicklung, Organisations- und Unterrichtsentwicklung, auch *der Arbeits- und Gesundheitsschutz* als Leitungs- und Führungsaufgabe zur Sicherung schulischer Qualität verankert.

So heißt es im Schulgesetz NRW (2006): »Die Schulleiterin oder der Schulleiter ist für die Unfallverhütung sowie eine wirksame Erste Hilfe in der Schule und für den Arbeits- und Gesundheitsschutz verantwortlich.« Diese Aufgabendefinition wandelte sich von einem rein technischen Verständnis, das die Informations-, Weisungs- und Kontrollpflichten betont, zu einer Aufgabenwahrnehmung, die psychosoziale Aspekte im Blick hat und der psychischen Gesundheit Rechnung trägt (ZIMBER, 2004). Der Schulleiter muss einerseits bestehende Arbeitsbelastungen wie Regulationsbehinderungen oder Umgebungsbelastungen durch Einflussnahme auf die Arbeitsorganisation reduzieren. Andererseits müssen Tätigkeitsanforderungen durch organisatorische und soziale Ressourcen, insbesondere durch die soziale Unterstützung gesundheitsfördernd gestaltet werden.

Gesundheitsmanagement zeichnet sich gegenüber dem bisherigen Verständnis von Gesundheitsförderung am Arbeitsplatz durch einen dreifachen Perspektivenwechsel aus: Von einem belastungs- und symptombezogenen Ansatz hin zu einer am Sozial- und Humankapital orientierten salutogenen Sichtweise, von personen- und verhaltensbezogenen Maßnahmen hin zu organisationsbezogenen Interventionsstrategien sowie von Einzelaktivitäten hin zu einer Systematik und Nachhaltigkeit der

Vorgehensweise (vgl. BADURA, 2008). Somit stellt Gesundheitsmanagement die gezielte, systematische und nachhaltig wirkungsvolle Steuerung von Gesundheitsförderung dar und ist damit originäre Führungsaufgabe (RUDOW, 2004).

Wie gut Gesundheitsförderung bzw. Gesundheitsmanagement in der Schule gelingt, wird wie in Schuleffektivitätsanalysen am Output gemessen. In diesem Fall werden nicht die Lernleistungen der Schüler betrachtet, sondern das Wohlfühlen, der Krankheitsstand, die Fehlzeiten, psychosomatische Beschwerden, Belastungserleben etc. von Lehrkräften herangezogen, um letztendlich die Wirksamkeit von Maßnahmen der Gesundheitsförderung, aber auch gesundheitsförderliches Leitungshandeln zu bewerten. In der Lehrerforschung werden immer wieder diese Kriterien herangezogen, um Lehrergesundheit zu beschreiben. Wie es derzeit um den Gesundheitszustand von Lehrkräften bestellt ist, wird Gegenstand des folgenden Abschnittes sein.

2.2 Daten zur Lehrergesundheit

Sowohl in der öffentlichen Diskussion und Berichterstattung als auch im Bereich der Lehrerforschung findet seit den 1990er Jahren das gesundheitliche Befinden von Lehrkräften verstärkt Beachtung. Durch verschiedene Beiträge in den Medien entsteht der Eindruck, dass Lehrkräfte eine resignierende Berufsgruppe darstellen, die Anstrengungen vermeidet und immer weniger mit Schülern zurechtkommt (z. B. von BLUMENCRON & MOHR in DER SPIEGEL 24/1993). Lehrkräfte werden als »ausgebrannt« (SPIEWAK in DIE ZEIT 51/2006), das Arbeiten und Lehren in der Schule als »Horrortrip« (HINRICHS u. a. in DER SPIEGEL 46/2003) beschrieben. Lehrkräfte werden als empfindlich und wehleidig dargestellt, die dem vorzeitigen Ruhestand entgegensehnen (GROSSKINSKY in FOCUS 6/2000). Gesundheitliche Beeinträchtigungen von Lehrkräften scheinen ein beliebtes, jedoch wenig sachlich geführtes Reizthema in der Öffentlichkeit zu sein (vgl. HAEDAYET, 2000).

Im Bereich der erziehungswissenschaftlichen Lehrerforschung liegen seit Ende der 1990er Jahre – einhergehend mit dem rapiden Anstieg der krankheitsbedingten Frühpensionierungen im Lehrerberuf – zahlreiche Untersuchungen zum Belastungserleben und zur Gesundheit von Lehrkräften vor (vgl. SCHAARSCHMIDT, 2002). Bevor im Weiteren Aspekte von Gesundheit und Krankheit erörtert werden, sollen zunächst, unter Berufung amtlicher Statistiken, Daten und Fakten zum Lehrerberuf vorgestellt werden.

Altersstruktur der Lehrkräfte

Lehrer sind die größte akademische Berufsgruppe in Deutschland (SCHAARSCHMIDT & KIESCHKE, 2007). Im Schuljahr 2006/2007 unterrichteten ca. 716 000 Lehrkräfte an allgemeinbildenden und beruflichen Schulen (KMK 2007, S. 30). Wie das Statistische Bundesamt (2007a) mitteilt, sind im Schuljahr 2006/2007 ca. 40 Prozent der Lehrer teilzeitbeschäftigt. Etwa 65 Prozent der Lehrkräfte sind weiblich. Das Durchschnittsalter deutscher Lehrkräfte liegt bei etwa 48 Jahren. Fast zwei Drittel der Lehrkräfte (ca. 390 000) sind 50 Jahre und älter (KLIEME et al., 2008, S. 13). Dieser Anteil stieg zwischen 1996 und 2006 um fast 15 Prozent an. Die Lehrkräfte dieser

Altersgruppe werden im Rahmen der derzeitig bestehenden Renten- und Pensionsregelungen voraussichtlich innerhalb der nächsten 15 Jahre in den Ruhestand gehen (ebd., S. 13). Im OECD-Vergleich zeigt sich, dass im Durchschnitt nur ein Drittel der Lehrkräfte 50 Jahre und älter ist (Bundesministerium für Bildung und Forschung, 2008, S. 22 ff.). Damit ist ein Großteil der Lehrkräfte in Deutschland deutlich älter als im Mittel die Lehrkräfte der OECD-Länder. Zudem sank der Anteil der Lehrkräfte zwischen 35 und 50 Jahren von 60 Prozent (1996) auf derzeit nur ca. 35 Prozent (2006). Die Gruppe der Lehrkräfte der unter 35jährigen liegt derzeit bei 13 Prozent, gegenüber 11 Prozent im Schuljahr 1995/96 (Statistisches Bundesamt, 2006).

Die Zahlen geben einen ersten Eindruck davon, dass die Berufsgruppe der Lehrkräfte eine sehr unausgewogene Altersstruktur aufweist. Denn: Mehr als die Hälfte der Lehrkräfte wird in den nächsten Jahren pensioniert. Gleichzeitig kann der in der Zukunft steigende Bedarf an Lehrkräften, infolge der zahlreichen Pensionierungen derzeit jedoch nicht aus den nachrückenden Altersgruppen gedeckt werden. Dies ist vor allem auf die große Zahl der Einstellungen Anfang der 1970er und 1980er Jahre zurückzuführen (ebd.). Im OECD-Vergleich zeigt sich, dass im Mittel nur ein Drittel der Lehrkräfte fünfzig Jahre und älter ist (Bundesministerium für Bildung und Forschung, 2008, S. 22 ff.).

Arbeitszeiten von Lehrkräften

Wie viele Stunden arbeiten Lehrkräfte in der Woche? Zwar ist in der Allgemeinen Dienstordnung (ADO) festgelegt, dass für Lehrkräfte grundsätzlich die wöchentliche Arbeitszeit des öffentlichen Dienstes gilt. Dabei ist jedoch lediglich das Unterrichtsdeputat als Pflicht festgeschrieben (Jülich, 2006). In Nordrhein-Westfalen sind dies je nach Schulform zwischen 22 und 28 Stunden in der Woche. Die weitere Arbeitszeit von Lehrkräften ist nicht genau ausdifferenziert. Sie wird im Wesentlichen durch Konferenzen, Korrekturarbeiten und der Unterrichtsvor- und Nachbereitung bestimmt. Ähnlich wie in anderen akademischen Berufen kann zudem auch im Lehrerberuf keine objektive Trennung von Arbeitszeit und Freizeit vorgenommen werden. Untersuchungen zur Gesamtarbeitszeit von Lehrkräften kommen daher zu Angaben, die im Durchschnitt von 43–50 Wochenstunden ausgehen (Hübner & Werle, 1997; Mummert & Partner, 1999; Schönwälder, 1997). Dabei ist jedoch auch festzuhalten, dass die Wochenarbeitszeit sowohl zwischen den Schulformen als auch innerhalb der Schulformen stark variieren kann. So zeigen Mummert und Partner (1999), die ca. 6 000 Lehrkräfte aller Schulformen in Nordrhein-Westfalen untersuchten, dass die jährliche Arbeitszeit von *vollbeschäftigten Lehrkräften* je nach Schulform zwischen 1 750 und 1 976 Arbeitsstunden liegt. Bei Lehrkräften an Grundschulen wurden dabei die wenigsten Stunden, bei Lehrkräften an Gesamtschulen die meisten Stunden ermittelt. Doch auch innerhalb der Schulform zeigte sich in der Untersuchung ein sehr heterogenes Bild. Schaut man sich hierzu das Minimum und das Maximum der angegebenen Stunden pro Schulform an, so gaben Lehrkräfte z. B. an Gymnasien im Minimum 930 Jahresarbeitsstunden, im Maximum 3 562 Jahresarbeitsstunden an. Dies ergibt ein sehr unterschiedliches Arbeitspensum bei vollbeschäftigten Lehrkräften von bis zu 2 632 Jahresstunden (vgl. Tabelle 2.2.1).

Tabelle 2.2.1: Jahresarbeitszeit von Lehrkräften in NRW im Vergleich nach Schulformen

	Jahres-arbeitszeit (h)	Min (h)	Max (h)
Gesamtschule	1976	1207	3152
Gymnasium	1900	930	3562
Berufskolleg	1839	606	3000
Hauptschule	1791	1166	2635
Realschule	1769	949	2443
Grundschule	1750	1289	2478

(Quelle: MUMMERT & PARTNER, 1999)

Dieses unterschiedliche Arbeitspensum, so hält SCHÖNWÄLDER (2001) fest, belegt die ungenaue Zeiterfassung, die infolge subjektiver Befragungen zur Wochenarbeitszeit erfolgen können. Berechnet man z. B. die Jahresarbeitszeit nach Wochen, so arbeiten einige Lehrkräfte weniger Stunden, als das Unterrichtsdeputat vorschreibt. Folgt man den Untersuchungen zur Lehrerarbeitszeit, liegen die Wochenarbeitszeiten im Mittel drei Stunden oberhalb der festgelegten Arbeitszeit im öffentlichen Dienst von derzeit 40–41 Stunden (vgl. SCHÖNWÄLDER, 2001).

Dienstunfähigkeit und frühzeitige Pensionierung im Lehrberuf

Die Themen Lehrergesundheit und Lehrerbelastung sind sowohl in der Öffentlichkeit als auch im Bereich der Lehrerforschung stark verbunden mit Aspekten der *Frühpensionierung* und *Dienstunfähigkeit* von Lehrkräften. Dabei ist mit dem Begriff Frühpensionierung bei Lehrkräften das generelle Ausscheiden aus dem sogenannten aktiven Dienst vor der derzeitigen allgemeinen Regelpensionsgrenze von 65 Jahren gemeint. Der Begriff Dienstunfähigkeit als Aspekt der Frühpensionierung beinhaltet, dass Lehrkräfte aus gesundheitlichen Gründen dauerhaft ihren Beruf nicht ausführen können und infolgedessen früher aus dem aktiven Dienst ausscheiden.

Zieht man statistische Daten zur Pensionierung und Dienstunfähigkeit deutscher Lehrkräfte als Anhaltspunkt zur Bewertung der Lehrergesundheit heran, ergibt sich folgendes Bild: Zwischen 80 und 93 Prozent der Lehrkräfte, die zwischen 1993 und 2001 in den Ruhestand traten, wurden frühpensioniert oder waren dienstunfähig (vgl. Statistisches Bundesamt, 2008, S. 100). Ein Großteil der Lehrkräfte in diesem Zeitraum (jährlich zwischen 7 000 bis 15 000) ging damit vor der gesetzlichen Regelaltersgrenze von 65 Jahren in Pension (ebd., S. 100). 34 bis 64 Prozent der pensionierten Lehrkräfte wurden krankheitsbedingt, also aufgrund von Dienstunfähigkeit, pensioniert (ebd., S. 100). Konkret bedeutet dies: Zwischen 1993 und 2001 schieden jährlich zwischen 4 000 und 12 000 Lehrkräfte im Durchschnitt zehn Jahre früher krankheitsbedingt aus ihrem Beruf aus (vgl. Statistisches Bundesamt 2002, S. 43; Statistisches Bundesamt 2008, S. 100). Für das Bundesland Nordrhein-Westfalen lassen sich für diesen Zeitraum ähnliche Werte feststellen (LDS NRW, 2007).

Die Zahlen zur Pensionierung von Lehrkräften und anderen Angestellten im Öffentlichen Dienst sind natürlich nicht ohne weiteres vergleichbar. Jedoch kann man feststellen, dass andere Berufsgruppen des Öffentlichen Dienstes mit einer Regelaltersgrenze von 65 Jahren (z. B. Richter, Beamte des gehobenen Dienstes, Angestellte im öffentlichen Dienst) zwischen 1993 und 2001 Frühpensionierungsquoten (inkl. Dienstunfähigkeit) zwischen 67 Prozent und 75 Prozent aufweisen (Statistisches Bundesamt, 2008, S. 97 ff.). Der Anteil der Frühpensionierungen aufgrund von krankheitsbedingter Dienstunfähigkeit lag in diesen Gruppen zwischen 20 Prozent und 40 Prozent und damit niedriger als im Lehrerberuf (ebd., S. 97 ff.).

Das Ausscheiden aus dem aktiven Dienst aufgrund krankheitsbedingter Dienstunfähigkeit ist an beamtenrechtliche und medizinische Voraussetzungen geknüpft, bei denen im Einzelfall differenziert geprüft und entschieden wird. Ein Beamter gilt gemäß des Bundesbeamtengesetzes (§ 42 Abs. 1, BBG, 1999) als dienstunfähig, wenn er »wegen seines körperlichen Zustandes oder aus gesundheitlichen Gründen zur Erfüllung seiner Dienstpflichten dauernd unfähig ist (...) (oder) infolge einer Erkrankung innerhalb eines Zeitraumes von sechs Monaten mehr als drei Monate keinen Dienst getan hat und keine Aussicht besteht, dass er innerhalb weiterer sechs Monate wieder voll dienstfähig wird.« Eine Versetzung in den Ruhestand aufgrund von Dienstunfähigkeit kann von der Lehrkraft selbst beantragt werden. In diesem Fall entscheidet der unmittelbare Dienstvorgesetzte, letztlich jedoch die Landesbehörde, die für die Ernennung des Beamten zuständig ist (in Nordrhein-Westfalen die jeweiligen Bezirksregierungen), auf Basis eines amtsärztlichen Gutachtens dem Antrag stattzugeben, wenn aus dem ärztlichen Gutachten die Dienstunfähigkeit hervorgeht (§ 43 Abs. 1, BBG, 1999). Zudem ist auch die Eröffnung eines sogenannten Zwangspensionierungsverfahrens möglich. In diesem Fall geht der Antrag direkt vom Schulleiter aus: So kann eine Lehrperson gegen ihren Willen in den vorzeitigen Ruhestand versetzt werden, wenn aus dem amtsärztlichen Gutachten die dauerhafte Dienstunfähigkeit hervorgeht (vgl. JEHLE & SCHMITZ, 2007).

Insgesamt ist ein stetiger Anstieg der Frühpensionierungen und der Dienstunfähigkeit bis zum Jahre 2000 sowohl im Lehrerberuf als auch im gesamten Öffentlichen Dienst zu verzeichnen. So erreichten in den Jahren 1993 bis 2000 weniger als acht Prozent der jährlich pensionierten Lehrkräfte mit 65 den Ruhestand (Statistisches Bundesamt, 2008, S. 100). Allein im Jahr 2000 wurden 64 Prozent aller pensionierten deutschen Lehrkräfte aufgrund von krankheitsbedingter Dienstunfähigkeit in den Ruhestand versetzt (ebd., S. 100).

Doch seit dem Jahr 2001 nimmt die Zahl der frühpensionierten Lehrkräfte (mit einer Ausnahme im Jahr 2005) ab. Im Jahr 2007 erreichten von den *bundesweit* ca. 19 600 pensionierten Lehrkräften 37 Prozent die Regelaltersgrenze von 65 Jahren, 23 Prozent schieden wegen krankheitsbedingter Dienstunfähigkeit früher aus dem Beruf aus, 40 Prozent der Lehrkräfte wurden mit Erreichen des 60. oder 63. Lebensjahres (sogenannte Altersgrenzen) früher pensioniert (Statistisches Bundesamt, 2008, S. 44). 2006 schieden in *Nordrhein-Westfalen* 36 Prozent der pensionierten Lehrkräfte aufgrund von Dienstunfähigkeit aus dem aktiven Dienst. 44 Prozent gingen mit Erreichen der Regelaltersgrenze in Pension (LDS NRW, 2007).

Abbildung 2.2.1: Dienstunfähigkeit und Erreichen der Regelaltersgrenze bei Lehrkräften 1996 bis 2006 (bundesweit)

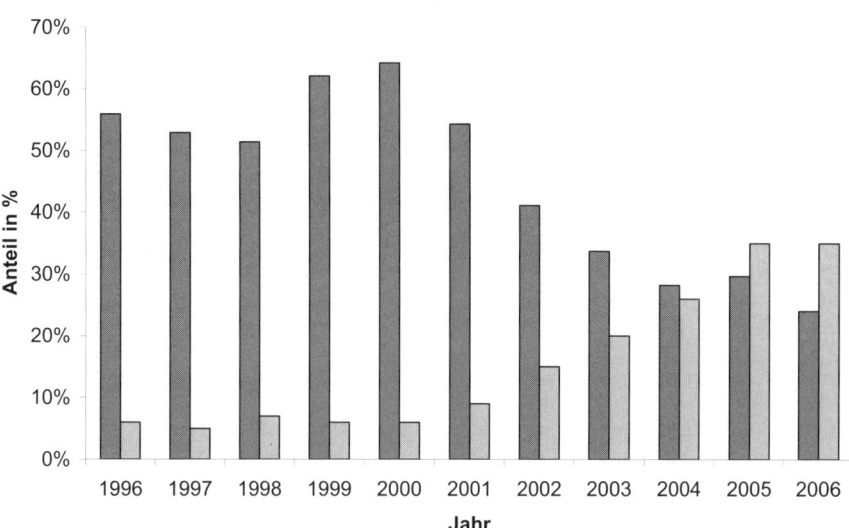

(Quelle: Statistisches Bundesamt, 2008)

Abbildung 2.2.1 verdeutlicht noch einmal den rückläufigen Trend bei krankheitsbedingter Dienstunfähigkeit hin zur verstärkten Regelpensionierung bei Lehrkräften in Deutschland. Wie lässt sich dieser Rückgang erklären? Zum einen wurden bundesweit ab 2001 Versorgungsabschläge bei vorzeitigen Pensionierungen aufgrund von Dienstunfähigkeit vor dem 63. Lebensjahr eingeführt. Das bedeutet, die Alterspension von Lehrkräften vermindert sich dabei pro Jahr um 3,6 Prozent, maximal jedoch um 10,8 Prozent, wenn sie aus gesundheitlichen Gründen vor dem 63. Lebensjahr dauerhaft aus dem Beruf ausscheiden. Lehrkräfte mit Schwerbehinderung sind von diesen Regelungen ausgenommen (vgl. Bundesgesetzblatt I, 2001, S. 1786). Zum anderen besteht die Möglichkeit eines sogenannten »gleitenden Übergangs« durch Inanspruchnahme der Altersteilzeit. Dies ist eine flexible Übergangsform in den Ruhestand, die mit Inkrafttreten des Altersteilzeitgesetzes 1996 von immer mehr Lehrkräften in Anspruch genommen wird (vgl. Kaldybajewa & Kruse, 2007). Sie ermöglicht ein vorzeitiges Ausscheiden aus dem aktiven Dienst vor Erreichung der Regelaltersgrenze (derzeit 65 Jahre) bzw. eine Reduzierung der Unterrichtsverpflichtung auf 55 Prozent mit Vollendung des 60. Lebensjahres bei verringerten Bezügen (VBE NRW, 2008). Immer mehr Lehrkräfte befinden sich derzeit in Altersteilzeitmaßnahmen, gilt dies nicht zuletzt auch als legitimes Mittel, die Dienstunfähigkeitsquoten zu senken (z. B. MSW NRW, 2007). So nahmen im Jahr 2000, dem Jahr vor Einführung der Versorgungsabschläge, ca. 3 000, im Jahr 2004 bereits ca. 33 000 Lehrkräfte Altersteilzeit in Anspruch. Eine reduzierte Arbeitszeit kann bei Lehrkräften in diesen Fällen auch ein zweckmäßiges Mittel sein, um vorzeitige Pensionierungen zu vermeiden (vgl. BMI, 2005, S. 392).

Maßnahmen zur Altersteilzeit können zudem erklären, warum prozentual mehr Lehrkräfte offiziell erst mit Erreichen der Regelaltersgrenze in Pension gehen. Denn die formelle Pensionierung bei Altersteilzeit erfolgt mit dem 65. Lebensjahr, obwohl die Lehrkräfte früher aus dem aktiven Dienst ausscheiden. Aus Betroffenen- bzw. Berufsverbandssicht, aber auch aus arbeitsmedizinischer Perspektive wird die Altersteilzeit als Instrument zur Reduzierung von Arbeitsbelastungen und krankheitsbedingter Frühpensionierung begrüßt (vgl. NITSCHKE, 2002; WEBER, 2004).

Es darf jedoch nicht außer Acht gelassen werden, dass im Jahr 2007 bundesweit weiterhin rund jede vierte Lehrkraft (ebenso in NRW) aufgrund von Krankheit vorzeitig pensioniert wurde. Dies beansprucht zu einem nicht unerheblichen Teil zum einen die Betroffenen selbst, aber auch das Bildungssystem – z. B. infolge erhöhten Unterrichtsausfalls und Lehrermangels.

Vergleichbare Berufsgruppen im öffentlichen Dienst (z. B. Beamte des gehobenen Dienstes und Richter) weisen im gleichen Zeitraum wesentlich geringere Dienstunfähigkeitsquoten von aktuell 17 Prozent auf (Statistisches Bundesamt, 2008, S. 97 ff.). Für die Berufsgruppen der Hochschullehrer wird für das Jahr 2003 lediglich eine Dienstunfähigkeitsquote von vier Prozent, für Richter Quoten von 13 Prozent berichtet (BMI, 2005, S. 127). Auch WEBER (2004) konstatiert, dass der Anteil krankheitsbedingter Frühpensionierungen bei Lehrkräften im Vergleich mit anderen akademischen Berufsgruppen und Beamten »ungleich höher ist« (S. 24). Festzuhalten bleibt jedoch, dass Vergleiche zwischen der Berufsgruppe der Lehrkräfte und anderen Beamtengruppen oder akademischen Berufen aufgrund der unterschiedlichen Arbeitssituationen und der unterschiedlichen beruflichen Rahmenbedingungen schwierig sind. Durch Pensionsabschläge und Altersteilzeitmaßnahmen hat sich jedoch zunächst die Lebensarbeitszeit der Lehrkräfte erhöht. Während Lehrkräfte im Jahr 2000 durchschnittlich mit 59 Jahren aus dem aktiven Dienst ausschieden (Statistisches Bundesamt, 2002, S. 43), erhöhte sich das Pensionsalter bis zum Jahr 2007 auf 62,5 Jahre (Statistisches Bundesamt, 2008, S. 44). Für Nordrhein-Westfalen erhöhte sich das durchschnittliche Pensionsalter seit Einführung von Versorgungsabschlägen von 59 auf 62,5 Jahre (LDS, 2007).

Differenzierte Analyse krankheitsbedingter Frühpensionierungen

Die skizzierten Daten werfen die Frage nach Ursachen für die hohe Zahl an Frühpensionierungen, insbesondere der krankheitsbedingten Dienstunfähigkeit bei Lehrkräften auf. Dies ist sicherlich weniger auf einfache Erklärungen zurückzuführen. Konsens besteht vor allem darin, dass Frühpensionierung als ein multidimensionaler Prozess verschiedener Bedingungen anzusehen ist (vgl. WEBER, 2004). Ursächlich ist z. B. nicht allein eine möglicherweise geringere Belastbarkeit oder die persönliche Lebenssituation der betroffenen Lehrer. Vielmehr sind neben individuellen Rahmenbedingungen auch sozial-medizinische, gesellschaftliche und normativ-rechtliche Beweggründe von Bedeutung.

Welche Krankheitsbilder liegen der festgestellten Dienstunfähigkeit zugrunde? Es liegen mehrere statistische Auswertungen amtsärztlicher Untersuchungen verschiedener Bundesländer vor, von denen einige hier exemplarisch vorgestellt werden: Insgesamt überwiegen hierbei psychische oder psychosomatische Beschwerden gegenüber organischen Beschwerden.

So konnte JEHLE (1996) bei seiner Zusammenstellung amtlicher Materialien zur Dienstunfähigkeit ein Überwiegen von psychosomatischen Diagnosen (z. B. Depressionen, Erschöpfungszustände) aufzeigen. Die Daten können jedoch, aufgrund ihrer unterschiedlichen Konzeption und verschiedener methodischer Standards, nur unter Vorbehalt miteinander verglichen werden (JEHLE & SCHMITZ, 2007). In der Analyse des Bayerischen Obersten Rechnungshofs wurden 1994 Daten von 311 Lehrkräften aus Grund- und Hauptschulen ausgewertet, die aufgrund von Dienstunfähigkeit aus dem aktiven Dienst ausschieden. 51 Prozent der Lehrkräfte wurden aufgrund psychischer und psychosomatischer Erkrankungen frühpensioniert. Weitere häufig diagnostizierte Ursachen in den Analysen waren Erkrankungen des Stütz- und Bewegungsapparates (16 %) und Herz- und Kreislauferkrankungen (7 %).

Eine weitere Untersuchung des Landesrechnungshofes Baden-Württemberg (1995), bei der Krankheitsbilder von 562 Lehrkräften analysiert wurden, die vor dem 50. Lebensjahr frühpensioniert wurden, zeigt auch hier einen größeren Anteil von psychischen (44 %) gegenüber organischen Erkrankungen (39 %).

Die Arbeitsgruppe um WEBER, LEDERER und WELTLE, die zwischen 1985 und 1995 krankheitsbedingte Dienstunfähigkeit bei Beamten und Lehrkräften in Bayern evaluierte (vgl. WEBER, 2004), kommt zu ähnlichen Ergebnissen. Bei 42 Prozent der dienstunfähigen Lehrkräfte (n = 192) wurden psychische und psychosomatische Beschwerden diagnostiziert. Die häufigsten somatischen Erkrankungen waren Muskel- und Skeletterkrankungen (17 %) sowie mit 14 Prozent Herz- und Kreislauferkrankungen.

In einer weiteren Begutachtung von Diagnosen zur Dienstunfähigkeit wurden im Rahmen einer prospektiven Totalerhebung Gutachten von 5 540 bayerischen frühpensionierten Lehrkräften untersucht. Mit 52 Prozent überwogen auch hier psychische und psychosomatische Beschwerden (Depressionen, Erschöpfungszustände, Belastungsstörungen) leicht gegenüber somatischen Beschwerden (Skelett- und Herz-Kreislauferkrankungen u. a.). Praktisch bedeutsame Unterschiede hinsichtlich geschlechterbezogener Auswertungen ergaben sich in dieser Untersuchung nicht. Allerdings ist der Anteil psychischer Beschwerden bei als dienstunfähig begutachteten Lehrerinnen höher (56 %) als bei männlichen Lehrpersonen (47 %). Abbildung 2.2.2 verdeutlicht das Krankheitsspektrum der untersuchten dienstunfähigen Lehrkräfte. Die Aufschlüsselung der Diagnosen »Psyche« in Anlehnung an die gebräuchliche Internationale Klassifikation von Krankheiten (ICD-10) belegt, dass Depressive Störungen, Erschöpfungssyndrome und Belastungs- und Anpassungsstörungen die häufigsten Beschwerden darstellen. Insgesamt stellen Depressionen mit einem Anteil von 19 Prozent die Hauptdiagnose der als dienstunfähig begutachteten Lehrkräfte dar, gefolgt von Erkrankungen des Skeletts (17 %) und Herz- und Kreislauf-Erkrankungen (10 %).

Abbildung 2.2.2: Psychische und somatische Hauptdiagnosen nach ICD-10 bei dienstunfähigen bayerischen Lehrkräften (n = 5548)

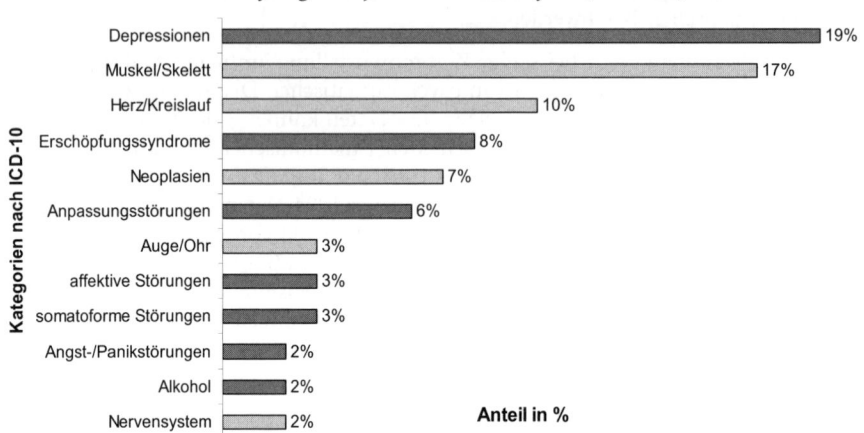

(Quelle: WEBER, 2004)

Auch auf Bundesebene liegen Daten zur krankheitsbedingten Frühpensionierung vor. So berichtet das Statistische Bundesamt (2003), dass 45 Prozent der im Jahr 2000 pensionierten Lehrkräfte aufgrund psychischer Erkrankungen aus dem aktiven Dienst ausschieden. Der Anteil betrug bei Beamten des Vollzugs 35 Prozent, bei Richtern lediglich 27 Prozent.

LEDERER, WELTLE und WEBER (2001) weisen in diesem Zusammenhang darauf hin, dass psychische und psychosomatische Erkrankungen als Ursache von Frühpensionierung nicht nur bei Lehrkräften, sondern auch in anderen Beamtenberufen zunehmen. Auch bei angestellten Lehrkräften lassen sich ähnliche Diagnosen feststellen: Der Verband Deutscher Rentenversicherungsträger (VDR, 1995) berichtet, dass bei den 1 645 aufgrund von Dienstunfähigkeit pensionierten Lehrkräften im Jahr 2001 psychosomatische und psychische Erkrankungen gegenüber somatischen Erkrankungen überwiegen.

Burnout im Lehrerberuf

Aktuelle empirische Untersuchungen (u. a. ČANDOVÁ, 2005; SCHAARSCHMIDT, 2005; VAN DICK, 2006; WEBER, 2004) bestätigen, dass ein Großteil der Lehrkräfte aller Schulformen auch im Schuldienst stark beansprucht ist. Im Fokus stehen Aspekte des Burnouts bei Lehrkräften, obwohl Burnout als Bedingung krankheitsbedingter Frühpensionierung z. B. in der Stichprobe von WEBER et al. (2001) nach Depressionen sowie Herz-Kreislauf- und Skeletterkrankungen erst die vierthäufigste Erstdiagnose darstellt. Dies kann damit zusammenhängen, dass Burnout als medizinische Diagnose weder in der Internationalen Klassifikation von Krankheiten (ICD-10, 2008) noch im Diagnostischen und Statistischen Handbuch psychischer Störungen (DSM-IV, 2000) genannt wird. An diesen Katalogen orientieren sich jedoch medizinische Gutachter und Krankenkassen im Rahmen der Kostenübernahme für Therapeuten und Ärzte. SCHMITZ (2004) berichtet, dass *Burnout als Syndrom bis heute keine Krankheit im Sinne einer medizinischen Definition* darstellt. Dafür finden sich Aspekte von Burnout bei anderen psychischen Krankheiten oder Zuständen, z. B. arbeitsbezogener Neurasthenie (arbeitsbezogener Erschöpfungszustand) oder Depression, die in der ICD-10 oder im DSM-IV enthalten sind.

Burnout stellt aber aktuell ein sehr weit verbreitetes Konzept dar, mit dem vor allem in sozialen Berufen Erschöpfungszustände beschrieben werden. SCHAUFELI und ENZMANN (1998) definieren Burnout z. B. als »andauernden negativen, arbeitsbezogenen psychischen Zustand normaler Personen (...), der primär durch Erschöpfung gekennzeichnet ist und von Überforderung, dem Gefühl verminderter Wirksamkeit, abnehmender Motivation sowie der Entwicklung dysfunktioneller Einstellungen und Verhaltensweisen« (S. 36). SCHAUFELI und ENZMANN (1998) betonen zudem, dass das Gefühl des Burnout ein sich langsam entwickelnder Prozess ist, der lange unbemerkt bleiben kann und vor allem aus einer Diskrepanz von individuellen Intentionen, der Arbeitswirklichkeit und ungeeigneten Bewältigungsstrategien resultiert. Es wird betont, dass Burnout vor allem infolge starken (physischen und psychischen) Engagements bei der Arbeit auftritt (BARTH, 1992; BAUER & KANDERS, 1998).

Der Begriff Burnout wurde bis in die 1990er Jahre hinein vor allem auf soziale und helfende Berufe bezogen und repräsentiert für den Lehrerberuf einen Zustand der klassischen Geber-Nehmer-Beziehung (vgl. SCHMITZ, 2004). Dieser ist zum einen verbunden mit einer starken öffentlichen Präsenz und gesellschaftlichen, aber auch bildungspolitischen Erwartungen, den Bildungs- und Erziehungsauftrag zu erfüllen. Das bekannteste Erhebungsinstrument, mit dem Aspekte des Burnouts ermittelt werden, stellt das von der Medizinerin CHRISTINA MASLACH entwickelte Instrument **Maslach Burnout Inventory** (MBI) dar. Burnout wird hier in drei Dimensionen unterteilt (MASLACH & JACKSON, 1986):

- Die Dimension **Emotionale Erschöpfung,** umfasst das Gefühl des emotionalen Ausgelaugtseins und wird von MASLACH, SCHAUFELI und LEITER (2001) als Kern-Komponente von Burnout bezeichnet.
- Die Dimension **Dehumanisierung** umfasst zynische, abgestumpfte und negative Reaktionen gegenüber der sozialen Gruppe, die Gegenstand des Berufes ist.
- Die Dimension **reduzierte Leistungsfähigkeit** beinhaltet Gefühle verminderter Kompetenz, der Unzufriedenheit mit den eigenen beruflichen Leistungen und einem geringen Selbstwertgefühl.

Studien zum Burnout bei Lehrkräften, insofern sie auf das MBI zurückgreifen, schwanken im deutschsprachigen Raum zwischen einer Burnoutquote von zehn bis 30 Prozent (z. B. BARTH, 1992; BAUER & KANDERS, 1998; GAMSJÄGER & SAUER, 1994; KÖRNER, 2003; KRAMIS-AEBISCHER, 1995; SCHMITZ, G. S., 2001). Diese Befunde werden auch von SCHAARSCHMIDT (2005) gestützt, der mittels des Instruments AVEM (Arbeitsbezogenes Verhaltens- und Erlebensmuster) vier verschiedene »Stress- und Belastungsmuster« unterscheidet: Muster G (Gesundheit), Muster S (Schonung), Risikomuster A (überhöhtes Engagement), Risikomuster B (Resignation). SCHAARSCHMIDT (2005) untersuchte bisher über 7 000 Lehrkräfte in elf deutschen Bundesländern mit dem AVEM. 29 Prozent der befragten Lehrkräfte wurden dem Risikomuster B zugeordnet, dessen Symptome nach SCHMITZ (2004) dem fortgeschrittenen Burnout-Prozess entsprechen. Allerdings muss angemerkt werden, dass die befragten Personen in der Regel Musterkombinationen aufweisen (z. B. G/S; G/A; S/B). Es werden demnach tendenzielle Zuweisungen zu einem Muster vorgenommen, das sich an dem stärksten Muster orientiert (z. B. Muster G, wenn G 52 % und B 48 %). Erst wenn die Zuordnungswahrscheinlichkeit zu einem Muster 95 Prozent beträgt, sprechen SCHAARSCHMIDT und FISCHER (2003) von einer »reinen« Musterzugehörigkeit. Dies trifft allerdings nur auf 20 Prozent der Fälle zu.

Eine hohe Burnouttendenz von Lehrkräften, verglichen mit anderen Berufsgruppen, zeigen ebenfalls Untersuchungen von NÜBLING et al. (2005) an über 2 500 Personen. Lehrkräfte (n = 360) weisen hier die höchsten Werte neben Krankenhausärzten (n = 77) und Pflegepersonal (n = 602) auf. Allerdings schwanken die Fallzahlen innerhalb der verglichenen Berufsgruppen sehr stark (von n = 4 bis n = 602). Die Ergebnisse besitzen daher nur eine eingeschränkte Aussagekraft.

RAUIN (2007) konnte in einem Längsschnitt zeigen, dass sich bereits in den ersten vier Berufsjahren zehn Prozent der Lehrkräfte überfordert fühlen. Davon mehr als die Hälfte der Befragten auch schon während des Studiums. Hingegen erlebten nur zehn Prozent der im Studium engagierten Lehramtsstudierenden Überforderungen und stärkere Belastungen im Beruf. Die oftmals vertretene Hypothese, dass vor allem besonders engagierte Personen aufgrund der Diskrepanz zwischen den eigenen Zielen und der beruflichen Realität ausbrennen, ließ sich in dieser Studie nicht bestätigen.

Zudem zeigt die oben dargestellte Untersuchung von WEBER, WELTLE und LEDERER (2001), dass zwar depressive Störungen noch vor Erschöpfung und Burnout die häufigste Diagnose bei frühzeitiger Pensionierung darstellen, darüber hinaus jedoch Muskel- und Skeleterkrankungen sowie Herz- und Kreislauferkrankungen für über ein Viertel der bayerischen Lehrkräfte zur krankheitsbedingten Dienstunfähigkeit führten. Auch Befunde von SCHEUCH und VOGEL (1993) zu Prävalenzen verschiedener Berufsgruppen belegen bei männlichen Lehrkräften im Vergleich zu anderen Berufsgruppen ein höheres Risiko bei Herz-Kreislauferkrankungen. 1987 wurden im Rahmen von Vorsorgeuntersuchungen 22 240 und 1988 25 934 Lehrkräfte mit einem standardisierten medizinischen Programm untersucht und das Erkrankungsrisiko im Vergleich zu anderen Berufsgruppen berechnet. Insgesamt betonen die Autoren, dass es für Lehrkräfte generell ein höheres Risiko für Erkrankungen des Nervensystems und für psychische Störungen gibt als in den anderen untersuchten Berufsgruppen (SCHEUCH & VOGEL, 1993). Auch somatische Erkrankungen stellen damit im Lehrerberuf hohe Risikofaktoren dar, nicht allein psychische und psychosomatische.

Es kann konstatiert werden: Die hier vorgestellten Studien geben Hinweise auf ein starkes Belastungserleben im Lehrerberuf, das psychische und körperliche Erkrankungen hervorrufen kann. Es fehlt jedoch insgesamt an aussagekräftigen und belastbaren Daten – auch für Vergleiche mit anderen Berufsgruppen.

Zusammenfassung

Infolge hoher Frühpensionierungs- insbesondere Dienstunfähigkeitszahlen bei Lehrkräften seit Anfang der 1990er Jahre, steht die Gesundheit von Lehrkräften verstärkt im Fokus. Die Anzahl dienstunfähiger Lehrkräfte ist zwar gesunken, dennoch bedeutet dies nicht, dass Lehrkräfte nun gesünder sind. Auch verbleiben nicht automatisch mehr Lehrkräfte bis zur Regelaltersgrenze von derzeit 65 Jahren im Schuldienst. Vielmehr wird verstärkt das Instrument Altersteilzeit genutzt (im Jahr 2004 33 000). Dies ermöglicht Lehrkräften bei einem geringeren Stundendeputat und verringerten Bezügen ein vorzeitiges Ausscheiden aus dem Beruf – die offizielle Pensionierung erfolgt jedoch erst mit 65 Jahren. Es kann daher nicht davon ausgegangen werden, dass seit dem Jahr 2000 Lehrkräfte geringere Belastungen erleben. Maßnahmen zur Altersteilzeit stellen im Moment ein gesetzlich akzeptiertes Instrument dar, wodurch Lehrkräfte früher aus ihrem Beruf ausscheiden können. Weiterhin darf nicht vergessen werden, dass Lehrkräfte, die aufgrund von Dienstunfähigkeit früh pensioniert wurden auch im Ruhestand für ähnliche Arbeiten erneut zu einer Tätigkeit herangezogen werden können. So berichtet WEBER (2004), dass zwar bei 66 Prozent der als dienstunfähig beurteilten Lehrkräfte keine erneute Verweisungstätigkeit in Betracht kam – dies bedeutet im Umkehrschluss jedoch auch, dass rund ein Drittel dieser Lehrkräfte für erneute Tätigkeiten aktiviert werden konnten. Altersteilzeitmaßnahmen können daher weniger aufwändig (amtsärztliches Gutachten), aber auch weniger stigmatisierend (»Dienstunfähig«) wirken. Zudem werden derzeit immer noch knapp ein Viertel (4 508 von 19 629) der pensionierten Lehrkräfte frühzeitig pensioniert (Statistisches Bundesamt, 2008, S. 44), davon rund die Hälfte aufgrund psychischer Erkrankungen (BMI, 2005, S. 321).

Bei den hier aufgeführten Untersuchungen bleibt jedoch festzuhalten, dass die Stichproben oftmals nicht repräsentativ sind. Es können daher kaum Aussagen über Verbreitung und Unterschiede innerhalb und zwischen Berufsgruppen getroffen werden. Weiterhin kann bezüglich der Burnout-Thematik eine Vielzahl an Konzepten, möglichen Ursachen und Bedingungsfaktoren festgestellt werden (vgl. ausführlich hierzu KÖRNER, 2003). Dies weist auf die Komplexität des Konstrukts Burnout hin. Eines der bekanntesten Instrumente stellt in diesem Zusammenhang das Maslach Burnout Inventory (MBI) dar (vgl. S. 29). Es ist unklar, was genau mit dem MBI gemessen wird. Es werden sowohl Persönlichkeitsmerkmale wie Emotionalität und Neurotizismus als auch Merkmale von Depressionen, Stress und Unzufriedenheit mit dem Beruf erfasst (SOSNOWSKY, 2007). Eine zufriedenstellende allgemein gültige Definition von Burnout konnte bislang nicht vorgelegt werden (KÖRNER, 2003).

Es bedarf also weiterer Forschung, welche Faktoren Lehrkräfte belasten und krank machen. Es muss jedoch auch darauf fokussiert werden, welche Faktoren sich positiv auf die Lehrergesundheit auswirken. So gilt es zu erforschen, welche Maßnahmen zur Prävention und Förderung von Gesundheit dazu beitragen, langfristige und nachhaltig gesunderhaltende Ressourcen bei Lehrkräften zu entwickeln. Diese Betrachtungsweise orientiert sich also vor allem an Gesundheit und Ressourcen. Diese sind Gegenstand des nachfolgenden Kapitels.

2.3 Begriffe von Gesundheit und Krankheit

Die Begriffe Gesundheit und Krankheit erscheinen auf den ersten Blick klar definiert. Gesundheit lässt sich mit Wohlbefinden und Freisein von Krankheit und Beschwerden assoziieren. Mit Krankheit werden Beschwerden, Einschränkungen oder Schmerzen verbunden. Schaut man sich jedoch Literatur zu Begriffen von Gesundheit und Krankheit an, so fällt eine Vielzahl verschiedener Definitionen auf, die von den jeweiligen vorherrschenden Erklärungsansätzen abhängen und sich an unterschiedlichen Gesundheits- und Krankheitsnormen orientieren. So wird im medizinischen Sinne Gesundheit als *Abwesenheit von Krankheit* verstanden. Gesund ist, wer nicht krank ist, bzw. keine Abweichungen von der Norm aufweist. Das medizinische Verständnis entspricht damit einer *negativen* Gesundheitsdefinition (vgl. Faltermeier, 2005).

Ein Übergang zu einem »positiven« Verständnis von Gesundheit erfolgte erstmals mit der Definition der Weltgesundheitsorganisation WHO (WHO, 1948). Diese stellt die wohl bekannteste Definition zur Gesundheitsförderung dar: »Gesundheit ist der Zustand des völligen körperlichen, geistigen und sozialen Wohlbefindens und nicht nur das Freisein von Krankheit und Gebrechen« (WHO, 1948). Mit dieser Beschreibung eines Idealzustandes wird Gesundheit nicht nur als das Ausbleiben von Krankheit verstanden, sondern im Sinne eines *vollständigen Wohlbefindens* gefasst. Nicht das Fehlen körperlicher Beschwerden oder Beeinträchtigungen bedingen damit Gesundheit, sondern auch *soziale* und *psychische* Aspekte. Gesundheit kann damit im Sinne der WHO (1948) als mehrdimensional, auf der *körperlichen, psychischen* und *sozialen Ebene,* aufgefasst werden. Andere Konzepte mit z. B. soziologischer oder systemischer Perspektive sehen Gesundheit im Kontext von Sozialisation, Gesellschaftsnormen und -werten. So definiert Parsons (1968) Gesundheit als »Zustand der optimalen Leistungsfähigkeit eines Individuums für die Erfüllung der Aufgaben und Rollen, für die es sozialisiert wurde« (S. 344).

Weitere Definitionen von Gesundheit und Krankheit nennen Becker und Minsel (1986):

● Gesundheit aus *naturwissenschaftlich-somatischer Perspektive,* bei der körperliche und biochemische Zustände und Prozesse bei der Beurteilung einer Person als gesund oder krank im Vordergrund stehen.
● Gesundheit aus *psychologischer Perspektive* betrachtet vor allem das subjektive Erleben des Menschen bei der Beurteilung von Gesundheit.
● Gesundheit aus *soziologischer Perspektive* betrachtet den Menschen in seiner sozialen Umgebung, also im Zusammenhang mit gesellschaftlichen Normen und ihrem Einfluss auf Gesundheit und Krankheit.
● Die *juristische Perspektive* betrachtet Gesundheit und Krankheit vor allem unter sozial-medizinischen und rechtlichen Erläuterungen, z. B. bei Gesetzestexten zur Frühpensionierung und Dienstunfähigkeit oder zur Frühinvalidität.

Die Vielfalt dieser Definitionen verdeutlicht: Die Begriffe sind in Abhängigkeit von bestimmten kulturellen, soziologischen, medizinischen und psychologischen Sichtweisen zu verstehen (Bengel, Strittmatter & Willmann, 2001). Je nach theoretischer Perspektive lassen sich verschiedene Bestimmungen von Gesundheit und Krankheit finden – dabei wird Krankheit in vielen Definitionen als eine Störung des Organismus und als Abweichung von bestimmten Normen bezeichnet. Wie gezeigt wurde, gibt es ebenso zahlreiche verschiedene Auffassungen und Definitionen von Gesundheit. Die meisten der hier genannten Definitionen schließen jedoch – trotz einer mehrdimensionalen Betrachtung, wie durch die WHO – Gesundheit und Krankheit voneinander aus. Sie können daher eher traditionell *pathogenen* Sichtweisen zugeordnet werden. Dem gegenüber stehen *salutogene* Sichtweisen. Diese orientieren sich nicht an einer dichotomen Unterteilung von Krankheit und Gesundheit (bzw. Nicht-Krankheit), sondern lehnen sich an eine Konzeption an, die Gesundheit erklären möchte (ANTONOVSKY, 1987). Welche Modelle von Gesundheit und Krankheit sich innerhalb pathogener und salutogener Sichtweisen entwickelt haben, ist Gegenstand des folgenden Kapitels.

2.4 Pathogene und salutogene Ansätze

Pathogene und salutogene Ansätze sind die wesentlichen Paradigmen der Gesundheitswissenschaft. Während der Fokus bei pathogenen Ansätzen in erster Linie darauf liegt, zu fragen, was Menschen krank macht und welche Ursachen für die Entstehung von Krankheiten verantwortlich sind, fragen salutogene Ansätze danach, was gesund erhält und welche Einflüsse für den Erhalt von Gesundheit verantwortlich sind (vgl. FALTERMEIER, 2005).

Modelle, die der **Pathogenese** zuzuordnen sind, fassen Krankheit und Gesundheit als dichotomen Zustand auf und werden in der Regel Krankheitsmodelle genannt. Sie beziehen sich auf Krankheit bzw. Gesundheit in einem medizinisch definierten Sinn. Menschen werden in diesen Modellen danach klassifiziert, ob sie gesund oder krank sind. Jede Krankheit folgt dabei einer spezifischen Ätiologie und legt eine spezifische Form der Behandlung nahe. Die Modelle konzentrieren sich letztlich darauf, wie der kranke Zustand eines Organismus überwunden werden kann (vgl. FALTERMEIER, 2005).

Zu nennen ist z. B. das *biomedizinische Modell*, welches an ein aus dem 19. Jahrhundert aus den Naturwissenschaften stammendes Verständnis von Gesundheit und Krankheit angelehnt ist und bis heute ein weit verbreitetes Modell darstellt. Idealtypisch zeichnet sich das Modell durch ein naturwissenschaftliches Verständnis vom Körper und von Krankheit aus. Mit objektiven naturwissenschaftlichen Methoden kann man zur kausalen Erklärung von Ursachen und einer daraus abgeleiteten Behandlung gelangen. Krankheit wird im Sinne des biomedizinischen Modells als Störung des normalen Funktionierens des menschlichen Organismus verstanden und auf ein rein körperliches Phänomen beschränkt. Soziale, psychische und Verhaltensaspekte werden vernachlässigt, bzw. nicht berücksichtigt (vgl. ebd., S. 45 ff.).

Zudem ist das *Risikofaktorenmodell* (ebd.) ein einflussreiches medizinisches Modell. Es wurde in den 50er Jahren des 20. Jahrhunderts entwickelt und gilt bis heute als Basis für präventive Maßnahmen. Das Risikofaktorenmodell weist im Gegensatz zum biomedizinischen Modell eine Erweiterung der körperlichen, individuellen Sichtweise zur Erklärung von Krankheit um soziale und psychische Faktoren auf (ebd.). Für alle Krankheiten werden im Sinne des Modells alle nachgewiesenen Risikofaktoren zusammengestellt – die Entstehung einer Krankheit wird damit durch die Zahl und die Interaktion von nachgewiesenen Risikofaktoren erklärt.

Demgegenüber steht das Paradigma der **Salutogenese**. Darunter fallen Gesundheitsmodelle, die sich in erster Linie daran orientieren wie Gesundheit entsteht und wie Gesundheit erreicht werden kann. Der Medizinsoziologe AARON ANTONOVSKY (1923 bis 1994) gilt als der bedeutendste Vertreter des salutogenen Paradigmas. ANTONOVSKY (1987) entwickelte ein theoretisches Modell der Salutogenese (Salus, lat.: Unverletztheit, Heil, Glück; Genese, griech.: Entstehung). Die Grundfragen des Modells lauten: *Was erhält Menschen trotz vieler Risiken und gefährdender Umwelteinflüsse gesund? Wie und unter welchen Bedingungen entsteht Gesundheit?* Salutogene Ansätze sollen laut ANTONOVSKY (ebd.) nicht alternativ, sondern ergänzend zu Ansätzen der Pathogenese gesehen werden.

In den folgenden sechs Punkten werden die zentralen Annahmen des Modells der Salutogenese verdeutlicht (vgl. BAMBERG & FAHLBRUCH, 2004; FALTERMEIER, 2005):

● Gesundheit ist nicht als ein störungsfreies Funktionieren in Abgrenzung zur Krankheit zu verstehen, sondern ein flexibles Ausbalancieren von Ungleichgewichten.

● Gesundheit ist im Gegensatz zur pathogenen Sichtweise kein statischer, sondern ein dynamischer Zustand, der als aktiver Prozess immer wieder hergestellt werden muss.

● Gesundheit und Krankheit ist kein dichotomer Zustand (Gesundheit oder Krankheit). Individuen haben sowohl Anteile von Gesundheit und Krankheit und können auf einem Kontinuum lokalisiert werden, dass von den Extrempolen »maximale Gesundheit« und »maximale Krankheit« ausgeht (*Gesundheits-Krankheits-Kontinuum*). Die Frage ist daher nicht, ob ein Individuum gesund oder krank ist, sondern wie nah bzw. entfernt es von den beiden Extrempolen ist.

● Salutogene Ansätze versuchen im Gegensatz zu pathogenen Ansätzen nicht zu erklären, welche Risikofaktoren oder Stressoren Krankheit bedingen, sondern mit welchen Ressourcen Gesundheit erhalten oder verbessert werden kann.

● Stressoren werden in der Pathogenese als Risikofaktoren betrachtet, während Stressoren in der Salutogenese sowohl pathogen wirken als auch positive gesundheitsförderliche Auswirkungen haben können.

● Während sich pathogene Ansätze auf die Verhinderung bzw. Überwindung von Risikofaktoren konzentrieren, geht es bei der Salutogenese um die Stärkung von gesunderhaltenden Ressourcen und die Bewältigung von krankmachenden Stressoren.

Das **Kohärenzgefühl** (sense of coherence) bildet den zentralen Aspekt des salutogenen Modells von ANTONOVSKY (FALTERMEIER, 2005). Das Kohärenzgefühl wird als relativ überdauerndes Konstrukt dargestellt, das wesentlich für den Umgang mit Belastungen ist und eine Grundhaltung darstellt, die Umwelt zusammenhängend und sinnvoll zu erleben. Das Kohärenzgefühl setzt sich laut ANTONOVSKY (1987) aus drei Komponenten zusammen:

- **Gefühl von Verstehbarkeit** (sense of comprehensibility): Das Gefühl von Verstehbarkeit beschreibt die Fähigkeit von Individuen, bekannte und auch unbekannte Stimuli als geordnete, konsistente, strukturierte Informationen verarbeiten zu können.

- **Gefühl von Bewältigbarkeit** (sense of manageability): Das Gefühl von Handhabbarkeit bzw. Bewältigbarkeit beschreibt (als kognitiv-emotionales Verarbeitungsmuster) die Überzeugung eines Individuums, geeignete Ressourcen zur Verfügung zu haben, um den Anforderungen zu begegnen.

- **Gefühl von Bedeutsamkeit** (sense of meaningfulness): Das Gefühl von Bedeutsamkeit bzw. Sinnhaftigkeit beschreibt das Ausmaß, in dem man das Leben als emotional sinnvoll empfindet, also das einige der im Leben auftretenden Probleme und Anforderungen es wert sind, dass man sich für sie einsetzt und sich ihnen verpflichtet; dass sie eher willkommene Herausforderungen sind, als Lasten, die man gerne los wäre.

Diese drei Faktoren ergeben nach Antonovsky (ebd.) das Kohärenzgefühl, womit eine globale Orientierung des Individuums gemeint ist. Das Kohärenzgefühl ist damit ein »dynamisches« Gefühl des Vertrauens, das hilft, zukünftige Anforderungen im Leben zu strukturieren, sie vorhersagbar und erklärbar zu machen. Mit einem ausgeprägten Kohärenzgefühl kann flexibel auf zukünftige Anforderungen reagiert werden – dafür werden angemessene, individuelle Ressourcen aktiviert. Eine salutogene Grundhaltung wirkt damit als ein flexibles Steuerungsprinzip, das dem Einsatz verschiedener Bewältigungsstile dient. Schwarzer und Jerusalem (2002) ordnen das Kohärenzgefühl generalisierten positiven Erwartungshaltungen zu. Auch allgemeine Selbstwirksamkeitserwartungen oder internale Kontrollüberzeugungen können diesen zugeordnet werden. Diese Konstrukte gelten als persönliche Ressourcen, mit denen aktiv und problemorientiert stressreiche Situationen gehandhabt werden können und die wichtig für die Bewältigung von Krankheit sind.

Wir konnten im vorangehenden Kapitel darstellen, dass es unterschiedliche Definitionen und Ansätze von Gesundheit und Krankheit in Abhängigkeit von kulturellen oder medizinischen Sichtweisen und pathogenen und salutogenen Modellen gibt. Dabei gehen salutogene Modelle nicht von einer dichotomen Trennung von Gesundheit und Krankheit aus. Sie verstehen Gesundheit vielmehr als dynamischen Zustand, der über die Stärkung und den Erhalt salutogener und damit gesundheitsförderlicher Ressourcen erhalten wird. Auch wir gehen im Rahmen unserer Untersuchung von Gesundheit als einen prozesshaften, dynamischen Zustand aus, der immer wieder aktiv hergestellt werden muss. Das Konzept der Salutogenese eignet sich daher als übergeordneter Rahmen für neuere Konzepte der Gesundheitsförderung. Welche Bedeutung salutogene Sichtweisen für die Konzeption und Entwicklung der Gesundheitsförderung haben, ist Gegenstand des folgenden Kapitels.

2.5 Gesundheitsförderung aus salutogener Sicht

Vor allem auf politischer Ebene erfolgt, vor dem Hintergrund hoher Frühpensionierungsquoten, der hohen Altersstruktur (vgl. Kap. 2.2) und den damit steigenden Versorgungsausgaben, ein verstärktes Interesse an Präventions- und

Gesundheitsförderungsmaßnahmen im Lehrerberuf. Mögliche Risikofaktoren im Lehrerberuf sollen verändert, Ressourcen der Lehrkräfte gestärkt werden. Ziel ist es, die Gesundheit von Lehrkräften langfristig zu erhalten. Was aber wird unter den Begriffen Prävention und Gesundheitsförderung verstanden? Welche Maßnahmen sind mit diesen Begriffen verbunden?

Prävention meint zunächst, die Entstehung einer Krankheit bzw. ihre negativen Folgen zu verhüten (lat. praevenire: zuvorkommen, verhüten). Damit ist Prävention eng an den Krankheitsbegriff angelehnt, da im Verständnis von Prävention bestimmte Ursachen zu einer Krankheit führen. Ebenso kann durch bestimmte Maßnahmen eine bestimmte Krankheit verhütet oder verhindert werden (FALTERMEIER, 2005). Der Psychiater GERALD (1964) unterscheidet drei verschiedene Zeitpunkte, die mit bestimmten Präventionsmaßnahmen verbunden sind: *primäre, sekundäre und tertiäre Prävention.*

Primäre Prävention bezeichnet dabei jegliche Maßnahmen, die vor Beginn einer Krankheit ansetzen. *Sekundäre* Präventionsmaßnahmen sollen im Krankheitsfall das weitere Fortschreiten der Krankheit verhindern. *Tertiäre* Präventionsmaßnahmen schließlich zielen darauf ab, weitere schwerwiegende Folgen bei einer aufgetretenen Krankheit zu verhindern. Sie sind damit mit Rehabilitationsmaßnahmen gleichzusetzen (vgl. FALTERMEIER, 2005).

Verbreitet ist zudem die Unterscheidung von *Verhaltens- und Verhältnisprävention*: Während Verhaltenspräventionen sich auf den Abbau oder die Veränderung individueller riskanter Verhaltensweisen beziehen, konzentrieren sich Verhältnispräventionen darauf, Lebensverhältnisse zu verändern, die zu einer Krankheit führen können oder zu ihr beitragen. Im Schulbereich würden Maßnahmen der Verhaltensprävention also bei der Lehrkraft selbst ansetzen, z. B. in Form von Anti-Stress-Trainings, Informationen zur Gesundheit, aber auch durch die individuelle Förderung von Handlungskompetenzen in der Auseinandersetzung mit konkreten Anforderungen und Belastungen (Qualifikationen, Kompetenztrainings). Maßnahmen der Verhältnisprävention zielen dagegen auf die Veränderung des *gesamten* Arbeitsbereichs Schule, indem Risikofaktoren in der Schule verändert oder beseitigt werden – z. B. die Einführung von Lärmschutzmaßnahmen in allen Klassenräumen, die Verbesserung des Kooperationsklimas oder die Erweiterung von Handlungsspielräumen (RUDOW, 2004). Damit lassen sich Konzepte der Prävention dem sogenannten Risikofaktorenmodell zuordnen, das mit pathogenen Sichtweisen einhergeht, welche in Abschnitt 2.4 dargestellt wurden.

Was wird unter dem Begriff *Gesundheitsförderung* verstanden? Gesundheitsförderung ist eng verbunden mit der Weltgesundheitsorganisation (WHO) und der Verabschiedung der sogenannten *Ottawa-Charta* zur Gesundheitsförderung. Der Begriff Gesundheitsförderung orientiert sich im Gegensatz zum Präventionsbegriff nicht an Krankheit, sondern an Gesundheit. So heißt es bereits im ersten Satz der 1986 verabschiedeten Charta:

»Gesundheitsförderung zielt auf einen Prozess, allen Menschen ein höheres Maß an Selbstbestimmung über ihre Gesundheit zu ermöglichen und sie damit zur Stärkung ihrer Gesundheit zu befähigen« (WHO, 1986, S. 1).

Hier wird zum ersten Mal der Gedanke der Ressourcenstärkung deutlich und eine Orientierung an einem positiven Gesundheitsbegriff als »dynamischer« Zustand, der als aktiver Prozess immer wieder hergestellt werden muss. Der Begriff der Gesundheitsförderung setzt sich damit von einer pathogenen Sichtweise ab, bei der es vor allem um die Ursachen von Krankheiten geht. Dies wird in den weiteren zentralen Aussagen der Ottawa-Charta deutlich:

»Um ein umfassendes körperliches, seelisches und soziales Wohlbefinden zu erlangen, ist es notwendig, dass sowohl einzelne als auch Gruppen ihre Bedürfnisse befriedigen, ihre Wünsche und Hoffnungen wahrnehmen und verwirklichen sowie ihre Umwelt meistern bzw. sie verändern können. (...) Gesundheit steht für ein positives Konzept, das in gleicher Weise die Bedeutung sozialer und individueller Ressourcen für die Gesundheit betont wie die körperlichen Fähigkeiten« (WHO, 1986, S. 1).

In ihren Aussagen ist die Ottawa-Charta an salutogenen Sichtweisen ausgerichtet. Gesundheit steht für ein positives Konzept, das die Bedeutung sozialer und individueller Ressourcen für die Gesundheit ebenso betont wie die körperlichen Fähigkeiten. Zudem verdeutlicht die Ottawa-Charta, dass Gesundheit Teil des alltäglichen Lebens ist und durch viele Bereiche der Gesellschaft beeinflusst wird. Die Verantwortung für die Erhaltung der Gesundheit liegt sowohl im politischen Bereich als auch bei den beteiligten Individuen selbst. Im Sinne der Charta geht es nicht allein darum, gesündere Lebensweisen zu fördern. Weiterhin sollen ebenfalls bessere gesellschaftliche, ökologische und politische Voraussetzungen für Gesundheit geschaffen werden (vgl. Faltermeier, 2005).

Prävention und Gesundheitsförderung unterscheiden sich damit vor allem hinsichtlich ihrer primären Ziele und damit verbundenen Strategien (vgl. Waller, 2002). Bei Prävention geht es darum, bekannte Risiken abzubauen oder zu verhindern. Prävention setzt damit ein Wissen um die Entstehung von Krankheiten und Risikofaktoren voraus. Gesundheitsförderung dagegen will Ressourcen stärken und ausbauen und orientiert sich an einem positiven Gesundheitsbegriff. Gesundheitsförderung setzt also ein Wissen über die Entstehung von Gesundheit voraus und wird durch Modelle der Salutogenese bestimmt. Prävention und Gesundheitsförderung sollen jedoch nicht getrennt, sondern im Sinne salutogener Konzepte als zwei zusammengehörige Prozesse betrachtet werden. So formuliert Antonovsky (1987), dass gerade der Umgang mit Risiken und die Bewältigung von Stressoren im Modell der Salutogenese Teil eines Prozesses ist, der Gesundheit beeinflusst. In diesem (salutogenen) Sinne umfasst Gesundheitsförderung »sowohl den Umgang mit gesundheitlichen Risiken als auch die Stärkung von gesundheitlichen Ressourcen« (Faltermeier 2005, S. 300). Welche Konzepte liegen der salutogenen Prävention und Gesundheitsförderung zugrunde? Diese orientieren sich an mindestens drei Kriterien, die es bei der Durchführung von Konzepten zu berücksichtigen gilt (vgl. Faltermeier, 2005):

1. Wissenschaftliche Begründung (empirisch/theoretisch) der Konzepte
2. Durchführung von fachlich qualifizierten Personen mit geeigneten Methoden
3. Evaluation der Konzepte zur Erbringung eines Wirkungsnachweises

Ansätze, die im Bereich von Organisationen angewandt werden, sind schwerpunktmäßig der gesundheitspsychologischen Intervention zuzuordnen. So werden vor allem in Schulen Ansätze der Stressprävention oder Stressbewältigung verfolgt. Diese Programme zielen darauf ab, Stressbedingungen am Arbeitsplatz zu erkennen und zu modifizieren, Ressourcen und Strategien für eine angemessene Bewältigung zu verbessern und langfristig körperliche und psychische Stressfolgen zu vermeiden. Auf sie wird im folgenden Kapitel näher eingegangen (vgl. WALLER, 2002).

Seit Ende der 1990er Jahre werden Konzepte und Projekte der »Gesundheitsfördernden Schule« entwickelt. Sie orientieren sich im Wesentlichen an den Grundsätzen der Ottawa-Charta der WHO, mit dem Gedanken die Organisation Schule zu einer gesunden Institution zu entwickeln und Gesundheit als Leitidee der Schulentwicklung zu verankern (POSSE & BRÄGGER, 2008). In diesen Konzepten wird Schule als zentrales Feld für Prävention und Gesundheitsförderung gesehen und Gesundheit in der Organisation Schule als zentraler Aspekt zur Erreichung von Qualität herausgestellt. Dabei geht es nicht nur um die Verbreitung von Gesundheitsthemen im Unterricht oder um Fort- und Weiterbildungen der Lehrkräfte zum Thema Gesundheitsförderung, sondern auch um die Verbesserung der Kommunikation, Kooperation und des sozialen Klimas innerhalb der Schule sowie um den Ausbau von Vernetzungen mit anderen Schulen, Projekten und Gemeinden zu Themen der Gesundheit.

Nicht zuletzt haben die bereits in Kapitel 2.2 erwähnten, zahlreichen Erkrankungen und Frühpensionierungen bei Lehrkräften dazu geführt, dass Prävention und Gesundheitsförderung zentrale Bestandteile bei der Entwicklung der Schule geworden sind. Denn: Ein guter Gesundheitszustand ist eine wesentliche Bedingung für die soziale, ökonomische und persönliche Entwicklung und ein entscheidender Bestandteil der Lebensqualität der einzelnen Lehrkräfte. Die am Anfang des Kapitels erwähnte ökonomische Bedeutung von Gesundheit infolge von Dienstunfähigkeit und Frühpensionierung, macht es auch auf politischer Ebene erforderlich, die Gesundheit in den Lehrerkollegien zu fördern, um krankheitsbedingte Ausfälle zu verringern und damit die Qualität einer Schule zu steigern. Welche Ansätze zur Erklärung von Gesundheit und Krankheit von Lehrkräften genutzt werden, wird im folgenden Kapitel erörtert.

2.6 Ansätze zur Erklärung von Gesundheit und Krankheit von Lehrkräften

Zahlreiche Wissenschaften bzw. Wissenschaftszweige beschäftigen sich mit Gesundheit und ihrer Erklärung. Insbesondere die Gesundheitspsychologie, Arbeitspsychologie, Arbeitsmedizin und die Arbeitswissenschaft liefern interessante und gewinnbringende Ansätze. Mit dieser Vielfalt geht aber auch die uneinheitliche Verwendung von Begrifflichkeiten einher.

Zu Beginn der Stressforschung überwogen vor allem reaktionsbezogene Ansätze. Dazu zählt auch das von SELYE in den 1930er Jahren entwickelte biologische Stressmodell, welches Stress als eine unspezifische biochemische Reaktion des Organismus auf jede Art von externer Anforderung definiert (SELYE, 1981). Unabhängig von der

Art der Anforderung wird eine Störung des dynamischen Gleichgewichts des Organismus ausgelöst. Hingegen fokussieren situations- und reizbezogene Ansätze aus den Arbeitswissenschaften auf den aus der Umwelt kommenden Reiz. In diesen Ansätzen wird davon ausgegangen, dass Stressindikatoren Umweltreize von unterschiedlicher Qualität und Intensität sind. Allerdings wird postuliert, dass bestimmte Reize unabhängig von der Person als Stress empfunden werden wie z. B. im Konzept der »Anforderung/Belastung« (Ducki, 2000). Aber die Frage, warum Menschen unterschiedlich auf den gleichen Reiz reagieren, beantworten nur relationale bzw. transaktionale Ansätze: Stress wird hier als ein relationales Konstrukt verstanden, das weder auf der Personen- noch auf der Situationsseite allein verankert ist, sondern das Produkt eines Vergleichs zwischen situationsspezifischen Anforderungen und personenspezifischen Handlungsmöglichkeiten darstellt (Schönpflug, 1987; Schwarzer, 1987). Stress ist also keine bloße Reaktion oder ein Ergebnis situativer Einflüsse, sondern das Resultat kognitiver Prozesse eines Individuums. Das transaktionale Stressmodell von Lazarus (1966) war eines der ersten Modelle, das die »kognitive Wende« in der Stressforschung einleitete. Dieses Modell wurde von Kyriacou und Sutcliffe (1978) zur Erklärung von Lehrerstress adaptiert. Rudow (1994) entwickelte es wiederum weiter, indem er spezifische Tätigkeitsmerkmale des Lehrerberufs integrierte.

Abbildung 2.6.1: Lehrerstress-Modell nach Rudow (2004)

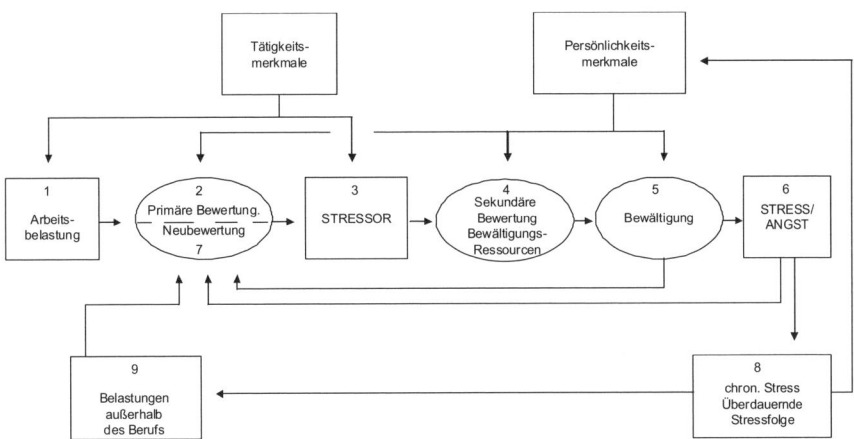

Stress wird in diesem Modell nicht als Reiz, Reaktion oder Zustand betrachtet, sondern als Prozess, der durch Phasen der Bewertung und Bewältigung bestimmt ist. Arbeitsbelastungen wie Verhalten der Schüler oder Administration sind hiernach objektive Charakteristika der Lehrertätigkeit (1), die von Lehrern in einer primären Bewertung als irrelevant, angenehm oder stressrelevant eingestuft werden (2). Die primäre Bewertung bezieht sich auf jede Auseinandersetzung mit der Umwelt im Hinblick auf das Wohlergehen der Person (Krohne, 1999). Hier kann die ursprünglich indifferente Belastung zum Stressor werden, der das Wohlbefinden, das Selbstkonzept oder die Gesundheit bedroht (3). In der sekundären Bewertung wird abge-

33

glichen, welche internen Ressourcen und welche Umwelt-Ressourcen zur Bewältigung verfügbar sind, um einen erfolgreichen Abschluss einer stressbezogenen Auseinandersetzung zu erreichen (4). Hier spielen also laut RUDOW (1994) ebenso wie bei der primären Bewertung Persönlichkeitsmerkmale wie das Berufsalter, Bedürfnisse und Motive eine Rolle. Auf Grundlage der sekundären Bewertung erfolgt dann der eigentliche Bewältigungsversuch (5). Ist dieser erfolgreich, tritt keine Stressreaktion auf, andernfalls kann Stress resultieren (6). In Abhängigkeit davon, ob die Bewältigung erfolgreich war, erfolgt eine Neubewertung der Arbeitsbelastung (7). Wurde die Arbeitsbelastung nicht angemessen bewältigt, bleibt ihr Stressorencharakter und es folgt erneut die sekundäre Bewertung von Bewältigungsressourcen, die aktive Bewältigung usw. Ist die Bewältigung dauerhaft nicht erfolgreich, hält die Stressreaktion an und chronischer Stress mit entsprechenden funktionellen Störungen im Herz-Kreislauf- und Magen-Darm-System, neurotischen Störungen wie Angst oder Depression oder psychosomatischen Störungen etc. sind die Folge (8). Bewältigungsprozesse können also die Bewertung von Arbeitsbelastungen verändern. Aber auch außerschulische Belastungen modifizieren die Bewertung wie beispielsweise Ehekonflikte (9).

Ebenfalls übertrug RUDOW (1994) das arbeitswissenschaftliche Belastungs-Beanspruchungs-Konzept, welches sich parallel zu Modellen aus der Stressforschung entwickelte, auf den Lehrerberuf. Das Belastungs-Beanspruchungs-Konzept ist allgemeiner als Stressmodelle konzipiert, da Stress hier als nur eine von vielen möglichen negativen und positiven Beanspruchungsreaktionen definiert wird. Jedoch wird ebenso wie in transaktionalen Modellen der Wechselwirkungsprozess zwischen Person und Umwelt in den Mittelpunkt gerückt. Um diesen Prozess näher zu erläutern, ist es zunächst notwendig die Terminologie zu klären. Belastungen sind »objektive, von außen her auf den Menschen einwirkende Größen und Faktoren« (ROHMERT & RUTENFRANZ, 1975), deren Auswirkungen auf den Menschen als Beanspruchungen bezeichnet werden. So können bei objektiv gleichen Belastungen für verschiedene Personen unterschiedlich starke Beanspruchungen resultieren (SEMMER & UDRIS, 1995). Wie beansprucht man sich fühlt, ist also auch hier das Ergebnis eines Vergleiches und zwar zwischen personenspezifischen Handlungsmöglichkeiten und situationsspezifischen Anforderungen. Auf die Arbeitssituation von Lehrkräften übertragen bedeutet dies, dass objektive Charakteristika der Lehrtätigkeit wie z. B. Klassengröße oder das Verhalten von Schülern Belastungen sind, die je nach vorhandenen Ressourcen als mehr oder weniger beanspruchend erlebt werden.

Das Belastungs-Beanspruchungs-Konzept in seiner Ausdifferenzierung des Beanspruchungsbegriffs und Weiterentwicklung durch RUDOW (1994) bietet sich zur Analyse von Gesundheit und Krankheit im Schulkontext an, da es speziell für den Lehrerberuf expliziert wurde und die Erklärung positiver wie negativer Beanspruchungsfolgen (nicht nur Stress) ermöglicht. Mit der Ausdifferenzierung der Beanspruchung wird vor allem deutlich, dass Schwierigkeiten (der Arbeitsumwelt), die es zu überwinden gilt, nötig sind, um sich weiterzuentwickeln und je nach Bewältigung unterschiedliche Konsequenzen für die Gesundheit haben. So ist Beanspruchung im Vollzug der Arbeitstätigkeit nach RUDOW (2004) ein notwendiges psychophysisches Phänomen, das die unmittelbare Konfrontation der physischen und psychischen

Leistungsvoraussetzungen einer Person mit den Arbeitsanforderungen meint. Wird die Lehrkraft durch eine Arbeitsaufgabe beansprucht, so erhöht sich die psychophysische Aktivität des Organismus, welche sich in körperlichen und psychischen Reaktionen wie Erhöhung des Herzschlages, des Blutdrucks und des Adrenalinspiegels zeigt. Infolge anhaltender Arbeitstätigkeit treten dann negative und positive Beanspruchungsreaktionen und -folgen auf. *Beanspruchungsreaktionen* sind kurzfristig auftretende, reversible psychophysische Phänomene. Als *Beanspruchungsfolgen* werden hingegen überdauernde, chronische und bedingt reversible psychophysische Phänomene verstanden. Beanspruchungsreaktionen bzw. -folgen sind positiv, wenn sie zu einer Verbesserung des Befindens und der Handlungskompetenz bzw. der psychischen Gesundheit führen. Zu den negativen Beanspruchungsreaktionen zählen die psychische Ermüdung, Monotonie, psychische Sättigung und Stress. Diese Zustände treten in Folge von Über- bzw. Unterforderung auf, wohingegen chronischer Stress und Burnout zu den negativen Beanspruchungsfolgen gehören (RUDOW, 2004).[2]

Im Rahmen unserer Forschungsarbeit entwickelten wir ein Modell, das zum einen auf dem Lehrerstressmodell von RUDOW (1994) und seinen Überlegungen zum Belastungs-Beanspruchungs-Konzept sowie auf Annahmen des salutogenen Ansatzes von ANTONOVSKY (1997) beruhen (siehe Abbildung 2.6.2). Dieses Modell beschreibt in vereinfachter Form den Entstehungsprozess von Krankheit bzw. Gesundheit am Arbeitsplatz Schule.

---

2 Für ausführlichere Erläuterungen verschiedener Stressmodelle und Belastungs-Beanspruchungs-Konzepte im schulischen und außerschulischen Kontext sei an dieser Stelle beispielsweise auf die Sammelbände bzw. Arbeiten von BÖHM-KASPER (2004), NITSCH (1981), GREIF et al. (1991) und OESTERREICH (1999) verwiesen.

Abbildung 2.6.2: Modell zur Erklärung von Gesundheit und Krankheit am Arbeitsplatz Schule

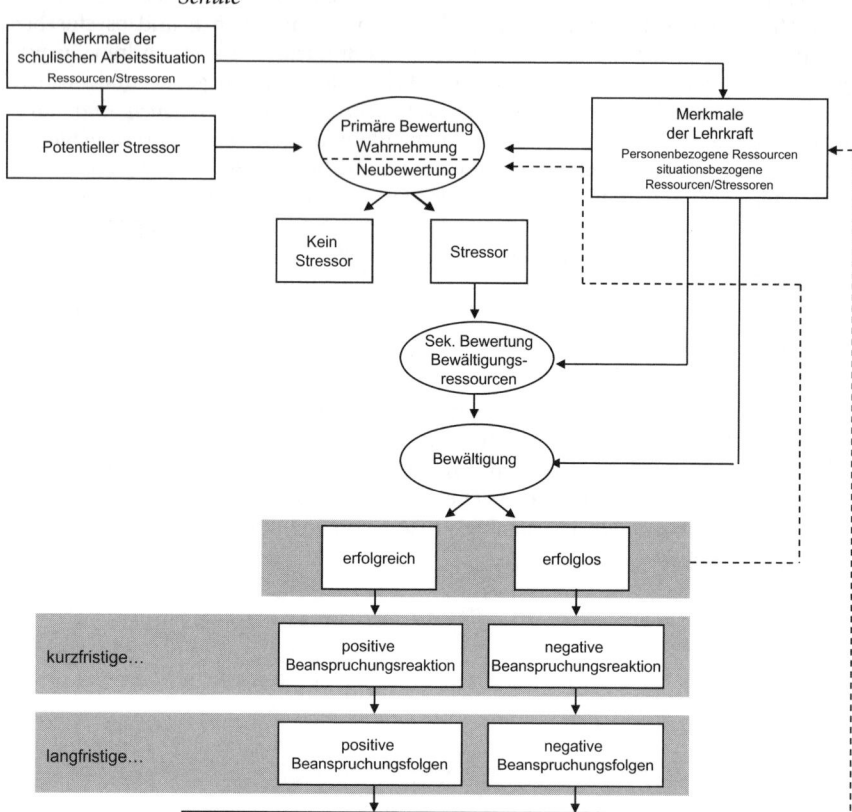

Während eines Arbeitsalltags werden Aufgaben unter ganz unterschiedlichen Arbeitsbedingungen bearbeitet. Ständig setzen wir unsere Person mit der Umwelt in Beziehung und bewerten diese Beziehung in Bezug auf das eigene Wohlbefinden (LAZARUS & LAUNIER, 1981). Einige Aufgaben fallen uns leichter, andere sehen wir als Herausforderung an und wieder andere möchten wir am liebsten ganz vermeiden, weil sie für uns eine Bedrohung darstellen. In der Konfrontation mit Situationen, die uns nicht leicht fallen und die es zu meistern gilt, können wir wachsen, aber auch erkranken (LAZARUS, 1990). Die Einschätzung der Aufgaben und Arbeitsbedingungen ist von Mensch zu Mensch recht unterschiedlich. So bestimmt die objektive Klassengröße die subjektiv eingeschätzte Belastung nur bedingt: Klassen mit 21–25 Schülern werden in der Regel als ideal eingeschätzt, aber auch weniger Schüler können als belastend empfunden werden (VON SALDERN & KATZ, 1990). Welche Auswirkungen Belastungen haben, hängt auch von den gesamten Arbeits- und

Kontextbedingungen ab (GREIF et al., 1991). Auch in unserem Modell wird – wie in der Mehrheit der Untersuchungsansätze zur Erklärung des Belastungserlebens im Lehrerberuf – der Wechselwirkungsprozess zwischen Person und Umwelt betont. Ein ursprünglich indifferentes Arbeitsmerkmal wie die Organisation des Vertretungsplans kann in einem primären Bewertungsprozess als Stressor eingestuft werden. Das heißt, die Anforderung ist stressreich, da sie als Bedrohung oder Herausforderung bewertet wird. Im Falle der Wahrnehmung eines Stressors setzt der Körper zusätzlich Energien frei, die sich z. B. in der Erhöhung des Blutdrucks und der Herzfrequenz zeigen.[3]

Für die sekundäre Bewertung, also dem Abgleich zwischen Anforderungen und Bewältigungsfähigkeiten bzw. -möglichkeiten und der anschließenden Bewältigung, sind verfügbare Ressourcen zentral. Ähnlich wie im modifizierten RUDOW-Modell von VAN DICK (2006) ergänzen auch wir eine Beziehung von Arbeitssituation und Merkmalen der Person bzw. Lehrkraft, da Merkmale der Arbeitssituation die Wahrnehmung und Einstellungen einer Person prägen. So werden potenzielle Stressoren wie Lärm in der Klasse vermutlich eher stressend bewertet, wenn das Arbeitsklima im Kollegium schlecht ist und die Unterstützung der Schulleitung fehlt. So beinhaltet die Arbeitssituation Ressourcen oder Stressoren, die sich vermittelt z. B. über Arbeitszufriedenheit auswirken und dann für die Bewertung eines einzelnen potenziellen Stressors von Bedeutung sind. Aber auch die Person selbst bringt »außerschulische« Ressourcen in den Prozess ein. Diese können *situationsbezogen* oder *personenbezogen* sein. Zu den *personenbezogenen Ressourcen* einer Person gehören z. B. Optimismus, Selbstvertrauen, Selbstwirksamkeitserwartung, Umgang mit Misserfolgen, Motive und Bedürfnisse. Die wichtigste *situationsbezogene Ressource* stellt die soziale Unterstützung z. B. durch Freunde, Bekannte sowie Partner dar (BEEHR, 1995).

Durch die Verortung der Ressourcen wird deutlich, welchen wichtigen Stellenwert die schulische Arbeitssituation einnimmt, da auch personale Merkmale der Person beeinflusst werden. So kann beispielsweise das unterstützende Verhalten des Schulleiters oder eine gute Unterrichtsorganisation die Ressourcen der Lehrkraft stärken und fließt damit in den primären und sekundären Bewertungsprozess ein. Diese Bewertungsprozesse können unbewusst oder bewusst erfolgen, wobei die Erstbewertung meist unbewusst, die Zweitbewertung hingegen meist bewusst erfolgt (BÖHM-KASPER, 2004). Auf Grundlage der sekundären Bewertung wird dann der Bewältigungsversuch unternommen. Gelingt dieser, resultieren positive Beanspruchungsreaktionen wie z. B. aktuelles Wohlbefinden und Arbeitszufriedenheit (RUDOW, 2004) sowie positive Beanspruchungsfolgen, die eine Erweiterung des Handlungsspielraums, der Persönlichkeitsentwicklung und letztendlich die Steigerung des Wohlbefindens bedeuten. Folgt man den Überlegungen von ANTONOVSKY (1997), so

---

3 Die Bedrohungen, die früher eher physischer Natur waren, sind heutzutage eher psychischer Natur. In gewisser Weise ist die gelernte Reaktion des Körpers bei psychischen Bedrohungen eher kontraproduktiv. Der Körper wird durch hormonelle und autonome Systeme in einen Zustand versetzt, der darauf vorbereitet, durch den Einsatz von physischer Anstrengung eine Änderung der Verhältnisse herbeizuführen, obwohl intellektuelle Anstrengungen und die Konzentration in einem Problemlösungsprozess gebraucht werden (PRUESSNER, 2004).

drückt sich die Zunahme des Wohlbefindens im Gesundheits-Krankheits-Kontinuum mit einer Annäherung an den Gesundheitspol aus (vgl. Kap. 2.3). Misslingt die Bewältigung, so sind negative Beanspruchungsreaktionen wie beispielsweise kurzfristiges Stressempfinden die Folge. Gelingt die Bewältigung dauerhaft nicht, führt dies zu chronischem Stress (RUDOW, 2004). Dies mündet dann im Gesundheits-Krankheits-Kontinuum in eine Annäherung an den Krankheitspol. Ist die Verortung anhaltend in der Nähe des Krankheitspols, wirkt sie sich auf die Person aus, d. h. die durch den chronischen Stress geprägte Lehrkraft verändert ihre Motive und pädagogischen Wertpräferenzen. Der Prozess der Bewertung kann je nach Resultat erneut durchlaufen werden, sodass ehemals stressauslösende Arbeitssituationen nicht mehr als solche bewertet werden.

Wichtig ist uns die Betonung möglicher positiver Beanspruchungsfolgen bei der Bewältigung schwieriger Situationen. Ebenfalls soll dieses Modell durch die Abbildung positiver wie negativer Beanspruchungsfolgen auf einem Kontinuum den prozesshaften Charakter von Gesundheit und Krankheit verdeutlichen. Im dargestellten Modell werden zudem die Ressourcen und Stressoren auf Personenseite und als Merkmale der schulischen Arbeitssituation verankert und in Beziehung gesetzt. Durch diese Verbindung wird zum einen die Beziehung von Person und Arbeit betont und zum anderen der Einfluss der (gesamten) Arbeitssituation für den Bewertungsprozesses hervorgehoben. Von zentraler Bedeutung ist zudem die Annahme, dass nicht eine Arbeitsbedingung an sich Stress erzeugt, sondern deren Wahrnehmung als bedrohlich im Zusammenhang mit der Wahrnehmung eigener mangelnder Fähigkeiten zur Bewältigung. Diese Annahme hat sich für die Forschung als überaus fruchtbar erwiesen (VAN DICK, 2006) und ist für diese Arbeit ebenfalls grundlegend, da im empirischen Teil die Analysen vor allem auf den subjektiven Einschätzungen der Arbeitsbedingungen hinsichtlich ihrer entlastenden und belastenden Wirkungen beruhen. Diese Einschätzungen spiegeln das subjektive Belastungserleben der Lehrkräfte durch die Arbeitsplatzsituation wieder. In dieses Belastungserleben gehen die oben erläuterten Bewertungs- und Bewältigungsprozesse ein, bzw. sind Grundlage für diese Wahrnehmung. Bei der Fokussierung auf die Person-Umwelt-Beziehung, die der transaktionale Ansatz vornimmt, sind auch individuelle Wahrnehmungs- und Verarbeitungsprozesse von zentraler Bedeutung, die durch die Stärkung individueller Ressourcen positiv beeinflusst werden können. Dies beinhaltet für das Individuum die Chance eingreifen zu können und selbst aktiver Gestalter im Gesundheitsprozess zu sein – wie es auch die WHO (1986) fordert. Allerdings sollte auch gerade im schulischen Arbeitskontext die Erforschung von Risikofaktoren[4] vorangetrieben werden, sodass potenzielle Stressoren verringert werden können. Mit diesem verhältnis- und verhaltensorientierten Ansatz, der an der Person, aber auch an der Arbeitsumgebung ansetzt, sehen wir im Sinne salutogener Sichtweisen die erfolgversprechendste Möglichkeit zur Gesundheitsbildung und -förderung, da sowohl gesundheitliche Risiken identifiziert als auch gesundheitliche Ressourcen gestärkt werden (FALTERMEIER, 2005).

---

4 Risikofaktoren sind Faktoren, die erfahrungsgemäß mit großer Wahrscheinlichkeit für alle Menschen einen Stressor darstellen.

2.7 Schulleitung und Lehrergesundheit: Salutogenes Leitungshandeln

Die Publikationsdichte rund um das Thema Lehrergesundheit und Schulleitung hat in den letzten Jahren zugenommen. Ein Großteil dieser Publikationen besteht allerdings aus programmatischen Schriften. Diesen zum Teil anregenden und wertvollen Beiträgen für die fachliche Diskussion und Praxis an den Schulen stehen vergleichsweise wenige Arbeiten gegenüber, die systematisch sozialwissenschaftliche Forschungsmethoden einsetzen, um auf empirischem Weg Wissen zu generieren. Im Folgenden werden die Rolle der Schulleitung für die Erhaltung der Gesundheit von Lehrkräften und entsprechende Forschungsbefunde referiert sowie das in den empirischen Analysen (siehe Abschnitt 3.5.1) eingebundene Salutogene Leitungshandeln theoretisch hergeleitet.

Der Schulleiter ist, wie bereits oben erläutert, für die Erhaltung der Lehrergesundheit bedeutsam. Über die Gestaltung der Arbeitsbedingungen, aber auch unmittelbar über das eigene Verhalten nimmt der Schulleiter Einfluss auf die Gesundheit der Lehrkräfte. In der Führungsdefinition von WUNDERER (2003, S. 4), die für Personen in Leitungspositionen[5] – wie Schulleiter es nun mal sind – gilt, werden diese zwei Ebenen deutlich:»Führung wird verstanden als ziel- und ergebnisorientierte, aktivierende und wechselseitige, soziale Beeinflussung zur Erfüllung gemeinsamer Aufgaben *in* und *mit* einer strukturierten Arbeitssituation.« Dies meint, dass die Leitung einer Schule sowohl *direkt, personal-interaktiv* durch die eigene Person die Lehrkräfte führt, aber auch *indirekt, strukturell-systemisch* über geschaffene Strukturen leitet. Daher ist sowohl die persönliche Ebene, aber auch die strukturell organisatorische Ebene von entscheidender Bedeutung für eine erfolgreiche Gesundheitsförderung: So ergänzen sich beispielsweise ein respektvoller Umgang und ein geeigneter Vertretungsplan.

Nur was wissen wir über gesundheitsförderliches Führungshandeln in Organisationen? In einigen Studien erwiesen sich *angemessene Rückmeldungen* (BERGER & ZIMBER, 2004) und das Erleben *sozialer Unterstützung* durch Vorgesetzte als mitentscheidend für die Bewertung und Bewältigung von Arbeitsbedingungen in Organisationen (COHEN, S. & WILLS, 1985; HOUSE, 1981; SCHMIDT, 1996). SCHMIDT (1996) konnte für den Produktionsbereich mittels Regressionsanalyse nachweisen, dass vor allem die Bereitschaft von Vorgesetzten, ihren Mitarbeitern *Mitbestimmungs- und Beteiligungsmöglichkeiten* einzuräumen, das Fehlzeitenverhalten und die Fluktuation beeinflusst. Auch von ROSENSTIEL, MOLT und RÜTTINGER (1983) berichten von einem *partizipativen Führungsstil*, der beanspruchungs- und fehlzeitenreduzierend wirkt, während WOLFF & GOESCHEL (1988) einen Zusammenhang von autoritärem Führungsstil und höheren Fehlzeiten finden. Dies zeigt, wie wichtig Führungskräfte und damit auch Schulleiter für die Gesundheit der Mitarbeiter bzw. Lehrkräfte sind, obwohl sich die Befunde nicht eins zu eins auf den schulischen Kontext übertragen lassen. Unterschiede liegen z. B. im Beamtenstatus der Lehrkräfte, der geringeren Vernetzung untereinander (»loosely coupled system« vgl.

---

5 Im Weiteren werden, entsprechend der oben erläuterten Führungsdefinition, die Begriffe Führung und Leitung synonym verwendet.

WEICK, 1976), den Tätigkeitsmerkmalen und eingeschränkten Belohnungs- und Anreizmöglichkeiten.

Im schulischen Kontext gibt es zwar zahlreiche Untersuchungen zur Lehrerbelastung, die Zusammenhänge zwischen Arbeitsbedingungen und der Entstehung negativer Beanspruchungsfolgen (z. B. BÖHM-KASPER, 2004; CHRIST, 2004; FIDLER, 2004) analysieren, jedoch ist das Schulleitungshandeln selten Gegenstand.

Im angelsächsischen Raum finden sich einige Studien, die auch Führungshandeln und organisationale Faktoren berücksichtigen (z. B. BLASE, DEDRICK & STRAHTE, 1986; CHERNISS, 1988; CUMMINGS & NALL, 1983; LEITHWOOD, K., MENZIES, JANTZI & LEITHWOOD, 1999). LEITHWOOD, JANTZI and STEINBACH (2001) analysierten 18 Studien, welche in ihren Auswertungen auch Merkmale des Führungshandelns zur Erklärung von Burnout bei Lehrkräften berücksichtigen. Die identifizierten Prädiktoren werden auf drei Ebenen kategorisiert: *Organisationale, individuelle* und *Führungsebene*. Dabei weisen LEITHWOOD et al. (2001) darauf hin, dass die Trennung zwischen organisationalen und Führungsmerkmalen schwierig ist, da viele Aspekte z. B. hierarchische Strukturen indirekt oder direkt ein Produkt des Führungshandelns sind. Die Analysen ergeben auf organisationaler Ebene 13 Faktoren, die Burnout begünstigen und zwölf, die Burnout reduzieren können. 14 Merkmale des Führungshandelns, die Burnout forcieren und neun Merkmale, die Burnout verringern, konnten ebenso identifiziert werden. LEITHWOOD et al. (2001) entdecken bei der häufig bruchstückhaften Operationalisierung des Führungshandelns viele Merkmale, die sich im transformationalen Führungskonzept wiederfinden lassen. Diese werden von der Forschungsgruppe aufgegriffen und in einer eigenen Untersuchung mittels Pfadanalyse modelliert. Die organisationalen Faktoren, die im Modell aufgegriffen werden, sind Arbeitsanforderungen, soziale Unterstützung und organisationale Unterstützung. Die transformationalen Führungsmerkmale, die in das Modell eingehen, sind Visionen, Gruppenziele, hohe Leistungserwartungen, Vorbildfunktion, individuelle Unterstützung, Anregungen und Förderung von kreativem und unabhängigem Denken, sowie produktive Schulkultur und Struktur. LEITHWOOD et al. (1999) greifen nur veränderbare personale Merkmale wie persönliche Ziele, Vertrauen in die eigenen Fähigkeiten, Wahrnehmung der Unterstützung durch die Kollegen/Arbeitsumgebung und Bewertung des emotionalen und motivationalen Anregungsgehalts der Arbeit auf, da demografische Merkmale sich als wenig einflussreich auf Burnout erwiesen und die Frage nach geeigneten Interventionen im Mittelpunkt der Untersuchung stand. So sind nicht auf der einen Seite personale Faktoren und auf der anderen Seite Führungsmerkmale und organisationale Faktoren konzipiert worden, sondern personale Faktoren wirken wie Mediatoren zwischen Führungsaspekten, organisationalen Faktoren und Burnout. Damit verknüpfen LEITHWOOD et al. (1999) – wie auch wir – in dem oben dargestellten Modell (siehe Abbildung 2.6.2) die Arbeitssituation stärker mit personalen Merkmalen, die dann die Gesundheit beeinflussen. Das Führungshandeln wird als direkter und indirekter Pfad über die organisationalen Faktoren auf personale Merkmale modelliert. Mit diesem Modell können 30 Prozent des Burnouterlebens und 43 Prozent der personalen Merkmale über transformationales Führungshandeln und organisationale Aspekte erklärt werden. Dies spricht dafür, personale Faktoren in veränderbare Merkmale (z. B. Kontrollüberzeugungen, Selbstwirksamkeitserwartung) und demografische Merkmale (z. B. Alter, Geschlecht) zu differenzieren und veränderbare Merkmale einer Person nicht unabhängig von kontextuellen Bedingungen (Arbeitssituation) zu modellieren. Für dieses Vorgehen spricht auch, dass z. B. GERDAMARIE SCHMITZ (2001) in einer Längsschnittstudie zeigen konnte, dass sowohl die Höhe als auch das Ausmaß der Veränderung der Selbstwirksamkeitserwartung stark von der Schulzugehörigkeit abhängt. Obwohl die Selbstwirksamkeit theoriegemäß ein relativ stabiles Merkmal ist, kann es durch den Arbeitskontext beeinflusst werden und kann daher auch Gegenstand organisationaler Bemühungen sein.

Wird das Verhalten der Schulleitung im deutschsprachigen Raum in Bezug zur Wahrnehmung von Belastungen und Beschwerden von Lehrkräften gesetzt, so vor allem in Form *sozialer Unterstützung*. Unter sozialer Unterstützung durch die Schulleitung wird überwiegend verstanden, inwieweit die Lehrkraft das Gefühl hat, dass die Schulleitung ihr vertraut, sie in ihrer Arbeit unterstützt und bei Problemen Rückhalt gibt. Es wurde nachgewiesen, dass Unterstützung direkt und indirekt die Gesundheit fördert. So führt das Gefühl unterstützt zu werden, akzeptiert zu sein und mit Hilfe rechnen zu können, an sich zu mehr psychischem Wohlbefinden (z. B. MATTHEWS, COTTINGTON, TALBOT, KULLER & SIEGEL, 1987). Aber Unterstützung wirkt auch als stressdämpfender Puffer, der eine Krise abmildern kann. Die Befunde zeigen Zusammenhänge mit unterschiedlichsten gesundheitsrelevanten Merkmalen. Es konnte beispielsweise nachgewiesen werden, dass eine stärkere Unterstützung durch den Schulleiter die (Arbeits-) Zufriedenheit erhöht (z. B. EVANS, V. & JOHNSON, 1990; LITTRELL, BILLINGSLEY & CROSS, 1994), zu einer Verringerung von Stress führt (BLASE et al., 1986), mit geringerem Burnout einhergeht (BURKE, GREENGLASS & SCHWARZER, 1996) und das Erleben von Belastungen und Mobbing verringert (VAN DICK, 2006). Auch konnte VAN DICK (2006) Zusammenhänge zwischen höherer Unterstützung durch den Schulleiter und günstigeren Stressbewältigungsstrategien der Lehrkräfte belegen.

Diese Befunde verdeutlichen, wie wesentlich das Schulleitungshandeln zur Gesundheit von Lehrkräften beitragen kann. Auch RUDOW (1994) kommt zu dem Schluss, dass im Großen und Ganzen die soziale Unterstützung (auch durch den Schulleiter) Beschwerden bei Belastungen von Lehrkräften reduzieren kann. Jedoch stellt bei dieser Betrachtungsweise die Schulleitung nur eine Quelle der sozialen Unterstützung dar. Hier wird also nicht *ein spezifisches Leitungs- bzw. Schulleitungsverhalten*, das gesundheitsförderlich ist, beschrieben. Soziale Unterstützung kann ebenso von Freunden, Bekannten, Verwandten, aber auch von Kollegen gegeben werden. Welche leitungsspezifischen Verhaltensweisen und Handlungen können jedoch die Gesundheit bzw. das Wohlbefinden der Lehrkräfte darüber hinaus fördern?

Unsere Überlegungen zu einem gesundheitsförderlichen Leitungshandeln knüpfen an das oben ausführlicher erläuterte Konzept der Salutogenese von ANTONOVSKY (1987) an und wird daher im Folgenden als *Salutogenes Leitungshandeln* bezeichnet. Nach diesem Konzept sind Menschen mehr oder weniger gesund und gleichzeitig mehr oder weniger krank (Gesundheits-Krankheits-Kontinuum). Ob eine Person mehr oder weniger krank bzw. gesund ist, hängt von außen einwirkenden Belastungen, aber auch von den personen- und situationsbezogenen Ressourcen ab. Generelles Ziel der Gesundheitsprävention und -förderung ist es daher, sowohl Risiken zu reduzieren als auch Ressourcen aufzubauen (siehe Abschnitt 2.5). In diesem, an einem positiven, dynamischen Gesundheitsbegriff orientierten Konzept, sind die Effekte von Belastungen geringer, wenn die Lehrkraft über genügend Ressourcen verfügt. Diese gilt es in diesem dynamischen Prozess immer wieder zu stärken. Dabei sollen Bedingungen geschaffen werden, die das Gefühl beeinflussen über genügend Kapazitäten zu verfügen, um das Leben zu meistern. Durch die Stärkung dieses Gefühls wird angenommen, dass zum einen Belastungen als weniger beanspruchend erlebt werden und zum anderen Bewältigungsprozesse erfolgreicher verlaufen. Das Gefühl, über genügend Kapazitäten zu verfügen, gilt es durch ein Leitungshandeln, das für Lehrkräfte *nachvollziehbar* bzw. verständlich ist, zu stärken. Weiterhin kann es durch Anweisungen und Aufträge, die *bewältigbar* sind, begünstigt werden. Vor allem die *Bedeutsamkeit* von Arbeitsaufgaben bzw. Anweisungen oder Zielen wirkt sich positiv auf diese Erwartungshaltung aus, sodass Anforderungen flexibel begegnet werden kann und angemessene Ressourcen aktiviert werden können.

Abbildung 2.7.1: Salutogenes Leitungshandeln und Gesundheitsmanagement

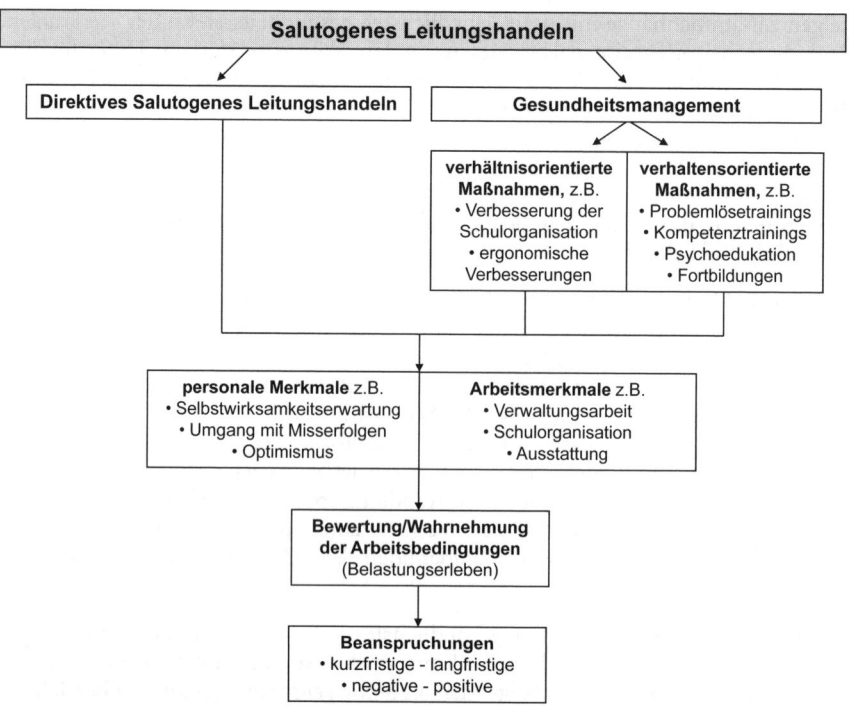

In Abbildung 2.7.1 ist das Salutogene Leitungshandeln als Zusammenspiel von Gesundheitsmanagement sowie direktivem Salutogenem Leitungshandeln dargestellt. Das oben angesprochene Salutogene Leitungshandeln zeigt sich einerseits in der Gestaltung der gesamten Schule über gesundheitsförderliche *Strukturen, Maßnahmen und in Angeboten, die einzelne Lehrkräfte in der Entwicklung gesundheitsförderlicher Verhaltensweisen unterstützen.* Die Umsetzung von Maßnahmen ist – entsprechend des Gesundheitsmanagements – von Nachhaltigkeit und Systematik gekennzeichnet, d. h. sie betreffen die Schule als Ganzes und sind so verankert, dass sie lange Bestand haben können. Da die Basis für die Gestaltung der Maßnahmen salutogene Grundsätze sind, ist Gesundheitsmanagement Bestandteil von Salutogenem Leitungshandeln, das sich in der Struktur und den Arbeitsbedingungen der Schule zeigt.

Anderseits ist es auch in *personal-interaktiven Situationen zwischen Schulleitung und Lehrkraft,* also in (direktiver) Kommunikation, bedeutsam. Werden beispielsweise Absprachen klar und deutlich formuliert und belastende Arbeitsbedingungen minimiert, wirkt sich das auf das Gefühl aus, über genügend Kapazitäten zu verfügen, um die Arbeit zu bewältigen. Lehrkräfte fühlen sich den Anforderungen eher gewachsen. Belastungen werden weniger wahrgenommen und besser bewältigt, sodass keine chronischen negativen Beanspruchungsfolgen wie Burnout entstehen.

Bei all unseren empirischen Erkenntnissen über gesundheitsförderliches Leitungshandeln spielt für uns eine Prämisse eine wesentliche Rolle: Es gibt keinen »besten Weg« zur Gestaltung einer gesunden Schule, der sicher zum Erfolg führt. So erfordert wirksames Gesundheitsmanagement immer gesonderte Analysen und Diagnosen an jeder *einzelnen Schule.* Allerdings gibt es generelle Zusammenhänge, die aufgezeigt werden können und deren Kenntnis und Berücksichtigung in der Umsetzung die Erfolgswahrscheinlichkeit für gesündere Lehrkräfte an der Schule erhöhen.

3. Lehrergesundheit und Schulleitung: Ergebnisse des Forschungsprojektes

BEA HARAZD, MARIO GIESKE, JULIA GERICK, HANS-GÜNTER ROLFF

3.1 Das Forschungsprojekt

Das Forschungsprojekt »Wirkung neuer Leitungskonzepte auf die Qualität von Schulen« ist ein Kooperationsprojekt des Instituts für Schulentwicklungsforschung (IFS) und der Dortmunder Akademie für Pädagogische Führungskräfte (DAPF). Das dreijährige Projekt startete im März 2007 und wird von der Unfallkasse NRW sowie der Technischen Universität Dortmund finanziert.

3.1.1 Untersuchungsdesign

Das Forschungsprojekt widmet sich drei zentralen Untersuchungsbereichen, die sich in einer zentralen Arbeitsfrage bündeln lassen:»Welche Leitungskonzepte existieren an Schulen und wie hängen diese mit der Schulqualität und der Gesundheit von Lehrkräften zusammen?« Ziel des Projektes ist somit die Klärung von Zusammenhängen zwischen Leitungshandeln, Schulqualität und Lehrergesundheit. Zur Erforschung dieser Untersuchungsbereiche wurde sowohl ein qualitativer als auch ein quantitativer methodischer Zugang gewählt. Die quantitativen Daten wurden mittels Online-Fragebogen von Lehrkräften und Schulleitern gewonnen. Um der Komplexität der Untersuchungsfrage und der Deutungsmuster sowie der Handlungslogik der Schulleiter bezüglich Gesundheit bzw. Gesundheitsförderung gerechter zu werden, wurden Leitfadeninterviews im Vorfeld der quantitativen Befragung durchgeführt.

3.1.2 Stichprobe und Durchführung

Die Analysen schulischer Daten betreffen meist Fragestellungen, die eine hierarchische Datenstruktur berücksichtigen müssen. Dies meint, dass nicht per se davon ausgegangen werden kann, dass sich die Lehrkräfte innerhalb einer Schule nicht gegenseitig beeinflussen und die Antworten somit voneinander unabhängig sind. Gegen diese Unabhängigkeitsverletzung sind gängige statistische Standardverfahren nicht robust, sodass die Daten mehrebenenanalytisch ausgewertet werden. Dies erfordert eine große Anzahl an teilnehmenden Schulen. Um zudem ein möglichst umfassendes Bild der Schule gewinnen zu können, bietet sich der Versuch einer Totalerhebung des Lehrerkollegiums einer Schule an. Daher wurden im März und April 2008 Schulleiter von 125 Schulen und die gesamte Lehrerschaft dieser Schulen mit einem Online-Fragebogen zum Schulleitungsverhalten, Schulqualitätsindikatoren und Aspekten der Gesundheit befragt.

Die im Vorfeld durchgeführten qualitativen Befragungen von 32 Schulleitern mittels Leitfadeninterview wurden mit Schulleitern der 125 Schulen gehalten, sodass hier *qualitatives und quantitatives Datenmaterial* gewonnen werden konnte. Um

Ressourcen effektiv einsetzen zu können und den bereits bestehenden Kontakt zu Dortmunder Schulen zu nutzen, fanden die Interviews hauptsächlich mit Schulleitern im Raum Dortmund, Bochum und Essen statt.

Abbildung 3.1.1: Projektverlauf April 2007 bis März 2010

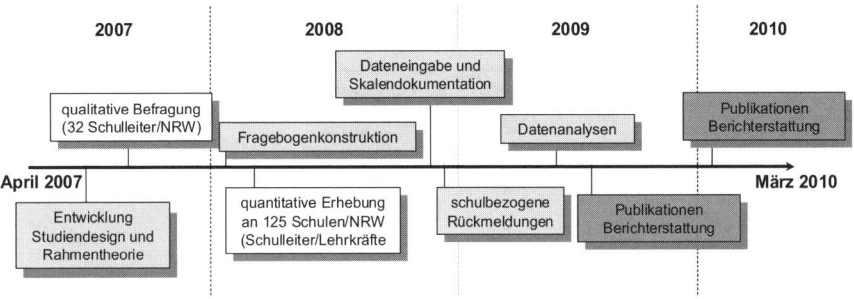

Um etwa 120 Schulen für die Befragung zu gewinnen, wurden 211 Schulen angeschrieben und ihre Teilnahmebereitschaft erfragt. Zur Teilnahme bereit erklärten sich 125 Schulen, davon 33 Grundschulen, 24 Gymnasien, 23 Gesamtschulen und 45 Berufskollegs, sodass 59 Prozent der angefragten Schulen – meist nach erfolgter Rücksprache mit dem gesamten Kollegium – an der Untersuchung teilnahmen.

Die hier vorliegende Stichprobe ist nicht repräsentativ für Nordrhein-Westfalen. Aber immerhin nahmen über 3 300 Lehrkräfte an der Befragung teil. Am stärksten beteiligen sich Grundschullehrkräfte und deren Schulleiter. Für die Schulleiterbefragung betrug der Rücklauf insgesamt 94 Prozent und an den Grundschulen sogar 100 Prozent.

Tabelle 3.1.1: Rücklauf der Lehrerbefragung (absolute und relative Häufigkeiten)

| Schulform | Schulen und Lehrkräfte | | Lehrerrücklauf | | | |
	teilnehmende Schulen	Lehrkräfte der Schulen	Lehrkräfte	Prozent	Min_{Schule}	Max_{Schule}
Grundschule	33	788	482	61%	22%	100%
Gymnasium	24	1785	580	32%	6%	68%
Gesamtschule	23	2070	721	35%	2%	97%
Berufskolleg	45	3773	1576	42%	7%	96%
Gesamt	**125**	**8416**	**3359**	**40%**		

Die Beteiligung der Lehrkräfte variierte zwischen zwei und 96 Prozent. Mehrere Grundschulen beteiligten sich zu 100 Prozent. Dies ist verständlicherweise an größeren Schulen der Sekundarstufe I und II schwieriger erreichbar. Auch die minimalen Beteiligungsquoten liegen deutlich unter denen der Primarstufe. Dennoch betrug der höchste Rücklauf in diesen größeren schulischen Organisationen 96 Prozent (an Berufskollegs). Insgesamt beteiligten sich schließlich 3 359 Lehrkräfte. Dies entspricht einem prozentualen Rücklauf von 40 Prozent. 30- bis 40-prozentige Beteiligungen an anonymen schriftlichen Befragungen gelten erfahrungsgemäß bereits als Erfolg (BORTZ & DÖRING, 2002). Da bisher nur wenige Erfahrungswerte mit Online-Befragungen vorliegen, orientieren wir uns an schriftlich-postalisch durchgeführten Befragungen und beurteilen den Rücklauf der vorliegenden Untersuchung als gut.

Tabelle 3.1.2: Rücklauf der Schulleiterbefragung (absolute und relative Häufigkeiten)

Schulform	teilnehmende Schulen	Rücklauf Absolut	Rücklauf Prozent
Grundschule	33	33	100%
Gymnasium	24	21	88%
Gesamtschule	23	21	91%
Berufskolleg	45	43	96%
Gesamt	**125**	**118**	**94%**

Die hier vorgestellten Analysen beziehen sich somit auf 3 359 Lehrkräfte und 118 Schulleiter. Allerdings können die Zahlen für unterschiedliche Analysen leicht variieren, da sich nicht alle Lehrkräfte zu jeder Frage äußerten.

In Tabelle 3.1.3 wurden Lehrkräfte der Stichprobe mit repräsentativen Daten von Lehrkräften der Schulformen Grundschule, Gymnasium, Gesamtschule und Berufskolleg in NRW hinsichtlich Geschlecht und Alter verglichen. Die vorliegende Lehrerstichprobe ist mit 45,9 Jahren $(SD = 10,17)$ im Durchschnitt um 1,9 Jahre jünger als die Lehrkräfte der beteiligten Schulformen in NRW. Das Verhältnis der Geschlechter verschiebt sich in der Stichprobe zu Gunsten der Lehrer. Diese sind um 16,2 Prozentpunkte überrepräsentiert.

Tabelle 3.1.3: Alter und Geschlecht der Lehrkräfte der befragten Schulformen NRW-weit und in der vorliegenden Stichprobe (Mittelwerte und relative Häufigkeiten)

Schulform	NRW 2007/08	Stichprobe
Alters-durchschnitt	47,8	45,9
Lehrer	39,3%	55,5%
Lehrerinnen	60,7%	44,5%

Quelle: Ministerium für Schule und Weiterbildung des Landes Nordrhein-Westfalen (2007)

Zur Beantwortung zweier Fragestellungen wird in den Analysen nur eine Teilstichprobe berücksichtigt. Diese Analysen betreffen zum einen den Zusammenhang zwischen Lehrergesundheit und Schulleitergesundheit (Abschnitt 3.2.3) und zum anderen den Abgleich der subjektiven Belastungseinschätzung des Kollegiums mit der des Schulleiters (Abschnitt 3.4.3). Für diese Auswertungen spielt die Vollständigkeit des Kollegiums eine wesentlichere Rolle. Daher wurden nur Schulen mit einem Rücklauf von mindestens 50 Prozent des gesamten Kollegiums berücksichtigt.

Tabelle 3.1.4: Reduzierte Stichprobe (absolute Schul- und Lehreranzahl)

	Gesamt		> 50%	
Schulform	Schulen	Lehrer	Schulen	Lehrer
Grundschule	33	482	22	395
Gymnasium	21	580	5	221
Gesamtschule	21	721	3	216
Berufskolleg	43	1576	16	827
Gesamt	**118**	**3359**	**46**	**1659**

Der Lehrerrücklauf für diese Stichprobe liegt durchschnittlich bei 72 Prozent. Damit verringert sich die Stichprobe deutlich von 118 Schulen auf 46 Schulen (siehe Tabelle 3.1.4).

3.1.3 Instrumente

Die Lehrkräfte beantworteten einen umfangreichen Fragebogen, in dem unter anderem folgende Merkmale erfasst wurden.

Tabelle 3.1.5: Kurzdokumentation der verwendeten Lehrerskalen

Skalen/Index	Beispielitem	Item-anzahl	Antwort-skalierung	Cronbach's Alpha
Direktives Salutogenes Leitungshandeln	Die Anweisungen/Aufträge, die mein Schulleiter an mich richtet, sind prinzipiell verständlich und nachvollziehbar.	3	1-4	,866
Allgemeine Selbstwirksamkeitserwartung	Wenn ein Problem auftaucht, kann ich es aus eigener Kraft meistern.	7	1-4	,854
Außerschulische soziale Unterstützung	In meinem Freundeskreis gibt es nur wenige Menschen, die mir in Schulangelegenheiten gute Tipps geben.	3	1-4	,560
Belastungsindex	Arbeitsklima	22	1-7	,882
Psychosomatische Beschwerden	Glieder- und Muskelbeschwerden (z.B. Gelenk- oder Gliederschmerzen, Kreuzschmerzen, Nacken- oder Schulterschmerzen).	7	1-4	,838
Emotionale Erschöpfung	Ich fühle mich ausgebrannt von meiner Arbeit.	5	1-4	,836
Wohlbefinden	In den letzten zwei Wochen...habe ich mich ruhig und entspannt gefühlt.	5	1-5	,846
Gesundheitsmanagement:				
Verhaltensorientiert	An unserer Schule werden Lehrkräfte in der Entwicklung gesundheitsförderlicher Verhaltensweisen unterstützt.	9	1-4	,917
Verhältnisorientiert	Die Arbeitsgestaltung unserer Schule beruht auf gesundheitsfördernden Überlegungen.			
Leitungskompetenz in Schulen	Der Schulleiter...arbeitet engagiert für die Beschaffung von Ressourcen.	5	1-4	,799

Die Werte für die internen Konsistenzen (Cronbachs Alpha) liegen bis auf eine Ausnahme zwischen 0,85 und 0,91 und können als sehr gut bezeichnet werden (siehe Tabelle 3.1.5). Obwohl die Skala »außerschulische soziale Unterstützung« nur einen Reliabilitätswert von <0,60 erreicht, wurde sie dennoch in den Analysen verwendet, da Cronbachs Alpha nicht unerheblich von der Testlänge abhängt und diese Skala nur drei Items beinhaltet. Detaillierte Informationen über die verwendeten Skalen befinden sich im Anhang.

Tabelle 3.1.6: Kurzdokumentation der verwendeten Schulleiterskalen

Skalen/Index	Beispielitem	Item-anzahl	Antwort-skalierung	Cronbach's Alpha
Belastungsfaktoren für die Schulleitung	Die Zusammenarbeit mit dem Kollegium.	7	1-4	-
Belastungseinschätzung des Kollegiums durch die Schulleitung	Konferenz- und Teamebene (z.B. Gremien- und Konferenzarbeit)	6	1-7	-
Emotionale Erschöpfung	Ich fühle mich ausgebrannt von meiner Arbeit.	6	1-4	,805
Wohlbefinden	In den letzten zwei Wochen...habe ich mich ruhig und entspannt gefühlt.	5	1-5	,729

Leitungskompetenz in Schulen

Zur Einschätzung des Schulleitungshandelns wurde die Skala »Leitungskompetenz in eigenverantwortlichen Schulen« (LES) eingesetzt (FELDHOFF, KANDERS & ROLFF, 2008). Diese besteht aus fünf Subskalen: 1. Partizipationskompetenz der Schulleitung (z. B. die Offenheit der Schulleitung gegenüber Vorschlägen des Kollegiums), 2. Kompetenz der Schulleitung in der Organisation des Schulbetriebs (z. B. die Fähigkeit der Schulleitung, kritische Situationen und Probleme zu antizipieren und durch sachgerechte Entscheidungen zu entschärfen), 3. Managementkompetenz der Schulleitung (z. B. Engagement für die Beschaffung von Ressourcen), 4. unterrichtsbezogene Führung (z. B. Schulleitung spricht mit Lehrkräften häufig über die Qualität des Unterrichts) und 5. zielbezogene Führung (z. B. Schulleitung sorgt dafür, dass die pädagogischen Ziele der Schule innerhalb der eigenen Schule eindeutig interpretiert werden). Die hier eingesetzte Version ist eine autorisierte Kurzfassung der LES-Skala und umfasst fünf Items. Das Antwortformat ist wie im Original vierstufig (1 = trifft nicht zu; 2 = trifft eher nicht zu; 3 = trifft eher zu; 4 = trifft zu).

Allgemeine Selbstwirksamkeitserwartung

Dieses Konstrukt gehört zu den generalisierten positiven Erwartungshaltungen, welche eine personale Ressource im Umgang mit Stress und potenziell beanspruchenden Situationen darstellen. Selbstwirksamkeitserwartung wird definiert als die subjektive Überzeugung, neue oder schwierige Anforderungen aufgrund eigener Kompetenzen bewältigen zu können (SCHWARZER & JERUSALEM, 2002). Dabei handelt es sich nicht um die Lösung routinierter Aufgaben, sondern um solche, deren Bewältigung Anstrengung und Ausdauer erfordern. Das Konzept beruht auf der sozial-kognitiven Theorie von BANDURA (2001) und wurde für den deutschsprachigen Raum von SCHWARZER und JERUSALEM operationalisiert. Die Skala wurde in den letzten 20 Jahren in zahlreichen Untersuchungen verschiedener Handlungsfelder eingesetzt. In der vorliegenden Untersuchung wurde eine gekürzte Skala mit sieben Items zur Erfassung der Allgemeinen Selbstwirksamkeit eingesetzt (SCHWARZER & JERUSALEM, 1999). Das Antwortformat ist wie im Original vierstufig (1 = trifft nicht zu; 2 = trifft eher nicht zu; 3 = trifft eher zu; 4 = trifft zu).

Außerschulische soziale Unterstützung

Auch die wahrgenommene soziale Unterstützung stellt eine wichtige Ressource für die Bewertung und Bewältigung von Stressoren bzw. Stress dar. Wahrgenommene soziale Unterstützung meint die Erfahrung oder den Glauben, unterstützt zu werden und ist somit eine subjektive Überzeugung (VAN DICK, 2006). Die hier berichtete soziale Unterstützung bezieht sich ausschließlich auf die Unterstützung und den Rückhalt, der im privaten Umfeld durch Freunde, Bekannte oder Verwandte erlebt wird. Die Operationalisierung orientiert sich an den von VAN DICK (2006) eingesetzten Items. Insgesamt wurden drei Items verwendet, zu denen auf einer vierstufigen Antwortskala Stellung genommen werden konnte (1 = trifft nicht zu; 2 = trifft eher nicht zu; 3 = trifft eher zu; 4 = trifft zu).

Psychosomatische Beschwerden

Zur Erfassung von psychosomatischen Beschwerden wurden einzelne Beschwerden kategorisiert und so in Symptomgruppen zusammengefasst. Angelehnt an die Kategorisierung von KÖRNER (2003) wurden sieben Symptomgruppen mit einer Reihe von Beschwerde-Beispielen aufgeführt. Die Kategorisierung der Symptomgruppen orientiert sich an der Befindlichkeitsskala von LEUSCHNER (1977) sowie an den von JEHLE und KRAUSE (1994) ermittelten Dimensionen des »Gießener Beschwerde-Fragebogens« von BRÄHLER und SCHEER (1983). Die sieben Symptomgruppen konnten auf einer vierstufigen Antwortskala eingeschätzt werden (1 = nie; 2 = selten; 3 = häufig; 4 = (fast) immer). Daher gilt: Je höher der Wert, desto häufiger leidet die Person unter psychosomatischen Beschwerden in dem jeweiligen Bereich. Für den Bereich »körperliche Erregungserscheinungen« werden zum besseren Verständnis leichte Erregbarkeit, schnelles Erröten, körperliche Unruhe, Stottern, Weinen, Zittern genannt. Die Beispiele für den Bereich »Herz-Kreislauf-Erscheinungen« sind Herzklopfen oder -stechen, Kopfschmerzen, Schwindel, Kurzatmigkeit und Hitzewallungen.

Emotionale Erschöpfung

Emotionale Erschöpfung umfasst das Gefühl des emotionalen »Ausgelaugtseins« und wird als Kern-Komponente des Burnouts bezeichnet (MASLACH et al., 2001). Die emotionalen Reserven der Person sind erschöpft, sie fühlt sich immer mehr ausgelaugt, sodass der Betroffene letztendlich »nichts mehr geben kann«. Die eingesetzten Items wurden der deutschen Übersetzung des Maslach-Burnout-Inventory (MASLACH & JACKSON, 1981) von BARTH (1985) entnommen. Die Skala wurde anhand der Trennschärfe-Werte des Erfurter Belastungs-Inventars von BÖHM-KASPER et al. (2000) auf fünf Items reduziert. Auf einer modifizierten vierstufigen Antwortskala konnte beispielsweise das Item »Ich fühle mich von meiner Arbeit emotional ausgelaugt« eingeschätzt werden (1 = nie; 2 = selten; 3 = häufig; 4 = (fast) immer).

Wohlbefinden

Laut der Definition der Weltgesundheitsorganisation ist Gesundheit der Zustand eines »körperlichen, seelischen und sozialen Wohlbefindens und nicht nur die Abwesenheit von Krankheit« (WHO, 1986). Um die subjektive Einschätzung des Wohlbefindens zu erfragen, wurde die deutsche Fassung des WHO-5 Wohlbefindens-Indexes (Version II) eingesetzt (BECH, 2004; BECH, OLSEN, KJOLLER & RASMUSSEN, 2003). Anhand von fünf Items, die als Satzergänzung aufgeführt wurden, konnte das Wohlbefinden der letzten zwei Wochen erfragt werden: z. B. In den letzten zwei Wochen ... »war ich froh und guter Laune« oder »habe ich mich ruhig und entspannt gefühlt«. Mit diesem Frageformat wird deutlich, dass das habituelle Wohlbefinden erfragt wurde, das auf aggregierten emotionalen Erfahrungen beruht und sich in verschiedenen Untersuchungen als relativ stabile Eigenschaft zeigte (vgl. SÖLVA, BAUMANN & LETTNER, 1995). Für diese Skala ist das Antwortformat fünfstufig (1 = zu keinem Zeitpunkt; 2 = ab und zu; 3 = weder/noch; 4 = meistens; 5 = die ganze Zeit).

Direktives Salutogenes Leitungshandeln

Die Entwicklung des direktiven Salutogenen Leitungshandelns beruht auf den Überlegungen, wodurch der Schulleiter das Kohärenzgefühl (Kapazitätswahrnehmung) der Lehrkräfte beeinflussen kann. Diese Kapazitätswahrnehmung setzt sich laut ANTONOVSKY (1987) aus drei Dimensionen zusammen: dem Gefühl von Verstehbarkeit, Bewältigbarkeit und Bedeutsamkeit.[6] Die drei von uns entwickelten Items fragen, ob die drei Aspekte im direktiven Leitungshandeln erkennbar sind, also in Situationen, in denen Aufgaben an Lehrkräfte weitergegeben werden. Die Zustimmung mittels vierstufiger Antwortskalierung zu dem Item »Die Anweisungen/Aufträge meines Schulleiters ergeben für mich prinzipiell einen Sinn« drückt aus, ob der Schulleiter es versteht, der Lehrkraft Bedeutsamkeit bzw. Sinnhaftigkeit in der schulischen Zusammenarbeit zu vermitteln. Mit dem Item »Die Anweisungen/Aufträge meines Schulleiters sind in der Regel zu bewältigen« wird erfragt, inwieweit die Überzeugung etwas bewältigen zu können durch die Übertragung angemessener Aufgaben, z. B. in Umfang und Passung gelingt. »Die Anweisungen/Aufträge, die mein Schulleiter an mich richtet, sind prinzipiell verständlich und nachvollziehbar« beschreibt, inwiefern es der Schulleitung gelingt, durch geordnete, konsistente und strukturierte Informationen die Zusammenarbeit so zu gestalten, dass diese ökonomisch verarbeitet werden können. Für diese Skala ist das Antwortformat vierstufig (1 = nie; 2 = selten; 3 = häufig; 4 = (fast) immer).

Gesundheitsmanagement: Verhaltens- und verhältnisorientierte Gesundheitsmaßnahmen

Diese Skala erfasst sowohl verhältnis- als auch verhaltensorientierte Maßnahmen, die unter Berücksichtigung der Schlüsselindikatoren einer gesundheitsförderlichen Schule von BRÄGGER und POSSE (2007) formuliert wurden. So wird zum einen die gesundheitsstabilisierende Gestaltung der Arbeitssituation, d. h. der Arbeits- und

---

6 Eine ausführlichere Darstellung des salutogenen Ansatzes findet sich im Abschnitt 2.4.

Organisationsbedingungen und zum anderen die Förderung der Gesundheit einzelner Lehrkräfte durch die Entwicklung personenbezogener, gesunderhaltender Ressourcen erfragt. Mittels vierstufigem Antwortformat (1 = nie; 2 = selten; 3 = häufig; 4 = (fast) immer) konnten die Lehrkräfte beurteilen, welche Maßnahmen an ihrer Schule umgesetzt werden bzw. welche Unterstützung sie erfahren.

Sozialindex

Der Sozialindex ist ein empirisches Maß für die soziale Belastung bzw. Privilegierung von Schulen, basierend auf dem sozioökonomischen und kulturellen Hintergrund der Schüler (vgl. BONSEN, BOS, GRÖHLICH & WENDT, 2008). Aus ökonomischen Gründen wurde er von uns in der Version über die Angaben der Schulleitung eingesetzt. Schulleiter schätzen anhand eines Kurzfragebogens mit sieben Fragen die soziale und familiäre Lage ihrer Schule im Vergleich ein. Durch die Zustimmung zu Aussagen in ökonomischen, kulturellen und sozialen Dimensionen werden fünf Schultypen (Schultyp 5 = ungünstigste soziale Komposition) mit entsprechendem pädagogischen Handlungsbedarf gebildet. Zur vertiefenden Analyse bezüglich der Auswertungsverfahren zum Sozialindex, verweisen wir auf PIETSCH, BONSEN und BOS (2007) sowie auf BONSEN et al. (2008).

Belastungsindex zur Messung des Belastungserlebens

Im Bereich der Lehrerbelastungsforschung wird seit 30 Jahren mit vielfältigen Messinstrumenten geforscht. Dies bedingt ebenso eine schwierigere Vergleichbarkeit der Ergebnisse, wie eine Unübersichtlichkeit möglicher Formen von Belastungen im Lehrerberuf (VAN DICK, 2006). Über die Klassifikation von Belastungen wird versucht, Übersichtlichkeit zu erreichen. Zum einen kategorisieren einige Studien, z. B. RUDOW (1994), *neutrale* Arbeitsbedingungen, wie schulorganisatorische Bedingungen, Arbeitsumweltbedingungen, soziale Bedingungen und kulturelle Bedingungen. Anderseits werden *negativ* formulierte Arbeitsbedingungen wie z. B. Disziplinprobleme oder Mobbing in Kategorien gefasst. Hierfür schlägt beispielsweise KRAMIS-AEBISCHER (1995) ein Modell zur Belastungsanalyse vor, das Belastungen auf der System-, Schul- und der individuellen Ebene verankert.

Bei der Entwicklung des Belastungsindex orientierten wir uns an objektiven Arbeitsplatzcharakteristika des Lehrerberufs wie sie auch von RUDOW (1994) und SCHAARSCHMIDT (2005) aufgeführt wurden. Der Index beinhaltet 22 neutral formulierte Arbeitsbedingungen, deren individuelle Belastung bzw. Entlastung auf einer bipolaren Skala eingeschätzt werden konnte (1 = sehr entlastend; 4 = weder noch; 7 = sehr belastend). Dies entspricht der theoretischen Annahme (siehe Abschnitt 2), dass Arbeitsbedingungen auch Ressourcen darstellen können und zunächst objektive Belastungen, also wertindifferente Phänomene, darstellen (RUDOW, 1994). Mit diesem Vorgehen ist nicht nur die Abbildung der Stärke einer Belastung möglich, sondern auch die Identifikation von Ressourcen. Hinzu kommt, dass bei der Abfrage potenzieller Stressoren durch eine negative Formulierung eventuell nur potenzielle Beanspruchungssituationen erfasst werden, da unklar bleibt, ob und wie stark die Arbeitssituation durch diese Stressoren geprägt ist. Ein Beispiel soll dies verdeutlichen: Lärm stellt für viele Lehrkräfte einen Belastungsfaktor dar. Aber diese Situationen können seltene Ereignisse sein und spiegeln so nicht die tatsächliche Arbeitssituation wider. Mit einer neutralen Formulierung der Arbeitsbedingungen (Lautstärke im Unterricht) und der Abfrage, wie entlastend bzw. belastend diese erlebt werden, erfassen wir mit dem von uns eingesetzten Index eher eine Bewertung der Arbeitssituation hinsichtlich möglicher Entlastungen bzw. Belastungen. Der Index misst also das Belastungserleben[7], das ein Produkt des Vergleichs zwischen personenspezifischen Handlungsmöglichkeiten und situationsspezifischen Anforderungen ist.

Zur Überprüfung der Dimensionalität wurde mit der Gesamtstichprobe eine Faktoranalyse mit Hauptkomponentenanalyse (Varimax-Rotation) durchgeführt, bei der die Anzahl der extrahierten Faktoren nicht fixiert und die Faktorladungen kleiner als ,4 weitgehend nicht berichtet werden. Zwei Items (15 und 19) wurden trotz Doppelladungen über ,4 und zwei Items (3 und 20) mit geringer Ladung ($<$,4) aus inhaltlichen Überlegungen nicht ausgeschlossen und dem Faktor, auf den sie am höchsten laden zugewiesen. In Analysen mit Teilstichproben erwies sich die Faktorstruktur als relativ stabil.

Die Faktoranalyse extrahierte fünf Faktoren, die insgesamt 57 Prozent der Gesamtvarianz aufklären und inhaltlich gut interpretierbar sind. Die Varianzanteile verteilen sich recht gleichmäßig auf die fünf Dimensionen. Der erste Faktor »Organisationsklima/soziales Klima« erklärt mit 18 Prozent den größten Anteil der Varianz. Dennoch handelt es sich bei den fünf Faktoren um relativ gleichwertige Dimensionen, deren Anteile zwischen 8 Prozent und besagten 18 Prozent variieren und sich somit nicht erheblich in ihrer Erklärungskraft unterscheiden. Erste Hinweise zur kriterienbezogenen Validität konnten durch die Korrelation mit externen Kriterien, wie den negativen Beanspruchungsfolgen gewonnen werden. So fallen die Zusammenhänge mit der Skala »psychosomatische Beschwerden« ($r = ,425^{**}$), »Emotionale Erschöpfung« ($r = ,528^{**}$) sowie dem »Wohlbefinden« ($r = -,472^{**}$) erwartungsgemäß aus.

---

7 In Kapitel 2 werden die Begrifflichkeiten Belastung und Beanspruchungen näher erläutert und von einander abgegrenzt.

Tabelle 3.1.7: Rotierte Komponentenmatrix der Belastungsitems (n = 2587)

Item	Faktoren				
	1	2	3	4	5
	Organisations-klima/soziales Klima	Individuelle Unterrichts-arbeit	Arbeitsorga-nisation/ Arbeitsbe-dingungen des Unterrichts	Unterrichts-geschehen	Reform- und Verwaltungs-arbeit
7 Mitbestimmungsmöglichkeiten	,824				
12 Schulleiterhandeln	,769				
5 Umgang mit Anerkennung und Entlohnung (faires Anreizsystem)	,762				
4 Informationsfluss	,696				
6 Fortbildungsförderung	,689				
8 Umgang mit der Gesundheit der Lehrkräfte an dieser Schule	,659				
11 Arbeitsklima im Kollegium	,510				
3 Zusammenarbeit zwischen Eltern und Lehrkräften	,279				
13 Korrektur von Klassenarbeiten		,731			
14 Vor- und Nachbereitung des Unterrichts		,685			
9 Anzahl der wöchentlichen Unterrichtsstunden		,600			
10 Räumliche und materielle Ausstattung der Schule (z.B. Zustand des Gebäudes, Kopierer, Lehrmittel)			,654		
1 Unterrichtsorganisation (z.B. Stundenplan, Raumbelegung, Vetretungsplanung)			,644		
2 Organisationsstruktur der Schule (z.B. Anzahl und Koordination der Gremien, formale Regelungen)			,602		
19 Arbeitsumweltbedingungen (z.B. Luft, Licht, Temperatur)			,590	,490	
18 Lautstärke im Unterricht				,843	
16 Verhalten der Schüler im Unterricht				,842	
15 Anzahl der zu unterrichtenden Schüler		,497		,551	
21 Aktuelle Reformen: Kopfnoten					,821
22 Aktueller Reformen: zentrale Prüfungen					,734
17 Administrative Pflichten (z.B. verwaltende, kontrollierende, fachfremde Aufgaben)					,443
20 Gremien- und Konferenzarbeit (Lehrerkonferenz, Schulkonferenz)					,383
Varianzanteil in %	18,4	11,0	9,9	9,8	8,0

Der erste Faktor »Organisationsklima/soziales Klima« umfasst vor allem Aspekte, die das Organisationsklima betreffen. Hierzu zählen nach BESSOTH (1986) vor allem Faktoren wie die sozialen Beziehungen und die »Kultur« einer Schule und weniger ökologische Daten, die sich auf physische und materielle Aspekte der Schule beziehen. So werden hier die sozialen Beziehungen zu *Eltern, Schulleitung* und das *Arbeitsklima im Kollegium* gebündelt. Weiterhin entfallen auf diesen Faktor *Partizipationsmöglich-keiten, der Umgang mit Anerkennung und Entlohnung, die Fortbildungsförderung, der Informationsfluss* und *der Umgang mit der Gesundheit der Lehrkräfte.*

Der zweite Faktor »Individuelle Unterrichtsarbeit« bündelt Arbeitsbedingungen, welche die eigene Unterrichtsrahmenarbeit betreffen. Die *Korrektur von Klassen-arbeiten, die Anzahl der wöchentlichen Unterrichtsstunden* und *Vor- und Nachberei-tung des Unterrichts* sind keine Aspekte des direkten Unterrichtsgeschehen, sondern Arbeitsbedingungen, die stärker von der einzelnen Lehrkraft und vom Unterrichts-fach abhängig sind. Damit variieren sie individuell stärker und können weniger auf der Schulebene beeinflusst werden.

Der dritte Faktor »Arbeitsorganisation/Arbeitsbedingungen des Unterrichts« umfasst materielle und organisatorische Arbeitsbedingungen des Unterrichts, wie *Arbeitsumweltbedingungen (Luft, Licht, Temperatur)* und die *räumliche und materielle Ausstattung der Schule* (z. B. Zustand des Gebäudes, Kopierer, Lehrmittel). Arbeitsbedingungen des Unterrichts werden auch beschrieben durch organisatorisch-strukturelle Gegebenheiten wie der *Regelung des Stundenplans, Raumbelegungen, Vertretungsplan* und *formalen Regelungen der Gremienarbeit.*

Mit dem vierten Faktor »Unterrichtsgeschehen« werden Aspekte des eigentlichen Unterrichtsgeschehens bzw. Aspekte, welche dieses direkt beeinflussen abgebildet. Die Einschätzungen des *Verhaltens der Schüler im Unterricht* sprechen mögliche Disziplinprobleme oder das Verhältnis von Lehrkraft und Schüler an, wohingegen die *Lautstärke der Schüler* explizit den Belastungsfaktor Lärm erhebt. Abhängig sind diese beiden Aspekte sicherlich von der *Anzahl der zu unterrichtenden Schüler.* So ist es vermutlich schwieriger mit größeren Klassen engere Beziehungen zu einzelnen Schülern aufzubauen und ruhiger zu arbeiten.

Arbeitsbedingungen des fünften Faktors »Reform- und Verwaltungsarbeit« sind außerunterrichtliche Tätigkeiten, die durch Reformen im Bildungssektor, wie *Kopfnoten* und *Zentrale Prüfungen* anfallen. Ebenso beinhaltet dieser Faktor die *Gremien- und Konferenzarbeit* und *Administrative Pflichten* wie verwaltende, kontrollierende und fachfremde Aufgaben.

3.1.4 Auswertungsverfahren

Die in der Untersuchung eingesetzten Auswertungsverfahren werden in diesem Abschnitt benannt und kurz erläutert.[8]

Den hier vorliegenden **Korrelationsanalysen** liegt die Rangkorrelation nach Spearman zugrunde. Dieses Verfahren wird bei ordinalskalierten oder nicht-normalverteilten intervallskalierten Merkmalen verwendet. Der Spearman-Korrelationskoeffizient ist ein Maß für den Grad des Zusammenhanges und kann Werte zwischen −1 und +1 annehmen. Bei einem Wert von +1 (bzw. −1) besteht ein vollständig positiver (bzw. negativer) linearer Zusammenhang. Nimmt der Korrelationskoeffizient den Wert 0 an, dann existiert keinerlei lineare Beziehung.

Unterschiede zwischen zwei Gruppen (z. B. zwischen Lehrkräften und Schulleitern) wurden mit dem U-Test nach MANN und WHITNEY getestet. Dies ist der geläufigste Test zum nichtparametrischen Vergleich zweier Gruppen. Er basiert auf einer gemeinsamen Rangreihe der Werte in beiden Gruppen.

Unterschiede zwischen mehr als zwei Gruppen wurden mit dem H-Test nach Kruskal und Wallis getestet. Dieser Test ist eine Ausweitung des U-Testes von MANN und WHITNEY und auch er hat die Grundlage einer gemeinsamen Rangreihe der Werte aller Gruppen.

---

8 Zur Vertiefung statistischer Auswertungsverfahren kann zum Beispiel das Buch von BORTZ und DÖRING (2002) »Forschungsmethoden und Evaluation für Human- und Sozialwissenschaftler« herangezogen werden.

Der **Chi-Quadrat-Test** ist ein nichtparametrisches Verfahren zur Analyse von Häufigkeiten. Es werden die Abweichungen der beobachteten von den erwarteten Häufigkeiten auf Signifikanz getestet. Der von uns berechnete Likelihood-Quotienten-Chi-Quadrat wird für Analysen kleinerer Stichproben und bei größeren als 2 x 2-Felder-Tabellen verwendet.

Der *FRIEDMAN*-Test wurde für unsere Analysen dazu eingesetzt, um zu testen, ob sich Wahrnehmungsdifferenzen in bestimmten Belastungsbereichen signifikant voneinander unterscheiden.

Wird in den vorliegenden Auswertungen auf **Signifikanz** geprüft, geht es darum, ob die gefundenen Unterschiede oder Zusammenhänge nur für die Stichprobe gelten oder auch auf die Population übertragen werden können. Dabei gibt der p-Wert die Wahrscheinlichkeit an, einen Fehler zu machen, wenn die Nullhypothese, z. B. die Annahme, dass zwei Mittelwerte gleich sind oder ein Korrelationskoeffizient den Wert 0 hat, zurückgewiesen wird. Der p-Wert wird daher auch Irrtumswahrscheinlichkeit genannt. Per Konvention gelten Grenzwerte (*p $\leq$ 0,05; ** $\leq$ p = 0,01; ***p $\leq$ 0,001), bei deren Unterscheidung die Resultate als signifikant, d. h. statistisch bedeutsam, angesehen werden können. Beispielsweise besagt ein signifikanter Unterschied mit p $\leq$ 0,001 Folgendes: Die Wahrscheinlichkeit für den beobachteten Unterschied beträgt 1 Prozent, wenn in der Grundgesamtheit die Nullhypothese gilt, also in Wahrheit gleiche Gruppenmittelwerte vorliegen. Anders herum formuliert: Wenn in der Grundgesamtheit kein Gruppenunterschied vorliegen würde, wäre es extrem unwahrscheinlich eine Stichprobe zu ziehen, bei der der hier beobachtete Unterschied auftritt. Also wird gefolgert, dass die Annahme gleicher Gruppenmittelwerte nicht gilt. In diesem Sinne nimmt man an, dass der gefundene Unterschied in der Stichprobe auch für die gesamte Lehrer- und Schulleiterpopulation gilt.

Die statistische Signifikanz eines Zusammenhangs oder Gruppenunterschieds bedeutet noch nicht zwingend, dass ein gefundener Effekt auch praktisch relevant ist, da bei großen Stichproben, wie in dieser Studie, auch sehr schwache Effekte signifikant werden können. Für die Berechnung von **Effektgrößen** wird der untersuchte Zusammenhang oder Gruppenunterschied an der Streuung des interessierenden Merkmals relativiert. Die Größe eines Effekts wird also im Verhältnis zu dem in der Stichprobe anzutreffenden Unterschied zwischen den Personen interpretiert. Laut COHEN (1988) werden kleine, mittlere und große Effekte klassifiziert. Die in der vorliegenden Studie berechneten Effektstärken zwischen zwei Gruppen wurden mit COHENs d (kleine Effekte = 0,20; mittlere Effekte = 0,50; große Effekte = 0,80) und bei einer Gruppenanzahl größer zwei mit Eta-Quadrat (kleine Effekte = 0,01; mittlere Effekte = 0,06; große Effekte = 0,14) ermittelt.

In den letzten Jahren wird im deutschsprachigen Raum eine stärkere Anwendung der Methode der **Mehrebenenanalyse** für die Erforschung von Organisationen gefordert (VAN DICK, WAGNER, STELLMACHER & CHRIST, 2005). Dies bezieht sich selbstverständlich auch auf die Organisation Schule, denn hier liegt ebenso eine hierarchische Datenstruktur vor, die zwei Ebenen beinhaltet: Lehrkräfte (Individualebene) sind einer Schule (Aggregatebene) zugeordnet. Die Urteile, Meinungen oder Eigenschaften der Lehrkräfte innerhalb einer Schule sind u.U. nicht unabhängig voneinander, d. h. sie können sich untereinander stärker ähneln. Gründe hierfür können im Schulkontext die jahrelange gemeinsame Arbeit, Erfahrungen und Sozialisation sein.

Die Berücksichtigung der Mehrebenenstruktur ist einerseits erforderlich, um statistisch exaktere Aussagen treffen zu können. So führt die Nichtbeachtung hierarchischer Abhängigkeiten zu fehlerhaften Signifikanzaussagen. Darüber hinaus ermöglicht das Verfahren aber auch die Beantwortung spezifischer Fragen zum Zusammenwirken von Merkmalen auf Individual- und Gruppenebene. Die Schulforschung interessiert sich ja gerade für die Gemeinsamkeiten, Besonderheiten und Unterschiede zwischen den Schulen.

Für die Analyse in Abschnitt 3.5 wurde die Hierarchisch Lineare Modellierung (HLM) gewählt, um zu klären,

- ob das Belastungserleben an verschiedenen Schulen (Aggregatebene) unterschiedlich stark ausgeprägt ist,
- welche Merkmale auf Individualebene (Lehrkraft) und
- welche Merkmale auf Aggregatebene (Schule) Einfluss auf das Belastungserleben nehmen.

Das Belastungserleben einer Lehrkraft wird zum einen als eine Funktion seiner individuellen Ressourcen (z. B. Selbstwirksamkeitserwartung) und zum anderen in Abhängigkeit von schulischen Merkmalen (z. B. Maßnahmen der Gesundheitsförderung und -prävention an der Schule) betrachtet. Die Gesamtvarianz des Belastungserlebens kann mittels HLM-Ansatzes zerlegt werden in eine Komponente, die allein auf individuelle Unterschiede zwischen den Lehrkräften zurückzuführen ist und in eine Komponente, welche durch Unterschiede zwischen den Schulen entsteht. Dazu wird zunächst ein Nullmodell erzeugt, das noch keine Prädiktoren, sondern lediglich das mittlere Niveau des Belastungserlebens (der zu erklärenden Variable) und der Streuung auf individueller und aggregierter Ebene beinhaltet. Dieses Modell erlaubt die Zerlegung der Gesamtvarianz in die einzelnen Komponenten und kann dann um spezifisch erfasste Prädiktoren ergänzt werden.

3.2 Der Gesundheitszustand von Lehrkräften und Schulleitern

Der berufstätige Mensch füllt 70 Prozent seiner wachen Lebenszeit mit Arbeit (SOSNOWSKY, 2007) und daher erstaunt es auch nicht, dass Arbeit einen hohen Stellenwert im Leben des Menschen und damit auch für seine Gesundheit einnimmt (SEMMER & UDRIS, 2007). Zur Betrachtung des Gesundheitszustandes von Lehrkräften werden in vielen Untersuchungen psychosomatische Beschwerden wie Überlastungserscheinungen, Gliederbeschwerden etc. und Burnout bzw. Emotionale Erschöpfung herangezogen. Auch wir betrachten den Gesundheitszustand von Lehrkräften und Schulleitern anhand *psychosomatischer Beschwerden* und *Emotionaler Erschöpfung*, der zentralen Subdimension des Burnout-Syndroms. Die vorliegenden Daten werden mit Daten anderer Untersuchungen verglichen. Zusätzlich berichten wir das *subjektive Wohlbefinden* der Lehrkräfte und Schulleiter. Darüber hinaus stellen wir Lehrkräfte und Schulleiter hinsichtlich dieser negativen und positiven Beanspruchungsfolgen gegenüber.

3.2.1 Negative Beanspruchungsfolgen

Die negativen Beanspruchungsfolgen sind hier dargestellt mit der Kern-Komponente der Burnoutsymptomatik: der **Emotionalen Erschöpfung**. Es wurde eine gekürzte Skala des Maslach Burnout Inventory in der deutschen Übersetzung von BARTH (1992) eingesetzt. Nach BARTH (1992, S. 17) ist mit Emotionaler Erschöpfung gemeint,»dass man sich emotional überfordert und ganz ausgelaugt von den Kontakten mit anderen Menschen fühlt. Wenn die emotionalen Reserven eines Menschen erschöpft sind, kann er nichts mehr geben.« Je höher der Wert bzw. die Ausprägung, desto stärker sind die Lehrkräfte bzw. Schulleiter emotional erschöpft.

Tabelle 3.2.1: Emotionale Erschöpfung der Schulleiter und Lehrkräfte

Emotionale Erschöpfung			
	Mittelwert	SD	n
Schulleiter	2,01	0,488	115
Lehrkräfte	2,48	0,565	3263

Die Testung auf Unterschiede zwischen Lehrkräften und Schulleitern zeigt, dass Schulleiter signifikant weniger emotional erschöpft sind als Lehrkräfte ($Z = -8,421$; $p = ,001$). Die Unterschiede sind auf einem 1-Prozent-Niveau zwischen Lehrkräften und Schulleitern signifikant. Nimmt man also an, dass der gefundene Unterschied in der Stichprobe auch für die gesamte Lehrer- und Schulleiterpopulation gilt, kann davon ausgegangen werden, dass man sich lediglich mit einer Wahrscheinlichkeit von einem Prozent irrt. Aufgrund der großen Stichprobe wurde ebenso die Effektstärke berechnet, welche die praktische Relevanz überprüft. Auch hier zeigt sich ein bedeutsamer Unterschied (COHENS $d = 0,875$).

Abbildung 3.2.1: Emotionale Erschöpfung des Schulleiters und der Lehrkräfte (Mittelwerte)

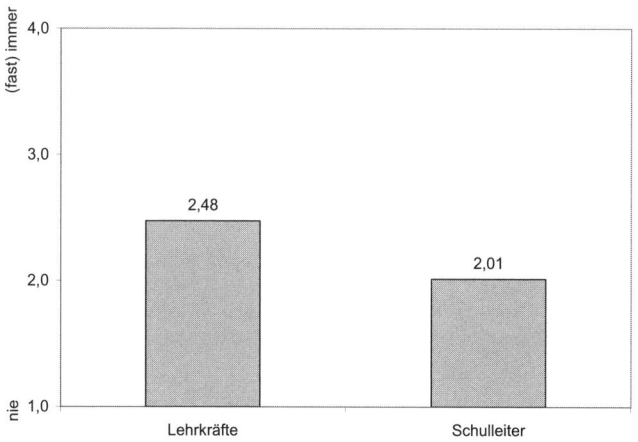

Bereits BAUER und KANDERS (1998) fanden Unterschiede zwischen Lehrkräften, die Mitglied der Schulleitung sind und Lehrkräften ohne Leitungsfunktion. Dort zeigte sich, dass in der Gruppe der Lehrkräfte mit Leitungsfunktion nur 6 Prozent und 16 Prozent der übrigen Lehrkräfte von einer hohen Burnoutsymptomatik betroffen sind.

KÖRNER, die sich intensiv mit der Burnoutthematik im Lehrerberuf beschäftigte, kommt 2003 zu dem Fazit:»Da sich die Burnoutforschung im Vergleich zur Erforschung anderer Konstrukte der Beanspruchung (noch) im Bereich der Grundlagenforschung befindet, sind zur Zeit noch immer ›Basisarbeiten‹ notwendig.« Dieser Feststellung schließen wir uns an. Derzeit fehlen sowohl Normwerte für deutschsprachige Populationen als auch Erkenntnisse in Bezug auf existierende Zusammenhänge im Entstehungs- und Aufrechterhaltungsprozess des Syndroms. Die Einordnung der eigenen Befunde wird durch ganz unterschiedliche Verfahren zur Klassifizierung der Burnout-Maße (Mittelwerte, Summenscores, Formelwerte) und unterschiedlicher Stichproben erschwert. Ab wann ist jemand stark Burnout gefährdet? Es werden Drittelungen der Subskalen vorgenommen in kaum, durchschnittlich oder stark ausgebrannt. Eine andere Methode ist die Zweiteilung anhand des theoretischen Mittelwerts der Skala in niedrig oder hoch ausgeprägt. Dies wurde für die hier vorliegende Stichprobe vorgenommen.

Was der Mittelwert von 2,48 der Emotionalen Erschöpfung in der vorliegenden Stichprobe schon andeutet, verdeutlicht der prozentuale Anteil von Lehrkräften, der über dem theoretischen Mittel von 2,5 der Antwortskala liegt. Insgesamt liegen 44,3 Prozent der Lehrkräfte oberhalb dieses Wertes. Sie sind demnach häufig bzw. fast immer emotional erschöpft. Dies ist ein bedenklich hoher Anteil.

Psychosomatische Beschwerden wurden aus Gründen der eingeschränkten Anonymität für die Schulleiter nur im Kollegium erhoben und werden daher im Weiteren nur für Lehrkräfte berichtet. Zur Erfassung der psychosomatischen Beschwerden wurde aus ökonomischen Gründen auf Symptomgruppen zurückgegriffen, die jeweils mehrere Beschwerde-Beispiele enthielten (siehe auch Abschnitt 3.1.3). Je höher die Ausprägungen sind, desto häufiger leiden die Lehrkräfte unter den psychosomatischen Beschwerden in dem jeweiligen Bereich. Wie Abbildung 3.2.2 entnommen werden kann, leiden die Lehrkräfte am häufigsten unter Abgespanntheits-, Antriebs-, Müdigkeits- und Überlastungserscheinungen ($M = 2,43$). Es folgen Glieder- und Muskelbeschwerden, konzentrative Erscheinungen, emotional-psychische Erscheinungen sowie Herz- und Kreislauferscheinungen. Am seltensten werden Magen-Darm-Beschwerden und körperliche Erregungserscheinungen genannt.

Abbildung 3.2.2: Psychosomatische Beschwerden der Lehrkräfte (Mittelwerte)

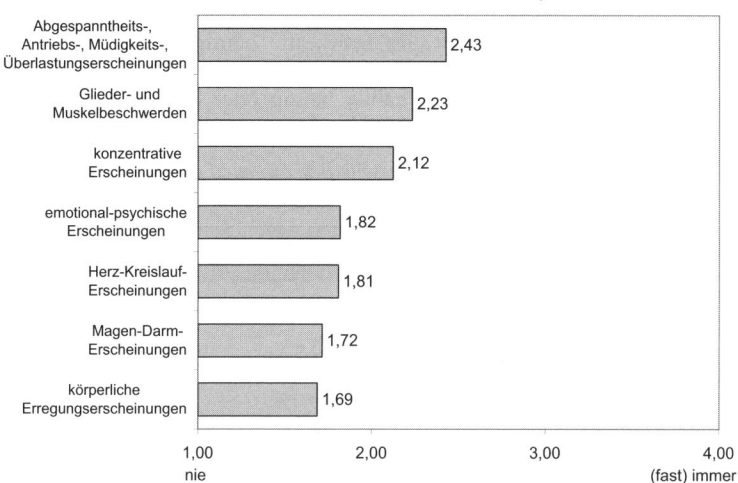

Um die in unserer Stichprobe gefundenen Auftretenshäufigkeiten psychosomatischer Beschwerden einordnen zu können, wurden die Vergleichswerte aus der Studie von KÖRNER (2003) herangezogen. In dieser Studie wurden in den Bundesländern Bayern, Brandenburg und Thüringen 961 Lehrkräfte, allerdings nur Gymnasiallehrer, nach ihren psychosomatischen Beschwerden gefragt. Ein Vergleich der in unserer Stichprobe ermittelten Häufigkeiten von psychosomatischen Beschwerden mit dieser Vergleichsstudie zeigt, dass die Rangfolge der Beschwerden identisch ist. Jedoch unterscheiden sich die von uns ermittelten Mittelwerte leicht von der Vergleichsstudie. So treten in der vorliegenden Stichprobe tendenziell häufiger psychosomatische Beschwerden auf (siehe Tabelle 3.2.2).

Tabelle 3.2.2: Psychosomatische Beschwerden der Lehrkräfte der eigenen Studie und einer Vergleichsstudie

Psychosomatische Beschwerden	Mittelwert	SD	n	Körner (2003) n=961
Abgespanntheits-, Antriebs-, Müdigkeits-, Überlastungserscheinungen	2,43	0,751	3230	2,24
Glieder- und Muskelbeschwerden	2,23	0,899	3229	2,14
Konzentrative Erscheinungen	2,12	0,723	3222	2,06
Emotional-psychische Erscheinungen	1,82	0,769	3234	1,82
Herz-Kreislauf-Erscheinungen	1,81	0,781	3227	1,89
Magen-Darm-Erscheinungen	1,72	0,753	3231	1,67
Körperliche Erregungserscheinungen	1,69	0,720	3223	1,65

Um näheren Aufschluss über die Anteile betroffener Lehrkräfte zu gewinnen, wurden die Antwortkategorien »häufig« und »(fast) immer« zusammengefasst. Demnach leiden etwa 45 Prozent aller Lehrkräfte häufig bzw. fast immer unter Angespanntheits-, Antriebs-, Müdigkeits- und Überlastungserscheinungen. Fast 40 Prozent der befragten Lehrkräfte haben häufig oder fast immer Glieder- und Muskelbeschwerden.

Tabelle 3.2.3: Angaben über psychosomatische Beschwerden in den Kategorien »häufig« und »fast immer« (in Prozent)

Psychosomatische Beschwerden	häufig/ fast immer	n
Abgespanntheits-, Antriebs-, Müdigkeits-, Überlastungserscheinungen	45,5%	3230
Glieder- und Muskelbeschwerden	38,6%	3229
Konzentrative Erscheinungen	28,3%	3222
Herz-Kreislauf-Erscheinungen	18,8%	3227
Emotional-psychische Erscheinungen	18,2%	3234
Magen-Darm-Erscheinungen	14,2%	3231
Körperliche Erregungserscheinungen	12,6%	3223

3.2.2 Positive Beanspruchungsfolgen

Die positiven Beanspruchungsfolgen wurden über das Wohlbefinden operationalisiert. Das von uns erfasste habituelle Wohlbefinden meint nicht das momentane Erleben, also das aktuelle Wohlbefinden einer Person, sondern zielt auf ein relativ stabiles Wohlbefinden ab, welches ein Urteil über aggregierte emotionale Erfahrungen in den vergangenen zwei Wochen darstellt. Die Auskunft über das eigene Wohlbefinden beinhaltet emotionale, körperliche und kognitive Aspekte.

Tabelle 3.2.4: Wohlbefinden der Schulleiter und Lehrkräfte

Wohlbefinden	Mittelwert	SD	n
Schulleiter	3,56	0,658	114
Lehrkräfte	3,09	0,840	3260

Der Vergleich zwischen Schulleitern und Lehrkräften zeigt, dass Schulleiter ein signifikant höheres Wohlbefinden als Lehrkräfte (*Z = -6,059; p = ,001*) haben. Auch die Überprüfung der Effektstärken bestätigt, dass sich Schulleiter bedeutsam wohler als Lehrkräfte fühlen (COHENS *d = ,622*).

Abbildung 3.2.3: Wohlbefinden der Schulleiter und Lehrkräfte (Mittelwerte)

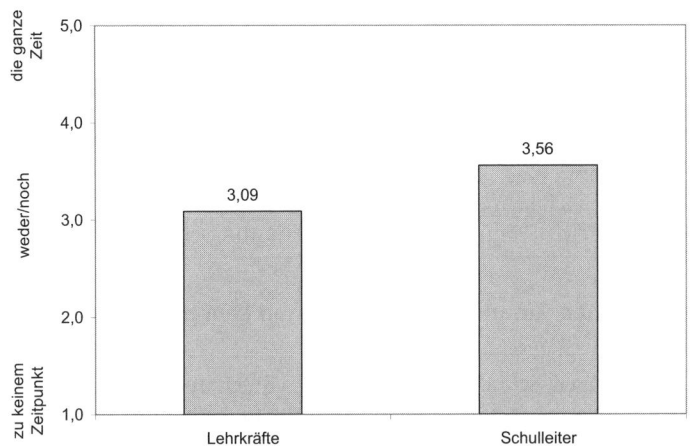

Der Mittelwert von 3,09 für das subjektive Wohlbefinden entspricht in etwa dem Antwortformat weder/noch (3). Der Durchschnitt darf nicht darüber hinwegtäuschen, dass ein beträchtlicher Anteil der Lehrkräfte (41 %) sich nur ab und zu bzw. zu keinem Zeitpunkt wohlfühlt.

Zusammenfassung

Unsere Ergebnisse zeigen, dass Schulleiter im Vergleich zu Lehrkräften weder weniger negative Beanspruchungsfolgen (gemessen über die Emotionale Erschöpfung), noch ungünstigere positive Beanspruchungsfolgen (ermittelt über das Wohlbefinden) aufweisen.

Dies kann möglicherweise auf eine offensivere Problembewältigung, eine geringere Resignationstendenz oder eine gesündere Abgrenzungsfähigkeit gegenüber Arbeitsbelastungen zurückgeführt werden. Auch könnten die größere Autonomie und vielfältigeren Aufgaben von Schulleitern einen Schutz vor Burnout darstellen. Weiterhin sollte auch der Auswahleffekt beachtet werden, wonach eher psychisch stabile Lehrkräfte eine Schulleiterlaufbahn anstreben, während burnout-gefährdete Lehrkräfte davon Abstand nehmen. All diese Erklärungsansätze sind jedoch Vermutungen, da empirische Belege derzeit noch fehlen. Weniger intensiv erforscht als die Lehrergesundheit ist die Gesundheit (bzw. Burnout) von Schulleitern. »Most of the studies on burn-out have focused on teachers. School principals, despite their responsibility and expected accountability, have not been studied as extensively.« (KREMER-HAYON, FARAJ & WUBBELS, 2001, S. 149). Obwohl Schulleiter im Durchschnitt gesünder sind als Lehrkräfte, sollte die Erforschung von Gesundheit bzw. Burnout ebenso bewusst vorangetrieben werden wie für Lehrkräfte, da die Vermutung nahe liegt, dass nur gesunde Schulleiter auch für eine gesunde Schule sorgen können (vgl. KELEHEAR, 2004). Schulleiter sind damit stärker in der Verantwortung und ihr Ausfall durch Krankheit kann durch die gesamte Schule noch weniger gut als bei Lehrkräften bzw. gar nicht kompensiert werden. Es gilt auch hier für Betroffene und Verantwortliche, ein Bewusstsein von und für Gesundheit sowie Gesundheitsförderung zu schaffen.

> ☑ Schulleiter sind gesünder als Lehrkräfte. Sie fühlen sich weniger erschöpft und wohler. Der subjektiv wahrgenommene Gesundheitszustand der Lehrkräfte ist bedenklich. 44,3 Prozent der Lehrkräfte sind demnach häufig bzw. fast immer emotional erschöpft. Auch psychosomatische Beschwerden kommen vielfach vor. Etwa 45 Prozent aller Lehrkräfte leiden häufig bzw. fast immer unter Angespanntheits-, Antriebs-, Müdigkeits- und Überlastungserscheinungen.

3.2.3 Gibt es einen Zusammenhang zwischen Lehrer- und Schulleitergesundheit?

Gemeinsam prägen Schulleiter, Lehrkräfte, Schüler und Eltern die Schulkultur. Die Schulleitung hat hierbei eine besondere Rolle und Verantwortung, da sie maßgeblich die Schulkultur durch Entscheidungen auf Schulebene beeinflussen kann. Daher liegt die Vermutung von KELEHEAR (2004, S. 31) nahe: »When leaders are in a high state of stress, they create a culture that is under stress as well (...). The whole school becomes ›tired‹, filled with frustrated and angry teachers and students.« Gestresste Schulleitungen übertragen ihren Stress auf das Kollegium oder sind nicht in der Lage die Schule so zu gestalten, dass weniger stressige Situationen entstehen, bzw. Lehrkräfte darin befähigt werden, diese Situationen effektiver zu bewältigen. Genauso gilt diese Annahme für das Wohlbefinden an der Schule. Fühlt sich ein Schulleiter körperlich, emotional und kognitiv wohl, dann kann er dies auf das Kollegium übertragen und es sind auch genügend Kapazitäten vorhanden, eine gesunde Schulkultur aktiv zu gestalten.

In Korrelationsanalysen wurde darum der Zusammenhang von negativen wie positiven Beanspruchungsfolgen zwischen Kollegium und Schulleitung untersucht. Grundlage der Analyse sind die auf Schulebene aggregierten Daten der Teilstichprobe (siehe Abschnitt 3.1.2). Der Korrelationskoeffizient ist ein Maß für den Grad des Zusammenhanges und kann Werte zwischen -1 und $+1$ annehmen. Bei einem Wert von $+1$ (bzw. -1) besteht ein vollständig positiver (bzw. negativer) linearer Zusammenhang zwischen dem Wohlbefinden des Schulleiters und seinem Kollegium. Nimmt der Korrelationskoeffizient den Wert 0 an, dann existiert keinerlei lineare Beziehung zwischen dem durchschnittlichen Wohlbefinden des Kollegiums und dem Wohlbefinden des Schulleiters.

Wie Abbildung 3.2.4 dargestellt, korreliert das Wohlbefinden der Schulleitung mit dem Wohlbefinden der Lehrkräfte an der Schule leicht ($r = ,308^*$). Je wohler sich der Schulleiter fühlt, desto wohler fühlt sich das Kollegium.

Abbildung 3.2.4: Zusammenhang zwischen dem Wohlbefinden des Schulleiters und des Kollegiums (Mittelwerte)

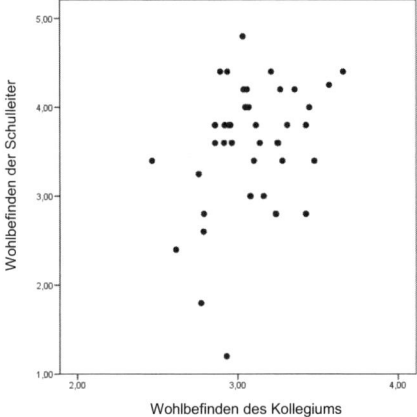

Die Differenzierung nach Grundschulen und weiterführenden Schulen belegt allerdings, dass dieser Zusammenhang auf kleinere Schulen bzw. Grundschulen zurückzuführen ist. An Grundschulen ist der Zusammenhang stärker, wohingegen an weiterführenden Schulen keine Beziehung beobachtet werden kann (siehe Tabelle 3.2.5). Dieser höhere Zusammenhang an Grundschulen lässt sich möglicherweise dadurch erklären, dass Schulleiter an Grundschulen ähnlichere Arbeitsbedingungen haben und häufiger einen engeren Kontakt zu Lehrkräften pflegen können.

Abbildung 3.2.5: Zusammenhang zwischen Emotionaler Erschöpfung des Schulleiters und des Kollegiums (Mittelwerte)

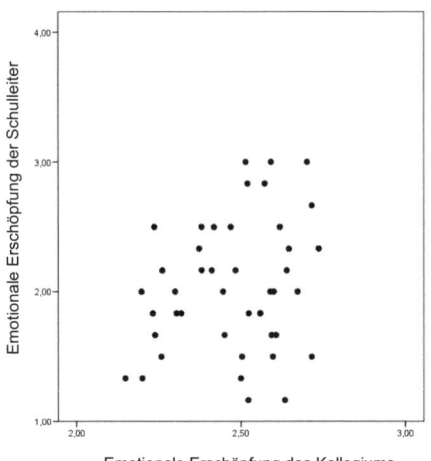

Ein ähnliches Bild zeichnet sich für die Emotionale Erschöpfung ab. Je höher diese beim Schulleiter ausgeprägt ist, desto höher ist auch die Emotionale Erschöpfung des Kollegiums. Allerdings sind die Korrelationskoeffizienten nicht signifikant. Dies bedeutet, dass das Ergebnis nur für unsere Stichprobe gelten und nicht auf die gesamte Lehrerpopulation übertragen werden kann.

Tabelle 3.2.5: Zusammenhang von negativen/positiven Beanspruchungsfolgen zwischen Kollegium und Schulleitung (Korrelationskoeffizienten)

	Korrelationskoeffizient		
Schulformen	Wohlbefinden	Emotionale Erschöpfung	Anzahl der Schulen
Alle Schulen	,308*	,277	46
Grundschulen	,497*	,359	22
Weiterführende Schulen	.071	-,010	24

*$p \leq 0,05$; ** $p \leq 0,01$; ***$p \leq 0,001$

Festzuhalten bleibt, dass sich in kleineren Schulen wie den Grundschulen das Wohlbefinden der Schulleiter und das des Kollegiums offenbar stärker bedingen als an weiterführenden Schulen. An Grundschulen ist die Beziehung zwischen Schulleitung und Kollegium enger. Dies zeigt sich beispielsweise in der von uns erhobenen Kontakthäufigkeit. Lehrkräfte an Grundschulen berichten, sich etwa 4,7 Stunden monatlich mit ihrem Schulleiter zu unterhalten, wohingegen Lehrkräfte an weiterführenden Schulen nur 2,9 Stunden im Monat mit ihrem Schulleiter in Kontakt standen. Auch die Arbeitsbedingungen von Schulleitern und Kollegium an Grundschulen sind ähnlicher. Schulleiter an Grundschulen unterrichten deutlich mehr als Schulleiter anderer Schulformen (siehe auch Abschnitt 3.4.2).

☑ In kleineren Schulen, wie den Grundschulen, in denen der Kontakt zwischen Schulleitung und Lehrkräften enger ist, besteht ein Zusammenhang zwischen dem Wohlbefinden des Kollegiums und dem des Schulleiters.

3.3 Gesundheitsrelevante Ressourcen

Gesundheitsrelevante Ressourcen können sowohl situationsspezifisch also auch personenspezifisch sein. Personenspezifische Ressourcen sind Merkmale, die die Person mit in die Schule bringt wie die eigene Selbstwirksamkeitserwartung oder die persönliche Unterstützung durch Freunde oder Bekannte. Mit situationsspezifischen Ressourcen sind Merkmale gemeint, die in der Situation von Bedeutung sind, also eher die Arbeitsumgebung betreffen wie das Schulleitungshandeln also schulspezifische Ressourcen darstellen. Hier fokussierten wir in der vorliegenden Arbeit auf ein gesundheitsspezifisches Leitungshandeln und das Gesundheitsmanagement an der Schule. In diesem Abschnitt werden die Ausprägungen der Merkmale dargestellt, die später in weiteren Analysen berücksichtigt werden.

3.3.1 Personenspezifische Ressourcen

Vor allem zwei Merkmale haben sich im Zusammenhang mit Gesundheit bzw. Krankheit als bedeutsame personale Ressourcen erwiesen: die *soziale Unterstützung durch das private Umfeld* und *allgemeine Selbstwirksamkeitserwartung*. In der Lehrerforschung gilt der Zusammenhang dieser Ressourcen mit negativen Beanspruchungsfolgen wie Stress oder Burnout als gut belegt. Sie haben sowohl Einfluss auf das Stressempfinden als auch auf den eigentlichen Bewältigungsprozess. Von diesen Ressourcen nimmt man an, dass sie direkt oder indirekt wirken können, d. h. dass sie Belastungsempfinden reduzieren bzw. Auswirkungen von Stressoren puffern.

Tabelle 3.3.1: Personenspezifische Ressourcen

Soziale Unterstützung			Allgemeine Selbstwirksamkeit		
Mittelwert	SD	n	Mittelwert	SD	n
3,26	,458	3081	3,00	,401	3043

Tabelle 3.3.1 stellt dar, wie ausgeprägt die soziale Unterstützung und die Selbstwirksamkeitserwartung der Lehrkräfte ist. Der Erwartung ganz allgemein mit Schwierigkeiten und Barrieren im täglichen Leben zurechtzukommen, wird im Mittel eher zugestimmt. Ein Vergleich des Mittelwerts der Selbstwirksamkeitserwartung unserer Stichprobe mit einer Studie von SCHWARZER und JERUSALEM (1999) zeigt, dass die Lehrkräfte unserer Stichprobe mit 3,00 einen geringfügig höheren Wert aufweisen und weniger stark streuen. Auch der sozialen Unterstützung durch das private Umfeld wird im Durchschnitt eher zugestimmt.

Diese personenspezifischen Ressourcen sind natürlich interindividuell verschieden. Aber die Betrachtung der Durchschnittswerte und der Streuung zeigt, dass hier insgesamt von guten Voraussetzungen auf personaler Seite ausgegangen werden kann.

3.3.2 Schulspezifische Ressourcen

Eine wichtige schulspezifische Ressource für Lehrkräfte ist der Schulleiter. Durch die Gestaltung des Arbeitsumfeldes als auch in der direkten Kommunikation mit den Lehrkräften kann er Einfluss auf die Gesundheit der Lehrkräfte nehmen. Tabelle 3.3.2 zeigt, wie Lehrkräfte das direktive Salutogene Leitungshandeln beurteilen. Im Durchschnitt sind Lehrkräfte eher der Meinung, dass die Anweisungen bzw. Aufträge, die der Schulleiter erteilt, bedeutsam, bewältigbar und verständlich sind (*M = 3,24*).

Tabelle 3.3.2: Schulspezifische Ressourcen

Direktives Salutogenes Leitungshandeln			Gesundheitsmanagement		
Mittelwert	SD	n	Mittelwert	SD	n
3,24	,586	3038	2,05	,654	3274

Anders wird das Gesundheitsmanagement beurteilt. Sowohl verhaltens- als auch verhältnisorientierte Maßnahmen zur Gesundheitsförderung wie z. B. Verankerung von Gesundheitsförderung und -zielen im Leitbild oder Schulprogramm sowie die Befähigung einzelner Lehrkräfte im Umgang mit gesundheitsförderlichen Verhaltensweisen werden eher verneint *(M=2,05).*

☑ Bei den personenspezifischen Ressourcen haben die Lehrkräfte gute Voraussetzungen, um gesund zu bleiben. Anders hingegen sind die schulspezifischen Ressourcen zu bewerten. Demnach werden weder verhaltens- noch verhältnisorientierte Maßnahmen an Schulen ausreichend umgesetzt.

3.4 Schulische Be- und Entlastungsfaktoren

Bei der Untersuchung beanspruchender Arbeitsbedingungen in der Schule stehen häufig Schüler oder Lehrpersonen im Mittelpunkt. Weniger betrachtet wurden bisher schulische Belastungsfaktoren für Leitungspersonen bzw. Schulleiter. Im Folgenden werden nun Belastungsfaktoren[9] für Lehrpersonen und Schulleiter berichtet.

3.4.1 Was stellt für viele Lehrkräfte einen Be- bzw. Entlastungsfaktor dar?

Untersuchungen, die analysieren, welche Arbeitsbedingungen Belastungsfaktoren darstellen, sind insofern hilfreich, da Belastungsschwerpunkte der Lehrertätigkeit aufgezeigt werden. Diese können dann durch geeignete Maßnahmen reduziert werden. Allerdings muss hier berücksichtigt werden, dass auf die Lehrkräfte gleichzeitig mehrere, verschiedenartige Belastungsfaktoren einwirken können. So können auch Kombinationen verschiedener Belastungsfaktoren zu negativen Beanspruchungsreaktionen und/oder -folgen führen (Rudow, 1994). Studien zu Belastungsfaktoren im Lehreralltag liefern recht unterschiedliche Ergebnisse. Dies hängt wiederum mit der Stichprobe, der Erhebungsmethode den ausgewählten Belastungsfaktoren, der negativen bzw. neutralen Formulierung und dem Antwortformat zusammen. Die Auswahl unterschiedlicher Belastungsfaktoren erschwert Aussagen über »häufig« genannte Belastungsfaktoren, da einige dadurch gar nicht angegeben werden können. Aussagen darüber, wie stark Lehrkräfte Belastungen erleben, werden problematisch, wenn die Items negativ formuliert sind und so nur eine potenziell stressauslösende Arbeitssituation erhoben wird (siehe dazu auch Abschnitt 3.1.3). Abstrakt formulierte Items oder ganze Aufgabenbereiche liefern zudem ungenaue Ergebnisse. Van Dick (2006) wertet folgende negativ formulierte Items als die wichtigsten, da sie von vielen Lehrkräften in verschiedenen Untersuchungen als belastend empfunden werden:

---

9 Das erfragte Belastungserleben setzt eine Bewertung schulischer Arbeitsbedingungen voraus und beinhaltet damit die Aussage, wie beansprucht sich die Lehrkräfte durch die Arbeitsbedingungen fühlen. Den Begrifflichkeiten des Beanspruchungs-Belastungskonzepts folgend, sind *Belastungen* aber objektive auf den Menschen einwirkende Faktoren, deren Auswirkungen auf den Menschen als *Beanspruchung* bezeichnet wird. Wenn im Weiteren von Belastungs- und Entlastungsfaktoren im Rahmen dieses Kapitels gesprochen wird, beinhaltet dies immer schon eine bewertende Komponente: *Belastungsfaktoren* sind negativ konnotiert und *Entlastungsfaktoren* positiv.

- Zu große Klassen
- Probleme mit Schülern
- Administrative Probleme
- Probleme mit Kollegen
- Probleme mit Eltern
- Fehlende Anerkennung durch die Öffentlichkeit

Belastungsbereiche

Diese Belastungsfaktoren waren auch Gegenstand unserer Belastungsabfrage, wurden allerdings aus den bereits erläuterten Gründen neutral erfragt (siehe Abschnitt 3.1.3). Bei der vorliegenden Abfrage wurden 22 potenzielle Belastungsfaktoren erfragt. Hierbei geht es um eine globale Einschätzung von Arbeitsplatzbedingungen hinsichtlich ihres Belastungs- bzw. Entlastungspotenzials. So wird die Belastung bzw. Entlastung durch das Schulleiterhandeln nur als ein Aspekt unter anderen erfragt und gibt keinen Aufschluss über spezifisches Schulleiterhandeln. Dies ist Gegenstand späterer Kapitel (3.5 und 3.6). Die explorative Faktoranalyse der Bewertung von Arbeitsbedingungen als Belastungs- bzw. Entlastungsfaktoren ergab eine Fünf-Faktorlösung (nähere Erläuterungen der Faktoren siehe Abschnitt 3.1.3). Die Darstellung der Mittelwerte zeigt, dass vor allem die Reform- und Verwaltungsarbeit als belastend (*M = 5,21*) eingestuft und klimatorische Aspekte eher entlastend bzw. als neutral empfunden werden (*M = 3,72*).

Abbildung 3.4.1: Faktoren des Belastungsindexes (Mittelwerte)

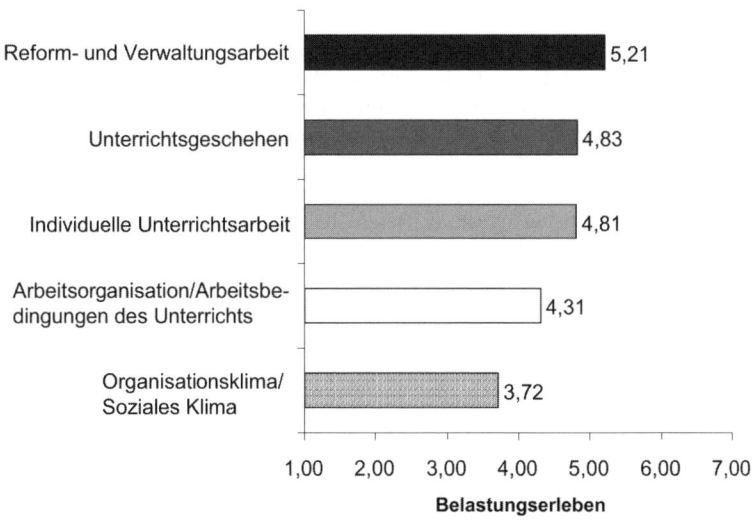

1 = sehr entlastend; 4 = weder noch; 7 = sehr belastend

Differenzierte Belastungsauswertung

Eine differenziertere Betrachtung der Einzelitems in Abbildung 3.4.2 verdeutlicht die durchschnittliche Einschätzung der Arbeitsbedingungen und deren Rangfolge. Die Reform- und Verwaltungsarbeit spricht Arbeitsbedingungen an, die durch aktuelle Reformen im Bildungssektor in NRW entstanden sind. Im Schuljahr 2006/07 wurde das Zentralabitur eingeführt und im Schuljahr 2007/08 mussten Lehrkräfte für ihre Schüler sechs Noten für das Arbeits- und Sozialverhalten vergeben (Kopfnoten). Diese Reformen stellen Belastungsfaktoren dar, welche Lehrkräfte zusätzlich zu ihren alltäglichen Belastungen bewältigen müssen. Aber auch die Konferenzarbeit ist ein Belastungsfaktor, der stark durch die Schule beeinflusst werden kann und ein absehbares immer wiederkehrendes Ereignis darstellt, das Lehrkräfte als Belastung erleben ($M = 4,83$). Der zweitgrößte Belastungsfaktor stellt die Korrektur von Klassenarbeiten dar ($M = 5,28$). Diese unterrichtliche Rahmenarbeit ist stark abhängig von den zu unterrichtenden Fächern. Die adäquate Berücksichtigung von fachspezifischen Unterschieden und damit anfallenden Korrekturen stellt einen Dauerbrenner in der öffentlichen und schulkollegialen Diskussion dar, der auch mit derzeitigen Arbeitszeitmodellen immer noch unzureichend gelöst ist. So haben die Schulen zwar mit der sogenannten Bandbreitenregelung (AVO, 2006, § 3) ein Instrument, um individuellen Belastungen besser gerecht zu werden – die Unterrichtsverpflichtung kann z. B. bei stark korrekturbelasteten Lehrkräften um bis zu drei Stunden unterschritten werden. Allerdings wird gleichzeitig die Unterrichtsverpflichtung von Lehrkräften mit geringen Korrekturbelastungen um bis zu drei Unterrichtsstunden erhöht. Nur wenige Schulen nutzen daher diese Möglichkeit (GEW, 2004).

Auch Faktoren, die das eigentliche Unterrichtsgeschehen betreffen, rangieren alle im oberen Drittel der Rangliste. Die Lautstärke im Unterricht ($M = 4,87$), die Anzahl der zu unterrichtenden Schüler ($M = 4,87$) und das Verhalten der Schüler ($M = 4,76$) sind im Durchschnitt eher Belastungsfaktoren. Lärm und Disziplinprobleme sowie zu große Klassen werden auch in anderen Untersuchungen als belastend eingestuft und sind Faktoren, die, wenn sie auftreten, häufig als sehr belastend empfunden werden. Bedingungen, welche die räumliche und materielle Ausstattung betreffen, werden eher belastend erlebt als die unmittelbare Arbeitsorganisation des Unterrichts. So wird die Organisationsstruktur und Unterrichtsorganisation weder belastend noch entlastend wahrgenommen. Als einzige Arbeitsbedingung ist das Arbeitsklima im Durchschnitt entlastend ($M = 2,58$). Bei den hier berichteten Werten handelt es sich um Mittelwerte, das heißt im Einzelfall kann das Arbeitsklima selbstverständlich auch als belastend empfunden werden.

Abbildung 3.4.2: Belastungsitems nach Faktoren (Mittelwerte)

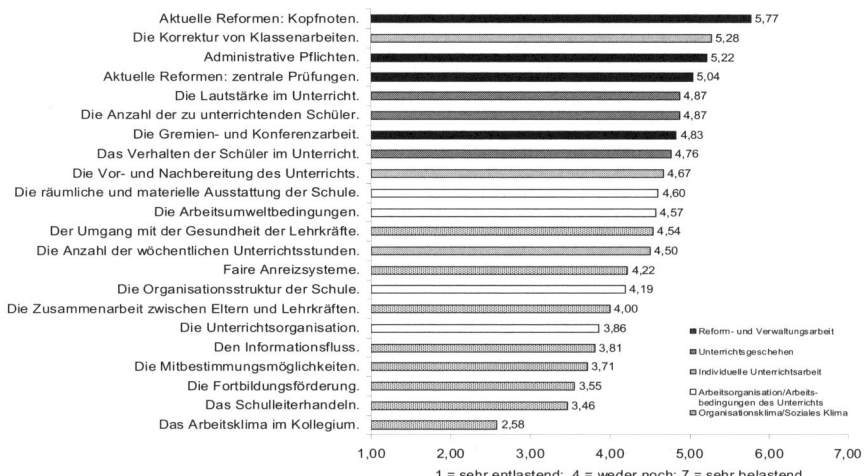

1 = sehr entlastend; 4 = weder noch; 7 = sehr belastend

Die zehn häufigsten Be- und Entlastungsfaktoren

Um auch die Dichte der Wahrnehmung von Belastungs- bzw. Entlastungsfaktoren darzustellen, wurde das Antwortformat umkodiert. Die Antwortkategorien »etwas belastend«, »belastend«, »sehr belastend« wurden zu *belastend* zusammengefasst und die Antwortkategorien »etwas entlastend«, »entlastend«, »sehr entlastend« zu *entlastend*. Die zehn häufigsten Entlastungs- und Belastungsfaktoren sind jeweils in Tabelle 3.4.1 und Tabelle 3.4.2 dargestellt.

Tabelle 3.4.1: Die zehn häufigsten Entlastungsfaktoren (Prozent)

Item	entlastend
Arbeitsklima im Kollegium	77,8
Schulleiterhandeln	52,6
Fortbildungsförderung	41,4
Mitbestimmungsmöglichkeiten	39,1
Unterrichtsorganisation (z.B. Stundenplan, Raumbelegung, Vertretungsplanung)	38,3
Informationsfluss	38,3
Räumliche und materielle Ausstattung der Schule (z.B. Zustand des Gebäudes, Kopierer, Lehrmittel)	28,6
Organisationsstruktur der Schule (z.B. Anzahl und Koordination der Gremien, formale Regelungen)	28,3
Umgang mit Anerkennung und Entlohnung (faires Anreizsystem)	24,2
Zusammenarbeit zwischen Eltern und Lehrkräften	22,1

Es zeigt sich, dass fast 80 Prozent der Lehrkräfte das Arbeitsklima und sogar über 50 Prozent das Schulleitungshandeln als entlastend empfinden. Alle anderen Faktoren schätzen deutlich weniger als 50 Prozent der Lehrkräfte als entlastend ein. Zu den zehn häufigsten Entlastungsfaktoren zählen keine Aspekte, die die Reform- und Verwaltungsarbeit, die direkte Unterrichtsrahmenarbeit und das eigentliche Unterrichtsgeschehen betreffen. Wenn Lehrkräfte am Arbeitsplatz entlastet werden, dann vor allem über klimatorische und arbeitsorganisatorische Bedingungen der Schule.

Bei der Betrachtung der Belastungsfaktoren fällt auf, dass die Zustimmung zu den zehn häufigsten Belastungsfaktoren bei allen Faktoren über 50 Prozent liegt. Belastungsfaktoren werden demnach von der Mehrheit einheitlicher bzw. unabhängiger von der individuellen Situation als belastend empfunden.

Tabelle 3.4.2: Die zehn häufigsten Belastungsfaktoren (Prozent)

Item	belastend
Aktuelle Reformen: Kopfnoten	85,1
Korrektur von Klassenarbeiten	73,1
Administrative Pflichten (z.B. verwaltende, kontrollierende, fachfremde Aufgaben)	72,2
Lautstärke im Unterricht	64,1
Gremien- und Konferenzarbeit (Lehrerkonferenz, Schulkonferenz)	62,6
Verhalten der Schüler im Unterricht	62,0
Räumliche und materielle Ausstattung der Schule (z.B. Zustand des Gebäudes, Kopierer, Lehrmittel)	59,7
Anzahl der zu unterrichtenden Schüler	59,4
Aktuelle Reformen: zentrale Prüfungen	56,6
Vor- und Nachbereitung des Unterrichts	56,4

Über 80 Prozent der Lehrkräfte empfinden die Umsetzung der Kopfnoten als belastend. Etwa 70 Prozent erleben administrative Pflichten wie verwaltende, kontrollierende und fachfremde Aufgaben als eine Belastung. Vor allem Verwaltungsaufgaben, Unterrichtsrahmenarbeit und das Unterrichtsgeschehen stellen also Belastungsfaktoren dar.

Die Aussagekraft von Vergleichen mit Ergebnissen anderer Studien ist aufgrund verschiedener Antwortformate und Itemformulierungen eingeschränkt. Dennoch werden an dieser Stelle Belastungsfaktoren einer Studie aus den 1980er Jahren mit den von uns identifizierten Belastungsfaktoren in Bezug gesetzt. HÄBLER und KUNZ (1985) befragten 1 214 deutsche Lehrkräfte aus Bayern, dem Saarland und Rheinland-Pfalz nach verschiedenen »Belastungsarten«. Auf einer fünfstufigen Antwortskala (sehr stark bis gar nicht) gaben die Lehrkräfte an, wie stark sie die 13 vorgegebenen Belastungsfaktoren als Belastung erleben. Wie Tabelle 3.4.3 zeigt, werden vor allem Faktoren, die das eigentliche Unterrichtsgeschehen und die Unterrichtsrahmenarbeit betreffen, als belastend eingestuft. So stellt für über die Hälfte der Lehrkräfte die mangelnde Motivation und Konzentrationsfähigkeit der Schüler einen Belastungsfaktor dar. Erlasse und Verordnungen sowie Verwaltungsarbeiten werden nur von etwa 30 Prozent der befragten Lehrkräfte als belastend eingestuft. Der Vergleich mit unserer Studie zeigt, dass Lehrkräfte derzeit zum einen häufiger Merkmale ihrer Arbeitssituation als belastend erleben und zum anderen administrative Pflichten, Verwaltungsarbeit und die Umsetzung von Verordnungen bzw. Reformen stärker belastend bewertet werden als Belastungsfaktoren, die die eigentliche Unterrichtsarbeit betreffen. Bedingt durch die aktuellen Umbrüche im Schulsystem (z. B. Abschichten von Schulaufsichtsaufgaben auf Schulleiter, Bildungsstandards und Lernstandserhebungen) verwundert das Ergebnis nicht. Allerdings ist es bedenklich, wenn Lehrkräfte außerunterrichtliche Faktoren als so stark belastend erleben. Dies wirft die Frage auf, ob Schulen mit ihrer derzeitigen Personalzusammensetzung und organisatorischen Strukturen die bildungspolitischen Reformen und Veränderungen bewältigen können. Mit der Verlagerung von Verwaltungsaufgaben, der Budgetierung und der stärkeren Dokumentation von Qualitätsentwicklung auf Schulebene müssen Schulleitung und Kollegium stärker verwaltende denn pädagogische Aufgaben übernehmen. Eine Unterstützung durch Verwaltungskräfte oder Assistenten, die Lehrkräfte und Schulleiter wie z. B. in Finnland entlasten, erscheint sinnvoll. Letztendlich ist dies auch kostengünstiger, da Lehrkräfte Zeit einsparen bei Tätigkeiten, für die sie nicht ausgebildet sind. So gehören z. B. zum Schulpersonal in Finnland in der Regel u. a. ein Kurator mit sozialpädagogischer Ausbildung, ein Psychologe sowie Hilfslehrkräfte. Diese sind meist Abiturienten oder Studenten, die die Lehrkräfte durch die Übernahme von Kopierarbeiten, aber auch im Unterricht entlasten. Eine Befragung zur schulischen Lernumgebung von 540 Schulen in Finnland ergab, dass an 85 Prozent aller Schulen Lehrkräfte durch einen Psychologen, an 90 Prozent durch einen Kurator und nahezu an allen Schulen durch eine Kranken-/Pflegeschwester unterstützt werden (RIMPELÄ & RIGOFF, 2007). Dieses Beispiel zeigt, inwieweit Arbeitsteilung an Schulen möglich ist.

Tabelle 3.4.3: Identifizierte Belastungsfaktoren von HÄBLER *und* KUNZ *(1985)*
(n = 1214)

Belastungsfaktoren	stark oder sehr stark belastend
Mangelnde Motivation und Konzentrationsfähigkeit von Schülern	51,8%
Vor- und Nachbereitung des Unterrichts	44,8%
Zu große Klassen	43,5%
Geringe Lernbereitschaft der Schüler	34,5%
Erlasse und Verordnungen	30,5%
Verwaltungsarbeiten	28,9%
Disziplinprobleme	25,4%
Ärger mit Behörden bzw. Institutionen	17,7%
Vertretungsunterricht	11,0%
Fachfremder Unterrichtseinsatz	10,4%
Unsicherheit des Arbeitsplatzes	6,9%
Probleme mit ausländischen Schülern	5,7%
Probleme mit den Eltern	2,5%

Quelle: HÄBLER *und* KUNZ *(1985)*

Ein Teil der hier abgebildeten Belastungs- und Entlastungsfaktoren kann auf Ebene der Einzelschule beeinflusst werden, sodass Belastungsfaktoren minimiert und Entlastungsfaktoren ausgebaut werden können. Beispielsweise ist der Belastungsfaktor Gremien- und Konferenzarbeit zu überdenken. Wie können Konferenzen z. B. effektiver gestaltet werden (siehe auch Kapitel 5)? Entlastungsfaktoren, welche ausgebaut werden können, liegen im schul- und arbeitsorganisatorischen Bereich. Nur wenigen Schulen gelingt es, z. B. den Informationsfluss an der Schule so zu organisieren, dass Lehrkräfte dies als Entlastung erleben.

Schulform- und Schulstufenunterschiede im Belastungserleben

Ein Vergleich des Belastungserlebens der Lehrkräfte nach Schulform bzw. Schulstufe zeigt deutliche Unterschiede. Das Belastungserleben unterscheidet sich statistisch signifikant (*Chi-Quadrat=172,807; df=3, p=,001*) zwischen den Schulformen. Diese Unterschiede sind auch praktisch bedeutsam (*Eta-Quadrat=,055*). Lehrpersonen an Gesamtschulen und Gymnasien schätzen somit ihre Arbeitsbedingungen belastender ein als Lehrpersonen an Grundschulen.

Abbildung 3.4.3: Mittleres Belastungserleben der Lehrkräfte nach Schulform bzw. Schulstufe (Mittelwert)

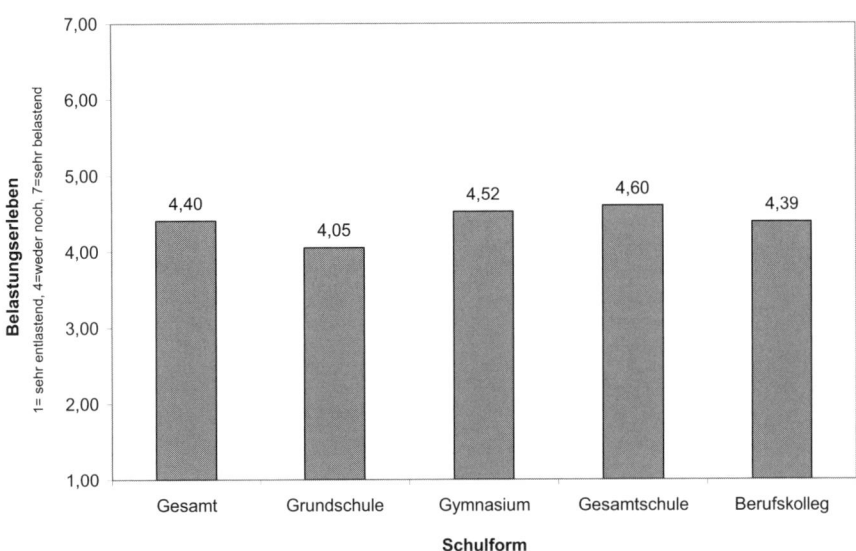

Im Vergleich zur Grundschule fühlen sich Gymnasiallehrkräfte deutlich stärker beansprucht. Auch Gesamtschullehrkräfte haben ein deutlich höheres Belastungserleben als Grundschullehrkräfte, wohingegen sich Lehrkräfte an Berufskollegs signifikant, aber weniger stark von ihnen abheben.

Tabelle 3.4.4: Mittleres Belastungserleben der Lehrkräfte nach Schulform bzw. Schulstufe

Schulform	Mittelwert	SD	n
Grundschule	4,05	0,70	458
Gymnasium	4,52	0,69	504
Gesamtschule	4,60	0,64	659
Berufskolleg	4,39	0,75	1432

Abbildung 3.4.4 stellt dar, inwieweit sich Grundschulen und weiterführende Schulen hinsichtlich ihrer wahrgenommenen Arbeitsbelastungen unterscheiden. Abgetragen sind dabei die jeweiligen Differenzen der mittleren Belastungswerte jeder Arbeitsbedingung von Grund- und weiterführenden Schulen, sortiert nach den durch die Faktorenanalyse generierten Belastungsbereichen. Hierfür wurde zunächst der Belastungs-Mittelwert jeder Arbeitsbedingung der Lehrkräfte an weiterführenden Schulen vom Belastungs-Mittelwert der Grundschullehrkräfte subtrahiert. Positive Werte in der Abbildung zeigen daher an, inwieweit die Arbeitsbelastung von den Grundschullehrkräften als weniger belastend eingeschätzt wird. Negative Werte bedeuten, dass die

73

Arbeitsbedingungen von den Lehrkräften der Grundschule belastender eingeschätzt werden. Die Abbildung verdeutlicht zunächst, dass Lehrkräfte an Grundschulen fast alle Arbeitsbedingungen positiver bewerten, als an weiterführenden Schulen.

Abbildung 3.4.4: Differenzen des Belastungserlebens zwischen Grundschulen und weiterführenden Schulen sowie deren praktische Bedeutsamkeit (Effektstärke d[10])

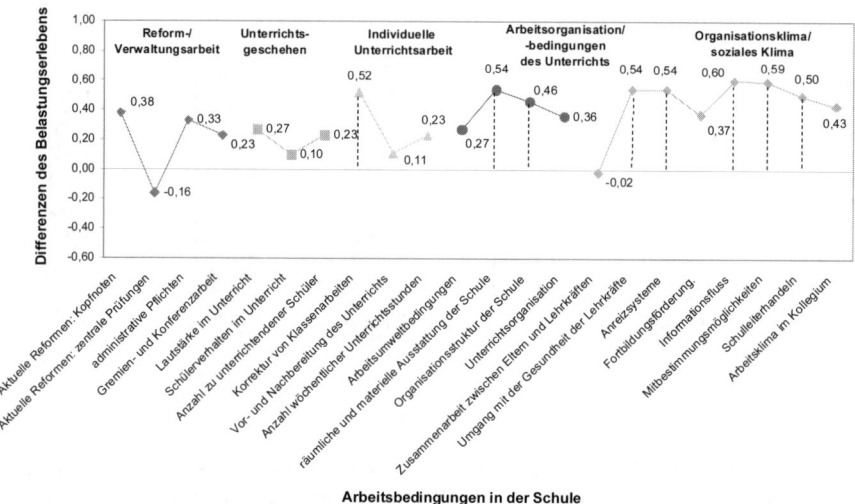

Arbeitsbedingungen in der Schule

Die größten Unterschiede zeigen sich hier in den Bereichen »Arbeitsorganisation/ Arbeitsbedingungen« sowie »Schulklima/Arbeitsklima«, wo Grundschullehrkräfte besonders die Arbeitsbedingungen Informationsfluss, Mitbestimmungsmöglichkeiten und Anreizsysteme als weniger belastend einschätzen. Alle Mittelwertsdifferenzen wurden weiterhin auf ihre praktische Bedeutsamkeit mittels Effektstärken (COHENS d) überprüft. Werte, die in der Abbildung durch eine gestrichelte Linie gekennzeichnet sind, sind Werte mit mittleren bis hohen Effektstärken und stellen daher besonders bedeutsame Unterschiede dar.

Es kann festgehalten werden, dass die Grundschule eine Sonderstellung einnimmt, die unter näherer Betrachtung der Belastungsfaktoren zwischen den Primarschulen und Sekundarschulen vor allem Unterschiede in folgenden Arbeitsbedingungen aufzeigt.

Mittlere bis hohe Effektstärken existieren in den folgenden Bereichen:

- *Organisationsklima/soziales Klima* (Anreizsysteme, Informationsfluss, Mitbestimmungsmöglichkeiten, Schulleiterhandeln, Umgang mit der Gesundheit der Lehrkräfte) und
- *Arbeitsorganisation/Arbeitsbedingungen des Unterrichts* (räumliche und materielle Ausstattung, Organisationsstruktur der Schule).

---

10 — mittlere bis hohe Effektstärke *d* (COHEN, S. & WILLS, 1985)

Diese Unterschiede berühren vor allem die Organisationsstruktur der Grundschule und können über diese erklärt werden: kleine Schul- und Kollegiumsgrößen, flache Hierarchien und geringere Distanzen. Diese Aspekte fördern möglicherweise persönlichere Beziehungen, die individuelle Partizipation und Koordination untereinander. Mit der Organisationsstruktur geht sicherlich auch eine mitarbeiterbezogene Führung einher, da es in kleineren Organisationen leichter ist, Transparenz herzustellen (VON ROSENSTIEL, 2003). Dies würde erklären, warum vor allem Aspekte des Schul- und Arbeitsklimas und der Arbeitsorganisation weniger beanspruchend bewertet wurden.

Fazit der Erkenntnis über die Unterschiede zwischen Grundschulen und weiterführenden Schulen könnte in die Forderung nach kleineren Schulen bzw. Schulkomplexen münden. Da dies nicht umsetzbar ist, müssen größere Organisationen bzw. Schulen möglicherweise andere Wege finden, um sowohl *personelle* als auch *organisatorische* Ressourcen zu stärken sowie Risikofaktoren zu reduzieren. Die Varianz zwischen den Schulen zeigt jedoch, dass Einzelschulen sehr wohl die Gesundheit beeinflussen können.

3.4.2 Welche Aufgabenbereiche bewerten Schulleiter als belastend?

Die Schulleiter wurden danach gefragt, welche Arbeitsaufgaben sie in welchem Maße als belastend wahrnehmen. Hier wurde ein vierstufiges Antwortformat vorgegeben (1 = nicht belastend, 2 = etwas belastend, 3 = belastend bis 4 = sehr belastend). Anders als bei der Belastungsabfrage der Lehrkräfte, konnten Schulleiter mit diesem Format keine entlastenden, wohl aber belastenden Faktoren benennen.

Im Durchschnitt beanspruchen Schulleiter die Vermittlung von Anordnungen des Schulministeriums am stärksten ($M = 3{,}02$). Ebenso wie Lehrkräfte erleben Schulleiter administrative Tätigkeiten als Belastung ($M = 2{,}47$). Alle anderen Arbeitsaufgaben werden im Mittel unter dem theoretischen Skalenmittelwert von 2,5 eingestuft. Am wenigsten werden Schulleiter durch die Zusammenarbeit mit ihrem Kollegium beansprucht ($M = 1{,}43$), was angesichts des darin liegenden Konfliktpotenzials bemerkenswert ist.

Tabelle 3.4.5: Bewertung der Arbeitsmerkmale durch die Schulleiter

Arbeitsmerkmale	Mittelwert	SD	n
Anordnungen des Schulministeriums (z.B. Kopfnoten, zentrale Prüfungen)	3,02	0,84	115
Administrative Tätigkeiten (z.B. Verwaltung, Unterrichtsplanung, Budget u. Finanzen)	2,47	0,95	115
Räumliche und materielle Ausstattung der Schule (z.B. Klassenraumgröße, Kopierer, Lehrmittel)	2,16	1,01	113
Personalführung und -entwicklung	1,79	0,74	115
Eigene Unterrichtstätigkeit	1,63	0,72	114
Zusammenarbeit mit den Eltern/Öffentlichkeitsarbeit	1,57	0,68	115
Zusammenarbeit mit dem Kollegium	1,43	0,58	115

Die schulformspezifische Betrachtung der Arbeitsaufgaben ergibt signifikante Unterschiede.[11] Schulleiter an Grundschulen unterscheiden sich in ihrer Belastungswahrnehmung von Schulleitern anderer Schulformen. So wird die Zusammenarbeit mit Eltern bzw. die Öffentlichkeitsarbeit an Grundschulen deutlich belastender erlebt. Dies hängt vermutlich mit dem Umstand zusammen, dass in der Grundschule Eltern noch stärker in die schulische Arbeit eingebunden sind. Während der Schulzeit werden Schüler selbstständiger, übernehmen eigene Verantwortung und werden so zu Ansprechpartnern. So ist an Berufskollegs das Erleben von Belastung durch Elternarbeit für den Schulleiter kaum vorhanden. Auch birgt die Bildungsentscheidung am Ende der vierten Klasse Konfliktpotenzial zwischen Schule und Elternhaus, sodass hier die Schulleitung häufiger mit Eltern in Kontakt steht.

Weitere Vergleiche zeigen, dass die Personalführung und -entwicklung in Grundschulen und Berufskollegs beanspruchender bewertet werden als an Gymnasien. In den von uns durchgeführten Schulleitungsinterviews äußerten die Schulleiter an Berufskollegs, dass sie gar nicht die Zeit hätten, mit jeder Lehrkraft regelmäßig ein Mitarbeitergespräch zu führen, dies aber für notwendig erachten.

»Es gibt dann eben auch Dinge, ich hab da auch sehr konkret mit dem Lehrerrat inzwischen verabredet, dass wir Personalentwicklungsgespräche führen werden in diesem Haus, auch bei dieser Größe, und da komm ich natürlich bei der Anzahl der Kollegen nicht komplett durch, das können Sie sich vorstellen. Also habe ich mit meiner Stellvertreterin vereinbart, dass sie das für mich bei einer bestimmten Gruppe übernimmt. Wir haben ja nicht nur eine Schulform unter diesem Dach, wie die Berufsschule, sondern eben viele andere Schulformen auch. Und innerhalb der Berufsschule ist das so groß, dass man dort auch wieder Unterabteilungen einziehen muss, sonst kommt man da nicht klar. Das sind bei uns alleine in der Berufsschule etwa über 100 Fachklassen des Dualen Systems. Damit Sie mal eine Idee von der Größenordnung der Berufsschule haben.« (Zitat Schulleiter Herr P.)

Die Größe und Komplexität des Berufskollegs – z. B. durch die verschiedenen Bildungsgänge – erfordert eine ganz andere Personalführung und -entwicklung als an Grundschulen. Schulleiter an Grundschulen schilderten hingegen, dass es ihnen schwer fällt, die Leitungsrolle zu übernehmen.

»Ich habe ja selber in so einer Arbeitsgruppe mitgearbeitet und da war das dann teilweise etwas schwierig … denn im Grunde … ich weiß nicht, ob das jetzt so ein spezifisches Lehrerbewusstsein ist. Man möchte sich eigentlich nicht so gerne in so einer kleineren Gruppe profilieren oder derjenige sein, der jetzt besondere Kompetenzen wahrnehmen muss, dann in dem Sinne, wir sind jetzt alle irgendwie gleich und dann wird das immer etwas schwierig.« (Zitat Schulleiterin Frau T.)

So befinden sich Schulleiter an Grundschulen häufig in der Situation einerseits Struktur aufbauen zu müssen, Entwicklungsprozesse anzuregen sowie dafür zu sorgen, dass Aufgaben wahrgenommen werden, und anderseits das Bedürfnis

---

11 Im Weiteren werden nur statistisch bedeutsame Unterschiede zwischen den einzelnen Schulformen berichtet.

nach Gleichheit zu leben. Dieses Selbstverständnis von Schulleitern ist in der Schulleitungsforschung bekannt und wird mit »primus inter pares« (Erster unter Gleichen) umschrieben. Schulleiter verstehen sich eher als hervorgehobene Lehrkräfte, die keine zusätzlichen Qualifikationen benötigen und gerade soviel an unvermeidlichen Leitungsaufgaben übernehmen, dass der schulische Alltag aufrechterhalten wird (SCHRATZ, 1996). Dieses Verständnis scheint besonders in Grundschulen verbreitet zu sein.

Auch die höhere Unterrichtsbelastung für Schulleitungen an Grundschulen macht sich in der Bewertung bemerkbar. Grundschulleiter geben deutlich höhere Belastungen durch die eigene Unterrichtstätigkeit an als Schulleiter an Berufskollegs. Durch den gesetzlich festgelegten Berechnungsschlüssel haben Grundschulleiter in der Regel ein deutlich höheres Unterrichtsdeputat als Schulleiter anderer Schulformen (AVO 11-11, Nr.1, 2005). In Abbildung 3.4.5 sind die tatsächlich unterrichten Schulstunden der Schulleiter dargestellt.

An Berufskollegs unterrichtet der Schulleiter kaum noch ($M = 5,7$), wohingegen an Grundschulen im Durchschnitt 11,4 Stunden Unterricht in der Woche durch den Schulleiter erteilt werden. Dies scheint ein Grund zu sein, warum Grundschulleiter die Unterrichtsbelastung höher einschätzen als Schulleiter des Berufskollegs. Ein Vergleich der von uns erhobenen wöchentlichen Unterrichtsstunden an Grundschulen mit Grundschulen in ganz Deutschland (Bos et al., 2003) zeigt, dass die Unterrichtswochenstunden von 11,4 der Grundschulleiter unserer Stichprobe unter dem Durchschnitt von 16 Unterrichtswochenstunden liegen.

Abbildung 3.4.5: Wöchentliche Unterrichtstunden der Schulleiter nach Schulform (Mittelwerte)

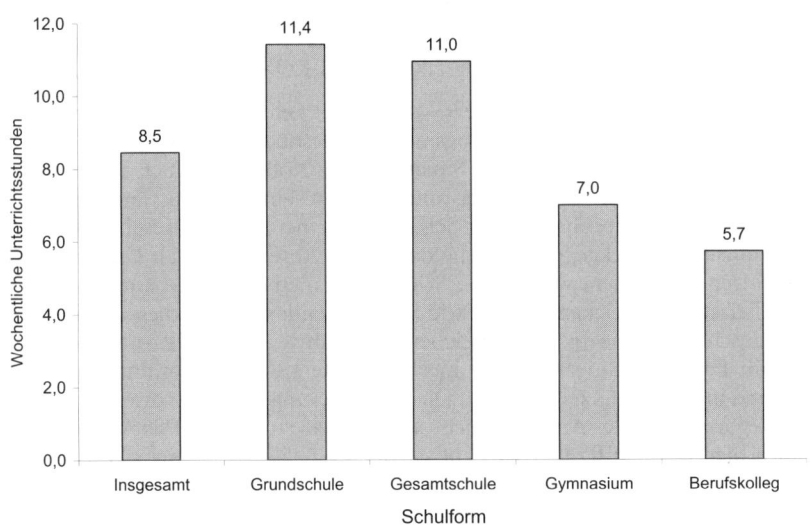

Neben unterrichtlichen Aufgaben müssen auch administrative Tätigkeiten übernommen werden, die auch von Grundschulleitern am belastendsten erlebt werden ($M = 2,88$). Die Unterrichtsplanung sowie Budget- und Finanzierungsfragen werden von Grundschulleitern häufig alleine oder zusammen mit dem Konrektor bearbeitet. Dies ergaben unsere Auswertungen in Bezug auf bestimmte Aufgabenbereiche, die solitär bzw. in Zusammenarbeit wahrgenommen werden. So kümmern sich 21 Prozent der Grundschulleiter um die Finanz- und Budgetverwaltung völlig allein, wohingegen dies nur 5 Prozent der Schulleiter am Gymnasium derart handhaben. Daher werden diese Aufgaben an Gymnasien hingegen als deutlich weniger belastend wahrgenommen: sie werden meist zu einem Großteil vom Stellvertreter übernommen.

3.4.3 Differentielle Wahrnehmung schulischer Belastungsfaktoren aus Schulleiter- und Lehrerperspektive

Die Schaffung von Arbeitsbedingungen, die zur Gesundheitsbildung und -förderung beitragen, wie auch die Minimierung von Risikofaktoren zur Krankheitsvorbeugung, sind wichtige Führungsaufgaben (RUDOW, 2004). Wie oben schon erläutert, betonen transaktionale Ansätze zur Erklärung von Stress den Wechselwirkungsprozess zwischen Person und Umwelt. Wie beansprucht sich jemand fühlt, ist demnach das Ergebnis eines Vergleichs zwischen personenspezifischen Handlungsmöglichkeiten und situationsspezifischen Anforderungen (LAZARUS, 1966; SCHÖNPFLUG, 1987). So können Lehrkräfte objektive Charakteristika der Lehrtätigkeit, z. B. das Verhalten von Schülern, je nach vorhandenen Ressourcen als mehr oder weniger beanspruchend erleben. Umso schwieriger ist es daher für die Schulleitung, zentrale Ent- bzw. Belastungsfaktoren des Kollegiums zu identifizieren, da diese auch individuell variieren. *Die Kenntnis dieser ist jedoch entscheidend für eine gesundheitsförderliche Schulgestaltung.* Im Folgenden wird berichtet, wie gut Schulleiter die Belastungs- und Entlastungsfaktoren des Kollegiums einschätzen können.

In Abschnitt 3.4.1 wurde dargestellt, wie belastet Lehrkräfte sich einschätzen und welche Faktoren sie mittels Belastungsindex als besonders be- oder entlastend bewerteten. Nehmen Schulleiter diese Situation ihres Kollegiums auch so wahr? Oder differiert die Wahrnehmung der Belastungsfaktoren? Für diese Auswertungen wurde nur auf eine Teilstichprobe, die nur Schulen mit einem Rücklauf höher als 50 Prozent beinhaltet, zurückgegriffen (siehe dazu auch Abschnitt 3.1.2). Um diese Frage beantworten zu können, wurden die Schulleiter anhand von sechs neutral formulierten Belastungsbereichen befragt, wie be- oder entlastend sie diese für ihr Kollegium einschätzen. Die in den Bereichen aufgeführten Beispiele entsprechen den Items im Lehrerfragebogen, sodass hier eine gute Übereinstimmung gegeben ist. Diese sind in Tabelle 3.4.6 dargestellt. Die Formulierung der Items orientierte sich an der Kategorisierung der Arbeitsbereiche von MCGRATH (1981). Das Antwortformat ist auch hier siebenstufig (1 = sehr entlastend, 4 = teils/teils, 7 = sehr belastend).

Tabelle 3.4.6: Übereinstimmende Belastungs-Items aus der Lehrer- und Schulleiter-befragung

Schulleiteritem	Lehreritems
Organisatorische Rahmenbedingungen der Schule (z.B. Anerkennung und Entlohnung, Mitbestimmungsmöglichkeiten, Fortbildungsförderung)	Umgang mit Anerkennung und Entlohnung Fortbildungsförderung Mitbestimmungsmöglichkeiten
Schulische Arbeitsorganisation (z.B. Unterrichtsorganisation, Arbeitszeit, Organisationsstruktur, räumliche und materielle Ausstattung)	Unterrichtsorganisation Organisationsstruktur der Schule Räumliche und materielle Ausstattung der Schule
Soziale Bedingungen (z.B. Arbeitsklima im Kollegium, Zusammenarbeit mit Eltern und Schülern)	Zusammenarbeit zwischen Eltern und Lehrkräften Arbeitsklima im Kollegium
Konferenz- und Teamebene (z.B. Gremien- und Konferenzarbeit)	Gremien- und Konferenzarbeit
Unterrichtsbedingungen (z.B. Unterrichtsarbeit, Vor- und Nachbereitung, Korrekturen, Verhalten der Schüler im Unterricht)	Lautstärke im Unterricht Korrektur von Klassenarbeiten Vor- und Nachbereitung des Unterrichts Anzahl der zu unterrichtenden Schüler Verhalten der Schüler im Unterricht
Aktuelle Reformen (z.B. Kopfnoten, zentrale Prüfungen)	Aktuelle Reformen: Kopfnoten Aktuelle Reformen: zentrale Prüfungen

Um nun einen Vergleich zwischen der Belastungseinschätzung des Schulleiters und den Belastungsangaben der Lehrkräfte vornehmen zu können, wurden die Belastungsindex-Items des Lehrerfragebogens zusammengefasst, die den Belastungs-bereichen des Schulleiterfragebogens direkt zugeordnet werden konnten. So entstanden auch für die Lehrkräfte sechs Belastungsbereiche. Dadurch können die Mittelwerte der Belastungseinschätzung von Lehrkräften und Schulleitern direkt verglichen werden. Für alle weiteren Analysen musste eine Schule ausgeschlossen werden, da der Schulleiter keine Belastungseinschätzung der Lehrkräfte vornahm. So verbleiben für die vorliegenden Auswertungen 45 Schulen mit 1643 Lehrkräften. Der Vergleich des mittleren Belastungswerts der Lehrkräfte ($M = 4,31; SD = 0,319$) mit der Einschätzung der Kollegiumsbelastung durch den Schulleiter ($M = 4,05; SD = 0,899$) zeigt, dass Schulleiter die Belastung im Mittel geringer einschätzen.

Schätzen Schulleiter stärker belastete Kollegien auch belasteter ein?

Zunächst stellt sich die Frage, ob Kollegien, die belasteter sind, von ihrem Schul-leiter auch so eingeschätzt werden. Hierzu wurde aus den sechs Belastungsbereichen sowohl für Schulleiter als auch für Lehrkräfte ein Gesamtmittelwert gebildet. Anschließend wurde der Zusammenhang zwischen der Belastungseinschätzung des Schulleiters und der mittleren Belastung des Kollegiums mittels Korrelationsanalyse untersucht.

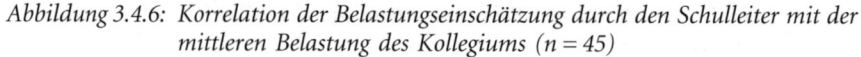

Abbildung 3.4.6: Korrelation der Belastungseinschätzung durch den Schulleiter mit der mittleren Belastung des Kollegiums (n = 45)

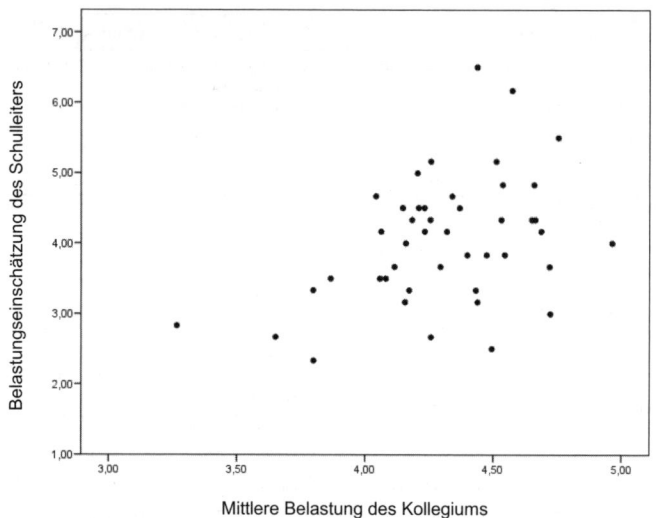

Mittlere Belastung des Kollegiums

Das Streudiagramm zeigt den Zusammenhang zwischen der Belastungseinschätzung des Schulleiters und der mittleren Belastung des Kollegiums für jede der 45 Schulen. Die Verteilung der Datenpunkte lässt auf einen leicht positiven Zusammenhang schließen: Dies zeigt sich auch am Korrelationskoeffizienten von $r = ,330^*$. Tendenziell schätzen Schulleiter belasteter Kollegien diese auch belasteter ein.

Wie gut schätzen Schulleiter die Belastung ihres Kollegiums ein?

Nachdem gezeigt werden konnte, dass belastete Kollegien von ihrem Schulleiter tendenziell auch als solche eingeschätzt werden, wird im Folgenden dargestellt, wie gut die Qualität der Einschätzung der Schulleiter für jede einzelne Schule ist.

Um diese Frage zu beantworten, wurde für jede Schule die mittlere Kollegiumsbelastung und die Schulleitereinschätzung in Bezug gesetzt. Schulleitereinschätzungen, die stärker als eine Standardabweichung von der durchschnittlichen Kollegiumsbelastung an der eigenen Schule positiv oder negativ abwichen, wurden als Über- bzw. Unterschätzung kategorisiert. Lag die Schulleitereinschätzung also innerhalb eines Intervalls von plus/minus einer Standardabweichung, so wurde die Einschätzung des Schulleiters als »Übereinstimmung« kategorisiert. Bei einer Überschätzung schätzt der Schulleiter das Kollegium als belasteter ein als es ist. Bei einer Unterschätzung bewerteten Schulleiter ihr Kollegium als geringer belastet als dies von den Lehrkräften eingeschätzt wurde.

Abbildung 3.4.7: Unter- und Überschätzung des Belastungserlebens durch den
Schulleiter (absolute und relative Häufigkeiten)

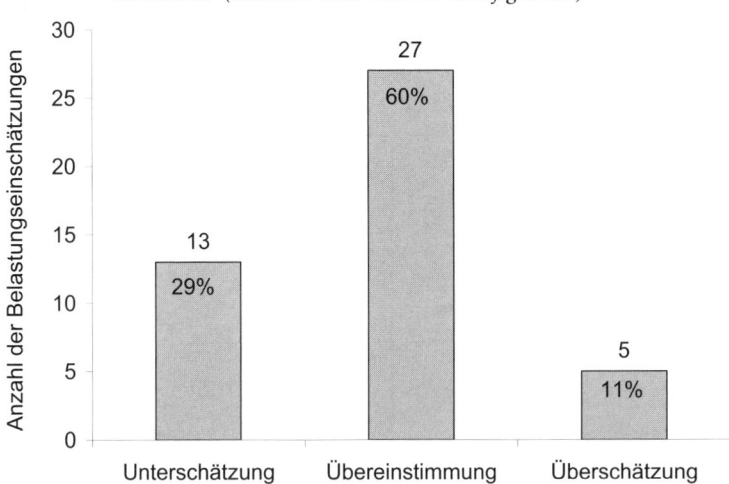

In Abbildung 3.4.7 zeigt sich, dass das Belastungserleben von Schulleitern und
Kollegium in fast zwei Dritteln der Fälle richtig eingeschätzt wird. Mit 29 Prozent
überwiegen die Unterschätzungen gegenüber den Überschätzungen mit 11 Prozent.
Wenn Schulleiter die Belastungen ihres Kollegiums nicht korrekt einschätzen, dann
unterschätzen sie Belastungen eher.

*Gibt es Unterschiede in der Belastungseinschätzung zwischen Grundschulen und
weiterführenden Schulen?*

Die Ergebnisse zeigen, dass Schulleiter die Belastung ihres Kollegiums recht gut
einschätzen können. Können Schulleiter in kleineren Systemen also in Grundschulen
Belastungen besser beurteilen?

Im Folgenden wird zwischen Grundschulen und weiterführenden Schulen differenziert. Es liegt nahe zu vermuten, dass Schulleiter kleinerer Systeme, wie es die
Grundschule darstellt, die Belastungssituation ihres Kollegiums besser einschätzen
können, da der Kontakt zum Kollegium häufig enger ist als in größeren Schulen. Die
Kategorisierung erfolgte wie oben beschrieben für 21 Grundschulen und 24 weiterführende Schulen.

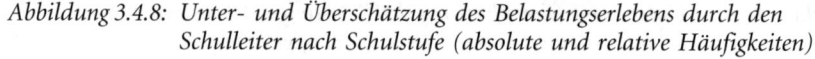

Abbildung 3.4.8: Unter- und Überschätzung des Belastungserlebens durch den Schulleiter nach Schulstufe (absolute und relative Häufigkeiten)

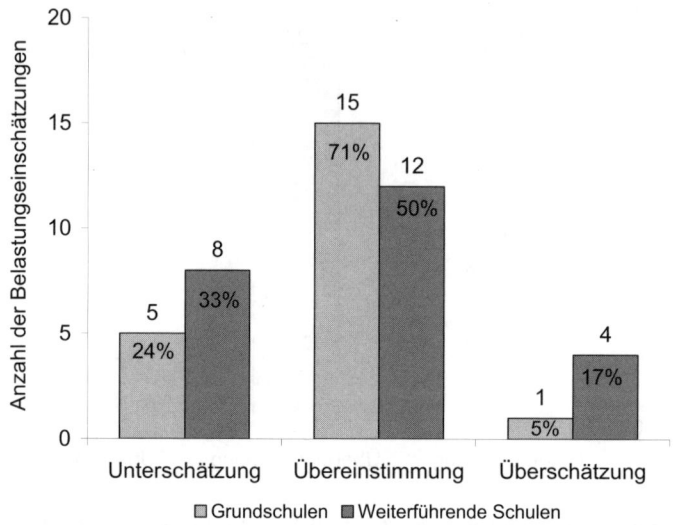

Es zeigt sich, dass etwa 70 Prozent der Schulleiter an Grundschulen in ihrer Belastungseinschätzung mit ihrem Kollegium übereinstimmen. An weiterführenden Schulen ist dies nur bei ca. der Hälfte der Schulen der Fall. Allerdings zeigen unsere Analysen keine signifikanten Unterschiede (*Likelihood-Quotienten-chi*^{2} = 2,76; df = 2; p = ,252) zwischen den Schulstufen. Das Ergebnis kann also nicht gegen den Zufall abgesichert werden. Entgegen unserer Annahme gelingt es also Schulleitungen mit kleineren Kollegien nicht, das Belastungserleben zutreffender einzuschätzen.

Gibt es bestimmte Belastungsbereiche, die weniger gut eingeschätzt werden können?

Bislang wurden lediglich die Gesamtwerte der Belastungseinschätzung von Lehrkräften und Schulleitern verglichen, dies auch hinsichtlich möglicher Unterschiede zwischen den Schulformen. In einem letzten Schritt soll es nun darum gehen, innerhalb der sechs Belastungsbereiche Unterschiede zu identifizieren. Auch hier wurde für jeden der sechs Bereiche die Differenz aus Schulleitereinschätzungswert und Lehrerbelastungswert gebildet. Negative Werte bedeuten demnach eine Unterschätzung, positive Werte eine Überschätzung der Lehrerbelastung durch den Schulleiter.

Tabelle 3.4.7: Unterschiede in den Belastungsbereichen (Differenzwerte)

Belastungsbereiche	Einschätzung Schulleiter	Angabe Lehrkräfte	Differenz
Organisatorische Rahmenbedingungen der Schule (z.B. Anerkennung und Entlohnung, Mitbestimmungsmöglichkeiten, Fortbildungsförderung)	3,44	3,68	-0,23
Schulische Arbeitsorganisation (z.B. Unterrichtsorganisation, Arbeitszeit, Organisationsstruktur, räumliche und materielle Ausstattung)	3,73	3,97	-0,24
Soziale Bedingungen (z.B. Arbeitsklima im Kollegium, Zusammenarbeit mit Eltern und Schülern)	2,76	3,24	-0,48
Konferenz- und Teamebene (z.B. Gremien- und Konferenzarbeit)	3,53	4,78	-1,25
Unterrichtsbedingungen (z.B. Unterrichtsarbeit, Vor- und Nachbereitung, Korrekturen, Verhalten der Schüler im Unterricht)	4,89	4,81	0,08
Aktuelle Reformen (z.B. Kopfnoten, zentrale Prüfungen)	5,93	5,37	0,57

Insgesamt werden die Arbeits- bzw. Belastungsbereiche durch den Schulleiter unterschiedlich gut eingeschätzt ($chi^2 = 49,91; df = 5; p = ,000$). Tabelle 3.4.7 zeigt, dass im Bereich »Unterrichtsbedingungen« die geringsten Unterschiede vorliegen. Hier ist die Wahrnehmung der Belastung durch den Schulleiter und die Lehrkräfte fast identisch. Ein ähnliches Bild zeigt sich für die Bereiche »Organisatorische Rahmenbedingungen der Schule« und »Schulische Arbeitsbedingungen«. Anders sieht es jedoch bei der Einschätzung der Belastung durch die »Konferenz- und Teamarbeit« aus. Hier unterschätzen die Schulleiter die Belastung erheblich, nämlich um mehr als eine Antwortkategorie. Überraschend ist dieses Ergebnis insofern, da Schulleitungen gerade in diesem Arbeitsbereich unmittelbar mit Lehrkräften zusammenarbeiten.

Die Befunde über bereichspezifische Über- oder Unterschätzungen sollten in Schulleitungsfortbildungen aufgegriffen werden. Damit können gezielte Fortbildungen schon im Vorfeld die Wahrnehmung in diesen Feldern verbessern oder gezielt schulen. In Anlehnung an unsere Ergebnisse erscheint es beispielsweise sinnvoll, Kompetenzen zur Leitung sowie zur Vor- und Nachbereitung von Konferenzen (z. B. Moderationstechniken und Methoden der Ergebnissicherung) zu fördern (siehe auch Kapitel 5).

☑ Lehrkräfte erleben vor allem die Reform- und Verwaltungsarbeit als belastend. Lehrkräfte an Grundschulen sind weniger stark durch Faktoren auf organisationaler Ebene belastet als andere Schulformen. Schulleiter können die Belastung ihres Kollegiums gut einschätzen, unterschätzen jedoch die empfundene Belastung durch die Konferenzarbeit.

3.5 Welche individuellen und schulischen Faktoren hängen mit dem Belastungserleben von Lehrkräften zusammen?

Dass Lehrkräfte hohe Belastungen erleben (z. B. BARTH, 1992; SCHAARSCHMIDT, 2005; WEBER, 2004) und vergleichsweise seltener bis zur regulären Altersgrenze arbeiten steht außer Frage (siehe Abschnitt 2.1). Aber wie kann das individuelle Belastungserleben erklärt werden? Einige Forscher widmen sich zur Beantwortung dieser Frage vor allem der einzelnen Lehrkraft (HILLERT & LEHR, 2004; SCHAARSCHMIDT, 2005). Die Schlussfolgerungen betreffen dann meist eine bessere Rekrutierung und Vorbereitung des Lehrernachwuchses oder individuelle Entwicklungsbemühungen, auch in Form von geeigneten Stressbewältigungstrainings. In den meisten Arbeiten zur Lehrergesundheit werden nicht nur individuelle, sondern auch schulische Merkmale im Hinblick auf die Belastungswahrnehmung einbezogen (BÖHM-KASPER, 2004; ČANDOVÁ, 2005; RUDOW, 1994; VAN DICK, 2006). Aber nur wenige Untersuchungen berücksichtigen – wie in der folgenden Analyse – simultan mehrere schulische und individuelle Faktoren auf verschiedenen Ebenen (z. B. SEIBT, HEDUSCHKA, DUTSCHKE, SPITZER & SCHEUCH, 2006).

3.5.1 Herleitung des Auswertungsmodells

In unserem Zweiebenen-Modell geht es darum, das Belastungserleben von Lehrkräften zu erklären. Der Fokus richtet sich damit auf die *Wahrnehmung und Bewertung* von Arbeitssituationen als belastend oder entlastend. Dieser Bewertungsprozess wird von jeder Person unter Berücksichtigung der vorhandenen personalen und situativen Ressourcen vorgenommen (siehe Abschnitt 2.6). Mit diesem Modell werden zunächst keine negativen oder positiven Beanspruchungsreaktionen und Beanspruchungsfolgen erklärt. Zwar haben unsere Analysen gezeigt, dass das Belastungserleben und negative Beanspruchungsfolgen miteinander zusammenhängen (siehe Abschnitt 3.1.3), aber nicht jede belastende Arbeitssituation hat automatisch negative Beanspruchungsfolgen. Ob es zu negativen Beanspruchungsfolgen kommt, ist abhängig von den Ressourcen und der Bewältigung und nicht Gegenstand dieser Analyse. Im Vordergrund unserer Analyse steht die Identifikation von Merkmalen der einzelnen Lehrkraft, der Schule und insbesondere der Schulleitung, die Einfluss auf das Belastungserleben nehmen.

Abbildung 3.5.1: Grafische Darstellung des Auswertungsmodells

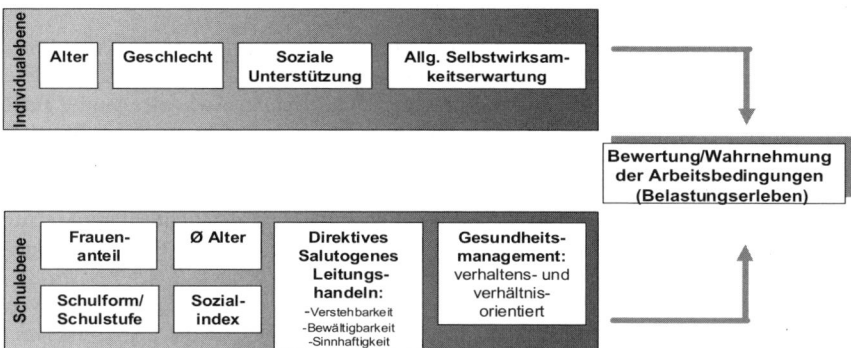

Betrachtet werden zunächst die Prädiktoren auf der Individualebene: Als erklärende soziodemografische Merkmale wurden das Alter und das Geschlecht in das Modell aufgenommen, obwohl geschlechts- und altersspezifische Befunde hinsichtlich negativer Beanspruchungsreaktionen und -folgen häufig widersprüchlich sind. Dies hängt mit verschiedenen Faktoren zusammen: repräsentative Stichproben, Bezugsgruppe (Lehrkräfte), Operationalisierung und Auswahl des Merkmals, mit der negative Beanspruchungsfolgen gemessen werden (z. B. Burnout, psychosomatische Beschwerden, Stress etc.). JEHLE und KRAUSE (1994) konstatieren hinsichtlich Geschlecht und psychosomatischer Beschwerden Unterschiede: Lehrerinnen geben im Vergleich zu Lehrern stärkere Beschwerden in drei von fünf Beschwerdegruppen an: Nervöse Beschwerden, Gliederschmerzen und Erschöpfung. Lehrer leiden hingegen eher unter Magenbeschwerden und Herzbeschwerden. In Bezug auf Burnout sind Einflüsse des Geschlechts und des Alters ungeklärt (SCHMITZ, E., 2004). Im schulischen Kontext erwies sich Burnout als unabhängig von der Geschlechtszugehörigkeit (BAUER & KANDERS, 1999; HEDDERICH, 1997; KRAMIS-AEBISCHER, 1995; SCHMITZ, E. & LEIDL, 1999). Es wurden aber auch immer wieder Geschlechtsunterschiede in Burnout-Subdimensionen gefunden: Lehrer scheinen demnach stärker von Depersonalisierung (BARTH, 1992; GAMSJÄGER & SAUER, 1994; LECHNER et al., 1995; SCHMITZ, G. S., 2001; WEGNER & SZADKOWSKI, 1999) und Lehrerinnen eher von Emotionaler Erschöpfung (MASLACH, 1993; SCHMITZ, G. S., 2001; WEGNER, LADENDORF, MINDT-PRÜFERT & POSCHADEL, 1998) betroffen zu sein. Dass bezüglich des Alters der Lehrkräfte und Burnout immer wieder unterschiedliche Befunde berichtet werden, hängt sicherlich zum einen mit Diskrepanzen von Lebensalter und Dienstalter, aber auch mit der hohen Beanspruchung in den ersten Berufsjahren und der stärkeren Beanspruchung im höheren Alter zusammen. In einfachen Zusammenhangsanalysen überlagern sich diese beiden Effekte. So finden GAMSJÄGER und SAUER (1994) sowie LECHNER et al. (1995) signifikante positive Zusammenhänge zwischen Burnout und Dienstalter, aber BARTH (1990) und KRAMIS-AEBISCHER (1995) keine. VAN DICK (2006) kommt zu dem Schluss, dass es für den Moment genügen muss, sich bewusst zu sein, dass keine berichteten Alters- oder Geschlechtseffekte in Untersuchungen nicht bedeutet, dass auch keine vorhanden sind. Aufgrund dieser unsicheren Befundlage wurden das

Geschlecht und das Alter als Prädiktoren für das Belastungserleben in unser Modell ohne spezifische Hypothese aufgenommen.

Soziale Unterstützung durch das private Umfeld und *allgemeine Selbstwirksamkeitserwartung* sind auch in der Lehrerforschung bedeutsame personale Ressourcen, deren Zusammenwirken mit negativen Beanspruchungsfolgen wie Stress oder Burnout als gut belegt gilt. Von ihnen ist das Stressempfinden, aber auch der Bewältigungsprozess direkt oder indirekt insofern abhängig, als dass sie Belastungsempfinden reduzieren bzw. Auswirkungen von Stressoren puffern (siehe hierzu ausführlich Abschnitt 2.7). Aus Langzeitstudien gibt es hinreichende Befunde für eine direkte Wirkung der sozialen Unterstützung durch Freunde und Ehepartner (vgl. SCHMITZ, E., 2004), daher wird diese Variable zur Vorhersage des Belastungserlebens von Lehrkräften integriert. Zur Erfassung von generalisierten positiven Erwartungshaltungen, zu denen auch das Kohärenzgefühl und die Selbstwirksamkeitserwartung zählen (SCHWARZER & JERUSALEM, 2002), haben wir uns für die allgemeine Selbstwirksamkeitserwartung (SCHWARZER & JERUSALEM, 1999) entschieden, obwohl das Kohärenzgefühl eher unseren theoretischen Überlegungen entspricht. Im Kohärenzgefühl finden sich die drei Dimensionen wieder, die durch das Salutogene Leitungshandeln angesprochen werden, sodass sich dieses Konstrukt angeboten hätte. Dagegen sprach, dass die faktorielle Validität des SOC (Sense of Coherence Scale) mit den drei Dimensionen des Kohärenzgefühls – Verstehbarkeit, Bewältigbarkeit und Bedeutsamkeit – als problematisch gilt (SCHUMACHER, WILZ, GUNZELMANN & BRÄHLER, 2000) und die Items im Kontext unserer Befragung sehr wahrscheinlich zu einer geringen Teilnahmebereitschaft geführt hätten (Beispielitem: »Die Dinge, die Sie täglich tun, sind für Sie...« ist mit einem siebenstufigen Antwortformat versehen, dessen Pole: »eine Quelle tiefer Freude und Befriedigung« und »eine Quelle von Schmerz und Langeweile« sind). Sicherlich wäre es verdienstvoll, die Operationalisierung des Kohärenzgefühls aus den 1980er Jahren im deutschsprachigen Raum weiterzuentwickeln. Längsschnittstudien aus Deutschland (SCHMITZ, G. S., 2001), Kanada (BURKE et al., 1996), den Niederlanden (BROUWERS & TOMIC, 2000) und China (TANG, AU, SCHWARZER & SCHMITZ, 2001) zeigen, dass hohe Selbstwirksamkeitserwartungen das Belastungserleben reduzieren. Dies spricht für die Selbstwirksamkeitserwartung als angemessenen Prädiktor.

Welche Faktoren erklären das Belastungserleben auf der *Schulebene?* Es wurden der *durchschnittliche prozentuale Frauenanteil* und das *durchschnittliche Alter* an jeder Schule ermittelt und integriert. So kann kontrolliert werden, ob Varianzen zwischen den Schulen womöglich aus einem hohen Frauenanteil (z. B. Grundschulen) oder aus älteren Kollegien resultieren, da angenommen werden kann, dass diese Merkmale auf individueller Ebene mit dem Belastungserleben zusammenhängen. Plausibel ist auch anzunehmen, dass das Schülerklientel der Schule Einfluss auf das Belastungserleben der Lehrkräfte an der Schule hat. Daher wurde anhand des *Sozialindexes* der sozioökonomische und kulturelle Hintergrund der Schüler und damit der pädagogische Handlungsbedarf erfasst. TERHART et al. (1994) berichten von schulformspezifischen Belastungen durch das Schülerverhalten in Niedersachsen. So schätzen Lehrkräfte an Realschulen, Hauptschulen und Grundschulen das Verhalten der Schüler als belastender ein. Da der sozioökonomische Hintergrund immer noch stark mit der Schulform gekoppelt ist (BAUMERT & SCHÜMER, 2001; BAUMERT, STANAT & WATERMANN, 2006), wird auch die *Schulform bzw. Schulstufe* als Prädiktor im Modell einbezogen. Die Schulform ist nicht nur für die Schülerklientel, sondern auch für andere, z. B. organisationale Faktoren wie Schulgröße, Kollegiumsgröße, Organisations- und Kommunikationsstruktur etc. eine Trägervariable.

Wird das Leitungshandeln als unterstützend erlebt, kann dies Beschwerden bei Belastungen von Lehrkräften reduzieren (RUDOW, 1994). Aber über das unterstützende Verhalten hinaus sollte theoretisch und empirisch ermittelt werden, mit welchen konkreten Handlungsweisen und Maßnahmen der Schulleiter zur Lehrergesundheit beitragen kann. Das Salutogene Leitungshandeln wurde daher über das *direktive Salutogene Leitungshandeln* und *verhaltens- und verhältnisorientierte Maßnahmen zur Gesundheitsbildung und -förderung* (Gesundheitsmanagement) konzeptioniert. Als ein Merkmal des Salutogenen Leitungshandeln wurde das salutogene Handeln im direkten Umgang mit Lehrkräften in Weisungssituationen erfragt. Der Schulleiter beeinflusst sowohl direkt, personal-interaktiv durch die Person die Lehrkräfte, aber auch indirekt, strukturell-systemisch über geschaffene Strukturen. Zeigt der Schulleiter ein direktives Salutogenes Leitungshandeln, indem er darauf achtet, dass in der Kommunikation oder schulischen Arbeit mit Lehrkräften, die Verstehbarkeit, Bewältigbarkeit und Bedeutsamkeit von Aufgaben oder Aufträgen gefördert wird, stärkt er das Gefühl der Lehrkräfte über genügend Kapazitäten zu verfügen, um die Arbeit zu »meistern« (vgl. hierzu ausführlich Abschnitt 2.5). Dies führt wiederum dazu, dass dies auch wahrscheinlicher gelingt (SCHWARZER & JERUSALEM, 2002). Die Förderung dieses Gefühls bzw. der Selbstwirksamkeitserwartung erfolgt direkt, aber auch indirekt über verhältnis- oder verhaltensorientierte Maßnahmen, welche die Organisation bzw. Struktur, aber auch einzelne Lehrkräfte erreichen. Daher gehört auch die gesundheitsstabilisierende Gestaltung der Arbeitssituation sowie die Förderung der Gesundheit von einzelnen Lehrkräften zu einer gesundheitsorientierten Leitungskonzeption.

3.5.2 Ergebnisse

Mit der vorliegenden Mehrebenenanalyse wird drei zentralen Fragestellungen nachgegangen:

1. *Ist das Belastungserleben an Schulen (Aggregatebene) unterschiedlich stark ausgeprägt? Gibt es also Schulen, die unter ähnlichen schulsystemischen Rahmenbedingungen niedrigere Belastungswerte aufweisen?*
2. *Welche individuellen Merkmale bedingen das Belastungserleben von Lehrkräften? Hier geht es um die Identifikation von personalen Merkmalen, die das Belastungserleben beeinflussen.*
3. *Welche Merkmale auf Aggregatebene (Schule) nehmen Einfluss auf das Belastungserleben? Hier geht es demnach um die Frage: Welche Rahmenbedingungen auf Schul- und Leitungsebene bedingen die Bewertung und Bewältigung von schulischen Belastungen?*

Da keine Daten imputiert wurden, beziehen sich die in diesem Kapitel referierten Ergebnisse der HLM-Analyse nach Ausschluss von Fällen mit fehlenden Werten auf insgesamt 2 667 Lehrkräfte an 116 Schulen (siehe Tabelle 3.5.1).

Tabelle 3.5.1: Reduzierter Datensatz für die HLM-Analyse

Schulform	Rücklauf		Daten der Analyse	
	teilnehmende Schulen	Lehrkräfte der Schulen	Schulen	Lehrkräfte
Grundschule	33	482	33	442
Gymnasium	24	580	21	446
Gesamtschule	23	721	20	585
Berufskolleg	45	1576	42	1194
Gesamt	**125**	**3359**	**116**	**2667**

Laut Simulationsstudien gelten als Faustregel für die Entdeckung von Zusammenhängen auf Aggregatebene 30 Einheiten (Schulen) als optimal und pro Einheit sollten nicht weniger als zehn Individuen (Lehrkräfte) vorliegen, sodass stabile Schätzungen getroffen werden können (BACHMANN, 1998). Der vorliegende Datensatz erfüllt diese Voraussetzungen.

Tabelle 3.5.2: Ergebnisse der HLM-Analyse zur Vorhersage des Belastungserlebens

Prädiktoren	Null-Modell		Ebene 1		Ebene 1+ 2	
	Koeffizient	Std.Fehler	Koeffizient	Std.Fehler	Koeffizient	Std.Fehler
Intercept	4,391***	0,031	4,409***	0,031	4,253***	0,098
Alter			0,006***	0,001	0,006***	0,006
Geschlecht (Referenz: Lehrerinnen)			-0,052	0,028	-0,074**	0,028
Soziale Unterstützung			-0,139***	0,023	-0,132***	0,022
Allg. Selbstwirksamkeitserwartung			-0,438***	0,032	-0,437***	0,032
Durchschnittliches Alter an Schule					0,001	0,057
Frauenanteil an Schule					0,001	0,001
Direktives Salutogenes Leitungshandeln					-0,312***	0,082
Gesundheitsmanagement an Schule					-0,347***	0,078
Sozialindex (Referenz: Schultyp 5)						
Sozialindex: Schultyp 2					-0,095	0,117
Sozialindex: Schultyp 3					-0,073	0,099
Sozialindex: Schultyp 4					0,015	0,101
Schulform (Referenz: Grundschule)						
Schulform: Gymnasium					0,342***	0,078
Schulform: Gesamtschule					0,312***	0,079
Schulform: Berufskolleg					0,221**	0,077
Varianz auf Schulebene	0,084***		0,077***		0,015***	
Varianz auf Individualebene	0,443***		0,400***		0,401***	

Anmerkungen: Dargestellt sind die Regressionskoeffizienten und Standardfehler; *p ≤ 0,05; ** p ≤ 0,01; ***p ≤ 0,001; n = 2667; Metrische Variablen grand mean centered; Sozialindex: Schultyp 5 = ungünstigste soziale Komposition

Ist das Belastungserleben an Schulen unterschiedlich stark ausgeprägt?

Das Nullmodell weist signifikante Varianz sowohl auf Individual- als auch auf Schulebene auf. So zeigt die Anpassung des unkonditionalen Modells, dass circa 16 Prozent der Varianz im individuellen Belastungserleben auf die Schulzugehörigkeit zurückzuführen ist. Der Großteil der Varianz wird vor allem über individuelle Merkmale bestimmt, allerdings zeigen die 16 Prozent, die auf die Einzelschule zurückgeführt werden können, dass nicht zu einem unerheblichen Anteil auch schulische Faktoren dazu beitragen, dass die dort arbeitenden Lehrkräfte mehr oder weniger beansprucht sind. Auch Rose, Seibt und Galle (2006) verglichen den gesundheitlichen Status von Lehrkräften verschiedener Schulen und konnten etwa acht Prozent der gesundheitlichen Unterschiede zwischen Lehrkräften durch die Schulzugehörigkeit erklären. Trotz gleicher per Gesetz definierter Aufgaben, Funktionen und Rahmenbedingungen auf Ebene des Bildungssystems (Makroebene), ist an einigen Schulen (Mikroebene) das Kollegium weniger beansprucht. Welche schulischen Merkmale damit zusammenhängen, wird im Weiteren erläutert. Mit den hinzugefügten Merkmalen konnten auf individueller Ebene acht Prozent und auf schulischer Ebene dreizehn Prozent der Varianz aufgeklärt werden.

Abbildung 3.5.2: Zerlegung der Gesamtvarianz in individuelle, schulische sowie aufgeklärte Varianzanteile

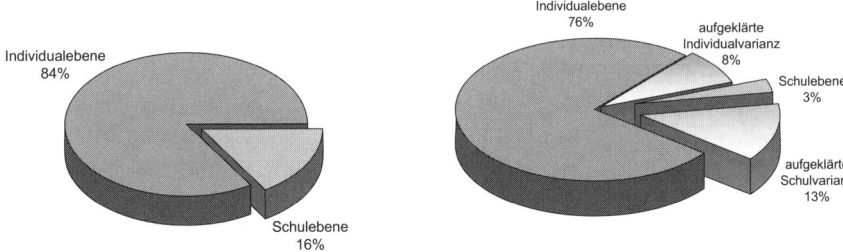

Welche individuellen Merkmale bedingen das Belastungserleben von Lehrkräften?

Das Belastungserleben wird vor allem durch individuelle Merkmale (84 %) bestimmt. Von dieser Individualvarianz konnten etwa 8 Prozent hypothesenkonform über die Prädiktoren Alter, Geschlecht und soziale Unterstützung sowie Selbstwirksamkeit erklärt werden. Erfahren Lehrkräfte höhere soziale Unterstützung durch Bekannte, Freunde oder Verwandte, so ist das Belastungsleben geringer. Dieser Befund bestätigt die in der Lehrerforschung mehrfach in Untersuchungen nachgewiesene Bedeutung der Ressource »soziale Unterstützung« für die Gesundheit der Lehrkräfte (vgl. Beehr, 1995; Schmitz, E., 2004; van Dick, 2006).

Der größte Effekt der personalen Faktoren ist die Selbstwirksamkeitserwartung. Lehrkräfte, die sich mehr zutrauen, erleben die Belastungen geringer. Somit konnte auch die Relevanz einer generalisierten positiven Erwartungshaltung für die Wahrnehmung und Bewältigung belastender Arbeitssituationen aufgezeigt und die Befunde von z. B. SCHMITZ, G. S. (2001), BURKE et al. (1996), BROUWERS und TOMIC (2000) und BÖHM-KASPER (2004) bestätigt werden.

Lehrer hingegen fühlen sich etwas weniger beansprucht als Lehrerinnen. Noch geringer sind die Zusammenhänge bezüglich des Alters: so nehmen ältere Lehrkräfte stärker Belastungen wahr als Jüngere. Allerdings ist die Signifikanz dieses geringen Wertes sicherlich der großen Stichprobe auf Individualebene geschuldet. Daher sollte der Zusammenhang zwischen negativen Beanspruchungen bzw. Belastungserleben und soziodemografischen Merkmalen vorsichtig interpretiert werden. Darum kann auch diese Analyse wenig zur Klärung der unsicheren Befundlage beitragen (siehe Abschnitt 3.5.1).

Auf individueller Ebene könnten noch weitere Komponenten wie Lehrdeputat etc. zur Erklärung des Belastungserlebens herangezogen werden. Da unser Fokus auf der Schulebene liegt, haben wir uns vor allem auf die schulischen Merkmale und das Leitungshandeln konzentriert.

Welche Merkmale auf Schulebene nehmen Einfluss auf das Belastungserleben?

Der deutlich kleinere Varianzanteil (16 %) der Gesamtvarianz lässt sich auf Einflüsse der Einzelschule zurückführen. Hier kann ein großer Anteil (13 % von 16 % bzw. 82 %) durch das direktive Salutogene Leitungshandeln des Schulleiters, das Gesundheitsmanagement an der Schule und die Schulformzugehörigkeit erklärt werden, wohingegen die Ausgangslage (Sozialindex) der Schule keine Rolle spielt. Auch das durchschnittliche Alter oder der Frauenanteil an der Schule ist ohne Bedeutung für das individuelle Belastungserleben.

Unseren Erwartungen entsprechend spielt das Salutogene Leitungshandeln eine große Rolle für die Gesundheit der Lehrkräfte. Den größten Einfluss der schulischen Merkmale auf das Belastungserleben der Lehrkräfte hat das schulische Gesundheitsmanagement. Werden verhältnis- und verhaltensorientierte Maßnahmen zur Gesundheitsbildung und -förderung, die sowohl die einzelne Lehrkraft als auch die Arbeitsbedingungen betreffen, an der Schule umgesetzt, so ist das Belastungserleben geringer. Auch das direktive Salutogene Leitungshandeln verringert die erlebte Belastung. Dies spricht dafür, dass der Schulleiter nicht nur direkt, personal-interaktiv durch seine Person die Lehrkräfte, sondern auch indirekt, strukturell-systemisch über geschaffene Strukturen deren Gesundheit beeinflusst.

Erstaunlich ist jedoch, dass der pädagogische Handlungsbedarf bzw. das Schülerklientel keinen signifikanten Einfluss auf das Belastungserleben der Lehrkräfte hat. Zwar weisen die Koeffizienten tendenziell in die erwartete Richtung: Je weniger pädagogischer Handlungsbedarf besteht, desto geringer nehmen die Lehrkräfte an der Schule Belastungen wahr. Die Unterschiede sind jedoch nur gering und nicht signifikant. Die Operationalisierung erfolgte aus ökonomischen Gründen über die Angaben des Schulleiters, der das sozioökonomische und kulturelle Kapital der Schülerschaft einschätzte. Kein Schulleiter stufte die Schule in die Kategorie 1 (günstigste soziale Komposition) ein. Wie andere Befunde (BONSEN, BOS, GRÖHLICH et al., 2008; WENDT, SCHARENBERG, BONSEN, BOS & GRÖHLICH, 2008) zeigen, sind die Einschätzungen über die Schulleitung vorsichtig zu interpretieren. So kommen die

Autoren zwar zu dem Schluss, dass der Sozialindex als Indikator im Rahmen wissenschaftlicher Bildungsstudien tauglich sein kann, aber kein geeignetes Instrument der Systemsteuerung darstellt. Das hier vorliegende Ergebnis sollte daher in weiteren Untersuchungen mit Schüler- und Elterndaten validiert werden.

Wie schon die Betrachtungen und die Auswertungen des Belastungserlebens nach Schulformen andeuteten, erwies sich die Schulform bzw. Schulstufe als einflussreich. Unter Kontrolle aller Prädiktoren haben Lehrkräfte an Grundschulen ein signifikant geringeres Belastungserleben. Im Vergleich zur Grundschule fühlen sich Gymnasiallehrkräfte deutlich stärker beansprucht. Auch Gesamtschullehrkräfte haben ein deutlich höheres Belastungserleben als Grundschullehrkräfte, wohingegen sich Lehrkräfte an Berufskollegs signifikant, aber weniger stark von ihnen abheben. So kann konstatiert werden, dass die Grundschule eine Sonderstellung einnimmt. Die nähere Betrachtung der Belastungsfaktoren in Abschnitt 3.4.1 zwischen den Primarschulen und Sekundarschulen identifiziert vor allem unterschiedliche Bewertungen von Arbeitsbedingungen, die das Organisationsklima/soziale Klima und die Arbeitsorganisation/Arbeitsbedingungen des Unterrichts betreffen.

Ausblick für weitere Forschungsaufgaben

Nun sollten weitere Analysen erfolgen, die das Verhältnis von Belastungserleben und langfristigen Beanspruchungsfolgen weiter klären. Ebenso sind Strukturgleichungsmodelle notwendig, um die Beziehung der Merkmale untereinander zu untersuchen, um so theoretische Annahmen z. B. über den vermittelten Einfluss des Salutogenen Leitungshandelns auf die Selbstwirksamkeitserwartung zu prüfen. Wie sich zeigte, ist Selbstwirksamkeitserwartung eine wichtige personale Ressource für die Gesundheit. Allerdings wird diese personale Ressource durch die Arbeitssituation beeinflusst. Sind die Arbeitsbedingungen so, dass erstens problematische Situationen (z. B. Informationsdefizit) und zweitens eine nicht hinreichende Bewältigung dieser von der Schulleitung ständig betont und zurückgemeldet wird, kann sich dies auf die Selbstwirksamkeitserwartung auswirken. Denn dies entsteht bzw. wird u. a. beeinflusst durch die Wahrnehmung von eigenen Erfolgen und Misserfolgen (SCHWARZER & JERUSALEM, 2002). Daher ist der schulische Einfluss auf die Bewertung und Bewältigung von Arbeitssituationen sicherlich noch größer als angenommen wird. Weiterhin ist es notwendig, das Salutogene Leitungshandeln für den Schulkontext auszudifferenzieren und weitere Indikatoren auch im strukturell-systemischen Bereich zu identifizieren. Beispielsweise ist anzunehmen, dass Schulqualitätsmerkmale wie Feedback und Kooperation ebenso personale Ressourcen der Lehrkräfte fördern.

☑ Schulen haben trotz ähnlicher Rahmenbedingungen ein unterschiedlich starkes Belastungserleben. Geringer als alle anderen Schulformen nehmen Kollegien an Grundschulen Belastungen wahr. Wie hoch das Belastungserleben von Lehrkräften ist, hängt mit ihrer sozialen Unterstützung aus dem privaten Umfeld und ihrer Selbstwirksamkeitsüberzeugung zusammen. Aber auch das Gesundheitsmanagement und das direktive Salutogene Leitungshandeln spielen eine Rolle für das Belastungserleben.

3.6 Das Bewusstsein für Gesundheit: Was verstehen Schulleiter unter Gesundheit und Gesundheitsmanagement? Zwei Interviewbeispiele

In den letzten Kapiteln wurde deutlich: Schulleiter sind als »Innenarchitekten« (ROLFF, 2006) für die Qualität und damit auch für die Gesundheit an einer Schule verantwortlich. Gesundheitsmanagement ist originäre Führungsaufgabe (RUDOW, 2004). Langfristig kann die Gesundheit eines Kollegiums nur dann erhalten werden, wenn Aufgaben der Gesundheitsförderung durch den Schulleiter wahrgenommen und institutionalisiert werden (vgl. Abschnitt 2.5). Ergebnisse der Forschungsgruppe um den Arbeitswissenschaftler IVARS UDRIS (1994) konnten zeigen, dass die Gesundheit von Mitarbeitern überwiegend von Führungskräften *nicht* als Führungsaufgabe verstanden wird. In qualitativen Interviews äußerten die befragten Führungskräfte aus dem Wirtschaftsbereich, dass Angestellte allein für ihre eigene Gesundheit die Verantwortung tragen. Auch STROBEL und WITTMANN (1996) konnten im Rahmen ihrer Studie berichten, dass vielen Vorgesetzten nicht bewusst ist, welche zentrale Rolle sie hinsichtlich der Gesundheit ihrer Mitarbeiter inne haben.

Jedoch: Die Wahrnehmung von Gesundheit als Führungsaufgabe kann als eine der grundlegenden Bedingungen erfolgreicher Gesundheitsförderung bezeichnet werden (RUDOW, 2004). Führungskräfte – also auch Schulleiter – benötigen daher ein umfangreiches Wissen und Bewusstsein über indirekte und direkte Zusammenhänge zwischen Leitungshandeln und Gesundheit. Sie nehmen bei der Gestaltung von Arbeitsbedingungen, der Personalentwicklung und -pflege eine Schlüsselrolle ein und können darüber hinaus durch spezifisches Leitungshandeln das Belastungserleben reduzieren und die Gesundheit ihrer Mitarbeiter bewahren und entwickeln (vgl. RUDOW, 2004).

Im Rahmen einer Vorstudie der hier vorliegenden Untersuchung wurden insgesamt 32 Schulleiter mit einem standardisierten Leitfaden zur Gesundheitsthematik interviewt. Unsere Analysen ergaben eine große Bandbreite unterschiedlichster Ansichten und subjektiver Theorien über Gesundheit. Das Bewusstsein bzw. das Verständnis von Gesundheit und Gesundheitsförderung ist also auch im Schulbereich sehr unterschiedlich differenziert. Zur Veranschaulichung dieser Vielfalt stellen wir im Weiteren zwei kontrastierende Fälle dar, die mittels *theoretical sampling* (LAMNEK, 2005) ausgesucht wurden. Hierbei kommt es darauf an, möglichst gegensätzliche Fälle zu identifizieren und diese Gegensätzlichkeit der Extremfälle herauszuarbeiten. Die von uns ausgewählten Schulleiter sind somit nicht prototypisch für die von uns befragten Schulleiter, verdeutlichen aber die Spannweite.

Bei den ausgewählten Interviewbeispielen handelt es sich um die Schulleiterin einer Grundschule und um den Schulleiter eines Gymnasiums. Für die hier dargestellten Ergebnisse greifen wir auf Interviewfragen zum Verständnis von Gesundheit und von einer »gesunden Schule« zurück. Die erfragten Themenbereiche und Interviewfragen sind im Folgenden aufgeführt:

1. Verständnis von Gesundheit und Gesundheitsmanagement

   Was ist für Sie eine gesunde Lehrkraft?

   Was ist für Sie Gesundheitsmanagement?

2. Schulische Belastungsfaktoren

Was sind belastende Faktoren für Lehrkräfte an Ihrer Schule?

Wie erfahren Sie als Schulleiter etwas über den Gesundheitszustand der Lehrkräfte?

3. Eigene Rolle für die Gesundheitsförderung an der Schule

Was tun Sie als Schulleiter in Ihrer Schule für die Förderung der Gesundheit der Lehrkräfte?

4. Eigene Fortbildungsbedarfe zur Gesundheitsthematik

In welchen inhaltlichen Bereichen des Gesundheitsmanagements sehen Sie für sich, aber auch für die von Ihnen mit Gesundheitsaufgaben betrauten Lehrkräfte noch Fortbildungsbedarf?

In einem vorab zugestellten Kontextfragebogen wurden die Schulleiter neben allgemeinen Fragen zur Schulleitertätigkeit zusätzlich gefragt, welche konkreten Maßnahmen es an der Schule zur Förderung der Gesundheit von Lehrkräften gibt.

Die Leitfadeninterviews wurden von Oktober bis Dezember 2007 von ein bis zwei Mitgliedern des Forschungsteams durchgeführt und in voller Länge aufgezeichnet. Ort der Befragung war in der Regel das Dienstzimmer des Schulleiters. Die Dauer der Gesamtinterviews lag zwischen 45 und 135 Minuten – ein Zeitlimit wurde nicht gesetzt. Die Interviews waren als Einzelinterviews konzipiert, wurden auf Wunsch jedoch auch zusammen mit dem stellvertretenden Schulleiter durchgeführt. Die Interviews wurden wortgenau transkribiert und für weitere Analyseprozesse aufbereitet.

Die Fallbeschreibungen sind natürlich anonymisiert und für Außenstehende in keiner Weise identifizierbar. Die Interviewbeispiele sind im Zusammenhang mit einem unterschiedlichen Bewusstsein von Schulleitern für die Gesundheit der Mitarbeiter zu sehen. Sie sind weiterhin ein Versuch, sich dem unterschiedlichen Gesundheitsverständnis von Leitungspersonen in der schulischen Praxis anzunähern. Das Gesundheitsbewusstsein der Schulleiter für ihr Kollegium wird anhand der genannten Fragestellungen expliziert und anhand von Interviewbeispielen im Weiteren belegt.

Der Schulleiter des ersten Interviewbeispiels[12] ist seit zwanzig Jahren Schulleiter eines städtischen Gymnasiums und wird im Weiteren als *Herr K.* bezeichnet. Das Kollegium an seinem Gymnasium umfasst ca. 60 Lehrkräfte. Die Schule befindet sich in einem Stadtteil mit hohem Akademikeranteil. Nur ein Viertel der Schüler weisen einen Migrationshintergrund auf. Aus dem vorab zugestellten Kontextfragebogen geht hervor, dass Schulleiter K. bisher an keiner speziellen Fortbildung zum Thema Gesundheit teilgenommen hat. Auch die Frage nach konkreten Maßnahmen zur Förderung der Gesundheit der Lehrkräfte an dieser Schule wird verneint.

---

12 Alle wörtlichen Zitate sind in den Fallbeschreibungen kursiv gedruckt und entstammen dem Interviewteil mit der jeweiligen Schulleitungsperson.

Demgegenüber werden Aussagen einer Schulleiterin gestellt, die seit dreizehn Jahren Rektorin einer städtischen Grundschule mit derzeit ca. 25 Lehrkräften ist. Die Schule liegt in einem Brennpunktbezirk: Ein Großteil der Schüler lebt in Familien mit geringem Einkommen. Etwa ein Drittel der Familien ist auf zusätzliche finanzielle Hilfen angewiesen. Die Schule zeichnet sich durch einen hohen Anteil an Schülern mit Migrationshintergrund aus (etwa zwei Drittel). Aus dem Kontextfragebogen der Schulleiterin wird ersichtlich, dass auch die Schulleiterin, die im Folgenden *Frau A.* genannt wird, bisher an keiner speziellen Fortbildung zum Thema Gesundheit teilgenommen hat. Bei der anschließenden Frage nach konkreten Maßnahmen zur Förderung der Gesundheit der Lehrkräfte an dieser Schule nennt die Schulleiterin *Teamarbeit, Unterstützungsstrukturen und gemeinsame Rituale* (Schulleiterin A.).

3.6.1 Verständnis von Gesundheit und Gesundheitsmanagement

Die erste einleitende Frage, bei der es um das **Verständnis einer gesunden Lehrkraft** geht, zeigt, dass dies kein Thema ist, mit dem sich Herr K. bisher intensiv auseinander gesetzt hat:

»Da bin ich aber nun völlig überfragt. Weiß ich nicht. Jemand der nicht krank ist, der in vernünftigem Maße belastbar ist. Ich bin kein Arzt. Keine Ahnung. Weiß ich nicht.« (Schulleiter K.)

Hier wird zum einen das noch weit verbreitete medizinische Verständnis von Gesundheit als Abwesenheit von Krankheit deutlich. Auf der anderen Seite offenbart Herr K. ein eher pragmatisches Verständnis von einer gesunden Lehrkraft als *»in vernünftigem Maße belastbar«*. Hingegen antwortet Frau A. auf die erste Interviewfrage im Sinne eines Gesundheitsverständnisses, wie es von der WHO (1948) definiert wird:

»Eine gesunde Lehrkraft ist jemand, der mit Freude seinem Beruf nachgeht, der einfach frei ist, sich den Kindern zuzuwenden. Das ist für mich eine gesunde Lehrkraft, die ihren Beruf als befriedigend erlebt. Die aber auch darüber hinaus nicht nur für den Beruf lebt, sondern einfach auch noch andere Felder hat, die sie erfüllen und die sie ausfüllt.« (Schulleiterin A.)

Aus dieser Aussage wird deutlich, für Frau A. fühlt sich eine gesunde Lehrkraft sowohl im Beruf als auch bei Freizeitaktivitäten wohl und kann sich entfalten.

Auch die sich anschließende Frage nach dem **Verständnis von Gesundheitsmanagement** zeigt, dass bei Herrn K. bisher kein differenziertes Bewusstsein um Methoden und Aspekte der gesundheitlichen Organisationsgestaltung vorliegt:

»Darüber habe ich mir noch überhaupt keine Gedanken gemacht oder ganz wenig Gedanken gemacht. Wer also krank ist oder irgendetwas anderes hat, oder laufend krank ist, muss zum Arzt gehen. Bin ich nicht für zuständig. Und das (...) wir (...) hier bei Schwangeren noch irgendwelche Beratungstätigkeiten ausüben sollen, das hat zwar einen großen Erheiterungswert, aber einen praktischen Wert hat das nun überhaupt nicht. Ich meine gut, das Kollegium hat sich totgelacht als ich das gesagt habe, dass Schwangerenberatung jetzt bei mir stattfinden könnte. Das hat man Gott

sei Dank ja dann zurück genommen. Aber das sind auch so typische Geschichten, damit habe ich nichts zu tun. Das kann ich auch nicht. Das ist Anmaßung, wenn ich mir da etwas einbilden würde, das zu können.« (Schulleiter K.)

Die Beispiele verdeutlichen zunächst, dass Herr K. sich weder als Initiator noch als Verantwortlicher für Gesundheitsmanagement, bzw. eines Arbeits- und Gesundheitsschutzes sieht, wie es z. B. im Schulgesetz NRW (2006) in § 59 Abs. 8 gesetzlich festgeschrieben ist. Herr K. sieht Gesundheitsmanagement und -förderung weder als Teil seiner eigenen Aufgaben noch als Teil von Schulentwicklung. Gesundheit passiert vor allem außerhalb der Schule. Von der Unterstützung der Lehrkräfte, z. B. bei der Entwicklung gesundheitsförderlicher Verhaltensweisen, distanziert sich Herr K., was in folgender Aussage deutlich wird:

»Also wenn ich auch noch für die Gesundheit meiner Kollegen verantwortlich sein sollte, bin ich froh, dass meine Dienstzeit beschränkt ist.« (Schulleiter K.)

In Fallbeispiel zwei wird demgegenüber jedoch ein deutlich umfassenderes Gesundheitsverständnis von Frau A. klar umrissen:

»Für mich ist Gesundheitsmanagement, (das) sind so zwei Aspekte: Einmal diese Rahmenbedingungen, die Sicherheitsbestimmungen, darauf zu achten, dass die eingehalten werden. Aber für mich ist dieser Bereich auch, dafür zu sorgen, dass es hier eine Form von seelischer Gesundheit des Lehrerberufs gibt. Das ist für mich noch stärker in der Verantwortung. Für das eine gibt es Checklisten, da hake ich ab, alles erfüllt, alle Feuerlöscher sind am Ort und ich weiß nicht was. Das Andere, das muss ich mit meiner Person ein bisschen ausfüllen. Und da gehören die Bereiche rein: Wer kann mit wem zusammen. (...) Also ich gucke sehr genau, wer unterstützt wen, wer ergänzt wen, in der Art, wie ich den Stundenplan zusammenstelle. Ich versuche den Menschen ganzheitlich zu erfassen und versuche da auch Unterstützungsbedarfe wahrzunehmen.« (Schulleiterin A.)

Im Unterschied zum eher wenig differenzierten Verständnis von Gesundheitsmanagement des ersten Interviewbeispiels – der Schulleiter erklärt, für Gesundheitsmanagement in der Schule *nicht zuständig* zu sein – ist die Vorstellung von schulischem Gesundheitsmanagement im zweiten Beispiel deutlich differenzierter. Zunächst äußert Frau A. ein eher technisches Verständnis, welches die Kontrollpflicht beinhaltet. Im Sinne des Schul- oder Arbeitsschutzgesetzes wird die Sicherheit und der Gesundheitsschutz der Lehrkräfte durch Maßnahmen des Arbeitsschutzes gesichert und verbessert (z. B. Arbeitsschutzgesetz, 1996). Die Schulleiterin schafft *Rahmenbedingungen* und arbeitet *Checklisten* ab. Hier werden damit Maßnahmen der Verhaltens- und Verhältnisprävention angesprochen. Darüber hinaus ergänzt sie, dass auch *die seelische Gesundheit im Kollegium* wichtig ist. Dadurch wird deutlich, dass ihr Verständnis von Gesundheitsmanagement kein rein technisches ist, sondern auch psychosoziale Aspekte und die psychische Gesundheit von Lehrkräften dazu gehören. Dies liegt ebenfalls in ihrer Verantwortung, da die Aufgaben von *ihrer Person ausgefüllt* werden. In erster Linie spricht sie von der Wichtigkeit, dass die Passung zwischen Person und Aufgaben stimmt – hier lässt sich vermuten, dass die Schulleiterin die vorhandenen Ressourcen und Fähigkeiten der einzelnen Lehrkräfte sehr gut einschätzen kann. Dieses Wahrnehmen von Wünschen und Hoffnungen durch die Schulleiterin führt im Sinne des Gesundheitsverständnisses der WHO (1986) zu einem gesteigerten Wohlbefinden. Weiterhin ist anhand des zweiten Beispiels ein Leitungsverständnis zu erkennen, das Zusammenhänge zwischen Gesundheit, Wohlbefinden und Leitung herstellt, da die Schulleiterin mit ihrer Person auch für *»seelische Gesundheit«* verantwortlich ist.

Aus diesen Überlegungen heraus zeigt sich, wie wichtig zunächst einmal die Entwicklung eines (Leitungs-)Bewusstseins ist, um die Notwendigkeit von Gesundheitsförderung an der Schule und indirekte und direkte Zusammenhänge zwischen Leitung und Gesundheit zu erkennen und wahrzunehmen. Erst aufgrund dieser gesteigerten Wahrnehmung kann es gelingen, angemessene Maßnahmen zur Erhaltung und Förderung der Gesundheit der Lehrkräfte zu ergreifen.

3.6.2 Schulische Belastungsfaktoren

Generell liefern Studien zu Belastungsfaktoren im Lehreralltag recht unterschiedliche Ergebnisse, was mit der Stichprobe, der Erhebungsmethode und den ausgewählten Belastungsfaktoren zusammen hängen kann. In verschiedenen Untersuchungen (vgl. VAN DICK, 2006) werden von den Lehrkräften vor allem zu **große Klassen, Probleme mit Schülern, Kollegen und Eltern** und **administrative Probleme** sowie die **fehlende Anerkennung** durch die Öffentlichkeit benannt.

Herr K. betont, dass schulische Belastungen für Lehrkräfte in den letzten Jahren deutlich gestiegen sind. Er verdeutlicht dies anhand eines höheren Unterrichtsdeputats und der damit verbundenen Mehrarbeit bei Gymnasialkräften:

»Seit den 90er Jahren drei Stunden mehr am Gymnasium, da können Sie von ausgehen, das ist ein ganzer Kurs.« (Schulleiter K.)

Belastungsfaktoren an der eigenen Schule sieht Herr K. vor allem von außen kommend. Hierbei unterscheidet er Belastungen, die durch Reformen entstehen und Belastungen, die sich aus einer veränderten Schülerklientel ergeben:

»Belastende Faktoren sind das, was ich eben schon einmal gesagt habe, das, was von außen kommt, sehr sehr viel, was an Neuerungen kommt. Und kaum ist es da, dass schon wieder was Neues kommt. Oder die zentralen Prüfungen. Das belastet dann natürlich, weil etwas anderes dann zurückgestellt werden muss oder unheimlich schnell durchgezogen werden muss.« (Schulleiter K.)

Undisziplinierte Schüler, bei denen schulische Konzepte und Maßnahmen nicht greifen, stellen einen der Hauptbelastungsfaktoren dar. Dies korrespondiert mit gängigen Forschungsergebnissen (u. a. CANDOVÁ, 2005; SCHAARSCHMIDT, 2002; VAN DICK, 2006), wonach Lehrkräfte vor allem die Disziplin der Schüler als einen sehr belastenden Faktor am Arbeitsplatz Schule erleben.

»Also belastend ist sicherlich auch, dass die Kinder im Laufe der Zeit ein bisschen anders geworden sind. Also das ist schon ein bisschen schwieriger geworden mit denen umzugehen. Ich sag mal, eine Arbeitsatmosphäre zu schaffen geht nicht mehr so einfach.« (Schulleiter K.)

Es wird deutlich, dass er kaum Spielraum sieht, um Belastungen aufzufangen. Drei Krankmeldungen führen zu einem starken Belastungserleben im Kollegium. Der derzeitige Krankheitsstand an der Schule wird nicht beeinflussbaren bzw. unbekannten Umständen zugeschrieben:

»Im Augenblick haben wir Glück, dass keiner lange krank ist. Bei uns wird alles unterrichtet. Drei werden krank, ist es vorbei. Dann wird die Belastung stärker.« *(Schulleiter K.)*

Auch im zweiten Fallbeispiel (Frau A.) werden schulische Belastungsfaktoren für Lehrkräfte zunächst über das Schülerklientel bzw. die Arbeit mit Schülern wahrgenommen:

»Es gibt belastende Faktoren, die immer dann da sind, wenn es um Kinder geht. Wenn man sieht, da ist ein Kind, da hat man alles versucht, da hat man an Unterstützung gegeben und da laufen wir manchmal schon gegen Gummiwände. Gott sei Dank nicht in vielen Fällen, weil, es gelingt uns in sehr vielen Fällen, da auch eine Zusammenarbeit mit der Familie zu erreichen, aber es gibt schon auch Fälle, wo man sagt, da müsste jetzt eigentlich (...). Und da wissen wir aber auch, da endet unsere Möglichkeit. Und das nimmt man aber auch schon mit nach Hause.« *(Schulleiterin A.)*

Allerdings wird der Schwerpunkt, der in der schulischen Arbeit mit einem hohen Belastungserleben einhergeht nicht in der Disziplinlosigkeit von Schülern gesehen, sondern im Umgang mit Misserfolgen beim Erreichen von Zielen, die mit großem Engagement verfolgt wurden. Hiermit spricht die Schulleiterin einen weiteren wesentlichen Aspekt des Lehrerberufs an: Lehrkräfte nehmen Probleme auch schon einmal »mit nach Hause«. Durch die Aussage der Schulleiterin wird betont, dass Lehrkräfte sich in ihrem beruflichen Alltag mit viel Unvollkommenen und dem Gefühl des Nicht-Fertig-Seins abfinden müssen. SCHAARSCHMIDT (2005) schreibt hierzu, dass die Arbeit mit Menschen in der Regel mit stärkeren Emotionen verbunden ist als sachliche Tätigkeiten. Enttäuschungen, Ärger und Kränkungen wirken daher stärker nach. Frau A. ergänzt dazu:

»Eine (...) Lehrerin [kann] verbrennen, wenn sie versucht, für die vielen Fälle in ihrer Klasse auch noch Sozialarbeiterin zu sein.« *(Schulleiterin A.)*

Das Zitat hebt einen weiteren Belastungsfaktor im Umgang mit Schülern hervor. So erleben Lehrkräfte die vermehrte Übernahme von Erziehungspflichten und das stärkere Agieren als »Sozialarbeiter« als Belastung (ebd.). Frau A. weist auch in diesem Zusammenhang auf die Gefahr von Burnout hin. So kann Burnout z. B. entstehen, wenn sich Lehrkräfte dauerhaft emotional überfordert und von Kontakten mit anderen Menschen ausgelaugt fühlen (BARTH, 1992). Die sozialpädagogische Arbeit führt damit zu einem hohen Belastungserleben. Hierfür sind Lehrkräfte jedoch nicht ausreichend ausgebildet.

Von zentraler Bedeutung für die Gesundheitsförderung ist damit das Wissen um Belastungsfaktoren und die Gesundheit der Lehrkräfte an der Schule. Daher wurde erfragt, wie Schulleiter von kranken oder belasteten Lehrkräften erfahren. Herr K. antwortet auf die Frage:

»*Also, es ist häufig, dass die mir das selber sagen. Und wir haben sehr, sehr viele Teilzeitkräfte (...). Sehr viele davon auch, die sagen, ich schaffe das nicht mehr, mit den Korrekturen usw. Und wer das* (Anm: Teilzeit) *will, hat seine Gründe. Insofern, ich erfahre es direkt.*« *(Schulleiter K.)*

Über die Gesundheit der Lehrkräfte erfährt Herr K. dann, wenn die Lehrkräfte Teilzeit in Anspruch nehmen, da sie die Arbeit sonst nicht mehr bewältigen können. Warum Lehrkräfte ihre Arbeitszeit reduzieren, ist für Herrn K. vor allem individuellen und persönlichen Gegebenheiten geschuldet, da sie schon »*ihre Gründe haben, um Entlastung zu bitten*«. Auch Teile des Kollegiums unterrichten den Schulleiter über hohes Belastungserleben von Lehrkräften. Er weist darauf hin, dass er in einigen Fällen (möglicherweise je nach Belastungsfaktor) Gespräche anbietet. In welchen Fällen dies geschieht, bleibt jedoch offen:

»*Manchmal sagen mir auch Kollegen: Reden Sie mal mit dem und dem, der ist völlig daneben. Und das ist ein Angebot, das kann man dann machen, das kann man aber auch sein lassen.*« *(Schulleiter K.)*

Wie auch der Schulleiter des ersten Interviewbeispiels erfährt die Rektorin Frau A. zunächst »klassisch« über Krankmeldungen etwas über erkrankte Lehrkräfte. Darüber hinaus gibt sie aber weiterhin an, hohes Belastungserleben der Lehrkräfte infolge ihrer Präsenz oder durch Gesprächsangebote wahrzunehmen:

»*Ganz klassisch durch Krankmeldungen, das merkt man schon. Aber auch dadurch, dass ich zuhöre. Das ich einfach mitkriege, dass ich einfach da bin, wenn erzählt wird. Und ich weiß sehr viel über Lehrkräfte.*« *(Schulleiterin A.)*

3.6.3 Eigene Rolle für die Gesundheitsförderung an der Schule

Schulleiter haben zahlreiche Möglichkeiten, auf die Gesundheit ihrer Lehrkräfte einzuwirken. Es ist möglich, am Arbeitsplatz Schule Stressoren, aber auch Ressourcen zu identifizieren, um eine gesundheitsfördernde Arbeitsplatzsituation in der Schule schaffen zu können. Auf die Frage, was der Schulleiter tun kann, um Lehrkräfte an der Schule zu entlasten, sieht Herr K. sich eher in einer schützenden, denn gestaltenden Rolle:

»*Man* (kann) *ein Kollegium entlasten von Arbeit, indem man nicht hinter allen Geschichten, die angeboten werden, von wem auch immer, hinterher rennt und da mitmacht.*« *(Schulleiter K.)*

Ausschließlich diese Antwort gab Herr K. auf die Frage nach seinen persönlichen Einflussmöglichkeiten. Dies verdeutlicht, wie bedeutsam das Bewusstsein für ein an Gesundheit orientiertes Leitungshandeln ist. Ohne die Kenntnis über Gesundheitsförderung und gesundheitsförderliches Leitungshandeln wird zum einen nicht die Notwendigkeit gesehen, die Gesundheit zu fördern. Zum anderen können so keine Strukturen und Bedingungen, welche der Gesundheit zuträglich sind, gemeinsam mit dem Kollegium entstehen. Herr K. schätzt seine Möglichkeiten, Ressourcen für Lehrkräfte zu schaffen als sehr begrenzt ein. Er sieht an dieser Stelle seine Rolle darin ausgefüllt, seinen Lehrkräften den Rücken von zusätzlichen Aufgaben frei zu halten.

Frau A. hingegen sieht für sich als Schulleiterin mehr Aufgaben der Gesundheitsförderung. Es gehe ihr zwar darum, dem Kollegium den Rücken frei zu halten. Hierfür müssten nach ihrem Verständnis jedoch verstärkt Strukturen sowie interne und externe Unterstützungssysteme aufgebaut werden, damit das Belastungserleben der Lehrkräfte abnimmt. Unterstützung ist dabei in allen Bereichen gefordert, die nach Meinung der Schulleiterin bei Lehrkräften zu einem hohen (psychischen) Belastungserleben führen. Auch ist ihr wichtig, dass sie jederzeit für ihre Lehrkräfte erreichbar ist und so ein fast ständiges Gesprächsangebot besteht:

»*Ich versuche, die Kollegen dadurch zu unterstützen, dass ich ihnen schwierige Elterngespräche abnehme. Also alles, was so seelisch belastet, psychisch belastet, da sehe ich meine Aufgabe, ihnen den Rücken frei zu halten, ihnen den Rücken zu stärken in schwierigen Gesprächen. Unterstützung in die Schule zu holen. (...) Also muss ich versuchen, Strukturen einzufordern und aufzubauen, die diesen Bereich der Lehrerin abnimmt. (...) Ich versuche unterstützende Professionen mit reinzuholen und bin sehr viel im Gespräch mit den Lehrerinnen. Nicht immer unbedingt in der Pause, aber meine Tür ist in der Regel offen.*« (Schulleiterin A.)

Ein weiterer Aspekt, der im Interview als Entlastungs- bzw. Unterstützungsfaktor genannt wird, ist die Teamarbeit in der Schule, die sie fördert:

»*Die Teamarbeit ist entlastend. Dieses Vertrauen können, dass da jemand ist, der Matheunterricht wunderbar vorbereitet und ich kann mich auf mein Fach Kunst konzentrieren. Das ist sehr entlastend. (...) Wenn mich andere Kollegen beraten, hat das sehr viel mit Unterstützung erfahren zu tun. Und jemand ist eingebunden in so ein soziales Netz und dieses Netz trägt.*« (Schulleiterin A.)

Hiermit fördert Frau A. Unterstützungsfaktoren, deren entlastende Funktion durch Forschungsergebnisse von z. B. SEASHORE LOUIS, KRUSE und MARKS (1996) gezeigt werden konnte. So wirkt eine Kultur der Unterstützung und gegenseitiger Hilfe im Kollegium entlastend. Zudem weisen Schulen mit kooperierenden Lehrstrukturen bessere fachliche Leistungen bei Schülern auf, als Schulen mit eher isolierten Arbeitsweisen (ROSENHOLTZ, 1991).

Betrachtet man die Aussagen zur Entlastung und Förderung von Gesundheit im Kollegium, so lassen sich deutliche Unterschiede zwischen den Fallbeispielen feststellen. In der folgenden Aussage verdeutlicht Frau A., mit welchen Maßnahmen sie weiterhin sowohl für Entlastung, aber auch für Wohlbefinden sorgt:

»*Also ich denke, durch eine hohe Transparenz der Maßnahmen, die ich mache, dadurch, dass ich sehr viel rede, sehr viel erkläre, ist sehr viel Abwesenheit von diesem Grummelbauchgefühl. Ich ermögliche ihnen nach Möglichkeit ihre Lieblingsfächer zu geben, wenn mir jemand sagt:* »*Ich würde lieber nur Sport geben und keine Klassenlehrerin zu sein.*« *Dann sage ich:* »*Ja, ich versuche es.*« *Wenn es nicht geht, weiß ich, das wird dann auch akzeptiert. Also ich denke, durch eine hohe Transparenz der Maßnahmen, die ich mache, dadurch, dass ich sehr viel rede, sehr viel erkläre, ist sehr viel Abwesenheit von diesem Grummelbauchgefühl:* »*Warum macht Sie das jetzt mit mir? Die weiß doch, dass ich nicht Klassenlehrerin sein möchte*« *oder so. Also ich erkläre alles, alle Dinge, die ich tue, sind jederzeit bei mir abfragbar und ich erkläre ganz viel. Also Transparenz, denke ich, über das, was ich tue, ist ganz wichtig. Das geht glaube ich auch nur über eine Dauer-kommunikation, darüber, dass (...) sie* (die Lehrkräfte) *Wertschätzung erfahren, auch von mir. Ja, und ich merke immer, ganz besonders gut tut den Lehrerinnen ein Vier-augengespräch mit mir. Das suche ich auch.« (Schulleiterin A.)*

Das Leitungshandeln, welches Frau A. in diesem Zitat beschreibt, entspricht dem von uns beschriebenen Salutogenen Leitungshandeln: Ihr Leitungshandeln zielt darauf ab, das Gefühl der Lehrkräfte über genügend Kapazitäten zu verfügen, um die schulische Arbeit zu bewältigen, zu stärken. Sie orientiert sich unbewusst an Handlungsweisen, die im Sinne des Salutogenen Leitungshandelns drei Faktoren prägen (vgl. Abschnitt 2.5).

Dies geschieht zum einen über *Transparenz* der Maßnahmen, die durchgeführt werden. Auch ständige *Kommunikation* und *Erklärungen* tragen dazu bei, schwierige Situationen verständlich zu machen. Frau A. hinterfragt weiterhin, *was für wen* machbar ist und versucht auf die Fähigkeiten ihrer Lehrkräfte einzugehen und dementsprechend die Passung von Person und Aufgabe zu gewährleisten. Lehrkräfte dieser Schule erfahren diesbezüglich eine Unterstützung durch die Schulleiterin, die mit einer höheren arbeitsbezogenen Motivation verbunden sein kann. So verweisen Studien darauf, dass das Erleben sozialer Unterstützung durch Vorgesetzte mitent-scheidend für die Bewertung und Bewältigung von Arbeitsbedingungen in Organi-sationen sein kann (u. a. VAN DICK, 2006).

Zudem versucht Frau A. mit den Lehrkräften im Gespräch zu bleiben, um Feedback über die geleistete Arbeit der Lehrkräfte geben, aber auch erhalten zu können. Verschiedene Studien verdeutlichen die Wichtigkeit von Feedback im Arbeitsprozess (KLUGER & DENISI, 1996; WEGGE, 2004). Feedback trägt neben der gemeinsamen Reflexion zwischen Schulleiter und Lehrkraft dazu bei, Arbeitsergeb-nisse einzuordnen und sich seiner Kompetenzen bewusst zu werden. Zudem erwei-sen sich positive Rückmeldungen und das Erleben sozialer Unterstützung durch Vorgesetzte als mitentscheidend für die Bewertung und Bewältigung von Arbeits-bedingungen in Organisationen (BERGER, 1999).

Darüber hinaus ergänzt die Schulleiterin, dass nicht allein *Kommunikation, Trans-parenz und Feedback* gesundheitsförderlich sind, sondern die *Atmosphäre* in der Schule insgesamt zum Wohlbefinden beiträgt:

»Natürlich auch so ein bisschen diese atmosphärische Seite (...), miteinander genie-ßen, feiern. Und bei uns (...) trägt jeder hier seinen Punkt dabei. Ob es die Rei-nigungsfrau ist, ob es die Küchenfrau ist, ob es die Kollegin ist. Und das ist uns allen deutlich: wir sind das Team.« (Schulleiterin A.)

Die Schulleiterin verdeutlicht hier die hohe Geschlossenheit und Verbundenheit aller an der Schule Mitwirkenden. Über die Schaffung eines »*Wir-Gefühls*« werden alle Kollegen, aber auch die »*Reinigungs- oder Küchenfrau*« eingebunden. Dies impliziert, wie wichtig Frau A. die soziale Kohäsion im Kollegium und ein hohes Commitment[13]

---

13 Commitment, auch »organizational commitment« genannt, meint die organisationale Verbunden-heit von Mitarbeitern mit »ihrer« Organisation (MAIER & WOSCHÉE, 2002).

aller an der Schule Beteiligten ist. In empirischen Studien zeigt sich, dass ein hohes Commitment zu mehr Zufriedenheit und Engagement bei den Mitarbeitern einer Organisation führt (vgl. ALLEN & MEYER, 1990; MAIER & WOSCHÉE, 2002).

3.6.4 Eigene Fortbildungsbedarfe zur Gesundheitsthematik

Den Abschluss des »Gesundheitsteils« im Leitfadeninterview bildete die Frage, welche Fortbildungsbedürfnisse im Bereich Gesundheit und Gesundheitsmanagement Schulleiter für sich und auch für beauftragte Lehrkräfte sehen. Auf diese Frage äußert Herr K. grundsätzlich Bedarf, sich in gesundheitsrelevanten Bereichen fortzubilden. Jedoch kann er diesen nicht konkreter benennen. Grundsätzlich sieht Herr K. Gesundheit eher als Sache des Einzelnen oder des Kollegiums an. Eine Sensibilisierung für gesundheitsrelevante Themen fehlt an dieser Stelle noch:

»*Grundsätzlich, ja. Ich könnte nicht sagen, wo mir was fehlt und wo mir nichts fehlt und sonst irgendwas. Das ist so ein Bereich außerhalb dessen, worum ich mir Gedanken gemacht habe. Was das Kollegium angeht, manche sind da natürlich besonders bemüht und kennen also hier einen Heilpraktiker und da einen und was weiß ich, was da alles ist. Aber das ist keine Sache für mich gewesen, bisher.*« (*Schulleiter K.*)

Welche Fortbildungsbedarfe sieht Frau A. für sich? Zunächst sieht sie hier keine Bedarfe. Fortbildungsangebote, die im Sinne des Arbeitsschutzgesetztes auf die Sicherheit und Verringerung von Arbeitsplatzgefährdungen zielen, werden vor allem an die zuständigen Lehrkräfte weitergeleitet.

»*Die Frage ist noch nie gekommen. Ich verteile also regelmäßig die Fortbildungsangebote für Sicherheitsbeauftragte.*« (*Schulleiterin A.*)

Die Schulleiterin verortet sich im Gesundheitsprozess, entsprechend ihrer Auffassung von Leitung, als eher übergeordnet. Sie verdeutlicht dies, indem sie noch einmal darauf verweist, den Gesamtrahmen der Organisation Schule »*im Blick*« zu halten, was untrennbar mit einer nachhaltigen (Personal-)Entwicklung und dem Wohlbefinden der Lehrkräfte verbunden ist:

»*Wir haben auch schon einmal Fortbildungen gehabt, was weiß ich so ... ja, aber die war mehr speziell zur Entspannung. Das war keine schulinterne für alle. Also ich versuche, wenn jetzt irgendetwas benannt wird, also ein Problem, dann versuche ich das zu ändern. (...) Ich versuche das im Blick zu behalten und was ich machen kann zu tun.*« (*Schulleiterin A.*)

3.6.5 Zusammenfassung

Das »weniger differenzierte« Gesundheitsbewusstsein

Insgesamt wird durch die inhaltsanalytische Betrachtung deutlich, dass Herr K. keine Verbindung zwischen der Qualität der Arbeit und der Gesundheit der Lehrkräfte zieht, bzw. ihm nicht bewusst ist, welche zentrale Rolle er hinsichtlich der Gesundheit seiner Mitarbeiter inne hat. Damit korrespondieren die Aussagen des Schulleiters auch mit den Ergebnissen von UDRIS (1994) sowie STROBEL und WITTMANN (1996) (vgl. 3.6).

Doch für den langfristigen Erfolg einer Schule ist es entscheidend, dass der Schulleiter Maßnahmen wahrnimmt und institutionalisiert, die der Gesundheit zuträglich sind. Das Gespräch mit dem Schulleiter war jedoch davon geprägt, dass bisher kaum ein Bewusstsein für die Erhaltung und Förderung der Gesundheit besteht und Gesundheitsförderung nicht als Teil der eigenen Schulentwicklung integriert wird. Dies steht möglicherweise im Zusammenhang mit dem allgemeinen Leitungsverständnis des Schulleiters: Aus den hier gewählten Zitaten ist ersichtlich, dass sich der Schulleiter nicht als »Innenarchitekt der Schule« (ROLFF, 2006) sieht, der gemeinsam mit dem Kollegium Strukturen und Bedingungen schafft, welche die Gesundheit fördern. Zu vermuten ist weiterhin, dass der Schulleiter das Kollegium über einen langen Zeitraum kennt und glaubt, Schwächen und Stärken gut einschätzen zu können. Dies spricht auch dafür, dass bisher kaum Nachfragen nach einem an Gesundheit orientierten Leitungshandeln bestanden, bzw. Gesundheit als Leitziel der Schule erarbeitet wurde. Das Fallbeispiel von Herrn K. illustriert damit, dass Maßnahmen zur Gesundheit und ihrer Förderung oftmals erst dann in den Vordergrund rücken, wenn große Teile im Kollegium starke Belastungen wahrnehmen. Der Schulleiter beschränkt sich bisher darauf, einige belastende Faktoren im Sinne der Prävention zu verhüten oder abzuschwächen. Dies sind seiner Meinung nach vor allem Arbeitssituationen von außen. Ansonsten wird jedoch das Thema Gesundheit und Gesundheitsförderung eher den einzelnen Lehrkräften selbst überlassen.

Das »differenzierte« Gesundheitsbewusstsein

Die Aussagen von Frau A. zur Gesundheit und Gesundheitsförderung verdeutlichen, dass der Schulleiterin der Zusammenhang zwischen Leitung und Gesundheit bewusst ist. Das Verständnis für die strukturellen Aspekte von Leitung und Gesundheit ist erkennbar, wonach der Schulleiter für die Erhaltung der Lehrergesundheit eine wichtige Rolle einnimmt. Insgesamt spiegelt sich in den Aussagen überzeugend ein Leitungsbewusstsein wieder, welches Überschneidungen zum *Salutogenen Leitungshandeln* aufweist. Zunächst sieht die Schulleiterin ihre Leitungsrolle darin, systematische und nachhaltige Interventionsstrategien zu schaffen, mit denen Aufgaben der Gesundheitsförderung institutionalisiert und entwickelt werden. Weiterhin liegt der Antrieb ihres Leitungshandelns, ihrer Vision von gelingender Schule, aber auch darin, Unterstützungsbedarfe wahrzunehmen und das Kollegium wert zu schätzen. Die Schulleiterin konnte daher deutlich machen, dass es ein wichtiges Anliegen für sie darstellt, dass Lehrkräfte über genügend Kapazitäten verfügen, um die tägliche schulische Arbeit zu bewältigen. Im Sinne des Salutogenen Leitungshandelns versucht die Schulleiterin die Lehrergesundheit zu fördern. Dies erreicht sie mit einem sehr professionellen Verständnis von Schulleitung, mit Kommunikation und Transparenz, aber auch mit dem Schaffen einer Atmosphäre, in der das Team im Vordergrund steht. Diese Aspekte sind mit einer nachhaltigen Entwicklung einer gesunden Schule untrennbar verbunden.

Unsere quantitativen Daten bestätigen, dass sich das unterschiedliche Gesundheitsbewusstsein der hier vorgestellten Schulleiter auch in der gesundheitsförderlichen Gestaltung der Schule abzeichnet. Bei den hier vorgestellten Auswertungen handelt es sich um beschreibende Ergebnisse, die zur Veranschaulichung des Zusammenhangs von gesundheitsförderlichem Leitungsverständnis, Leitungshandeln und Lehrergesundheit dienen. So äußern die Lehrkräfte am Gymnasium von Herrn K. deutlich weniger verhaltens- und verhältnisorientierte Maßnahmen zur Gesundheitsförderung *(M = 2,14)* als die Lehrkräfte an der Schule von Frau A. *(M = 3,03)*. Auch das subjektive Belastungserleben ist an beiden Schulen unterschiedlich: Das Kollegium von Frau A. weist ein Belastungserleben von *3,23* auf, wohingegen das Kollegium von Herrn K. deutlich höhere Belastungen erlebt *(M = 4,60)*. Dies zeigt, wie wichtig es zunächst ist, dass Schulleitern wesentliche Erkenntnisse zu Ursachen, Bedingungen und Folgen von Arbeitssituationen vermittelt werden müssen, die vermehrt als Belastung erlebt werden. Weiterhin bedarf es an Gesundheit orientierte Handlungskompetenzen, um Arbeitssituationen zu optimieren und gesundheitsförderliches Arbeiten zu ermöglichen.

4. Zusammenspiel von Gesundheit und Qualität in Schulen

Mario Gieske & Bea Harazd

Im Folgenden werden zunächst Befunde aus der Schulqualitäts- und Schuleffektivitätsforschung aufgegriffen, mit denen in der Literatur allgemein erfolgreiche Schulen bezeichnet werden. Es folgt die Darstellung des Ansatzes der »guten und gesunden Schule« nach Brägger, Posse und Israel (2008). Schließlich werden empirische Ergebnisse der Gesundheits- und Schulforschung sowie der Organisations- und Führungsforschung miteinander in Bezug gesetzt, um die Wechselbeziehung und den Zusammenhang zwischen Schulqualität, Gesundheitsförderung sowie die Schlüsselposition der Schulleitung zu verdeutlichen. Die Überlegungen münden in ein schulisches Qualitäts- und Gesundheitsmodell, das ein weniger additives Verhältnis von Gesundheit und Qualität als bisher angenommen darstellt.

4.1 Befunde aus der Schulqualitäts- und Schuleffektivitätsforschung

Das Interesse an der Qualität der Einzelschule und damit einhergehend die Frage, was eine »gute« Schule ausmacht, hat im deutschsprachigen Raum seit Anfang der 1980er Jahre, nicht zuletzt seit den Erkenntnissen der international vergleichenden Schulleistungsstudien (TIMSS, PISA, IGLU) ab Mitte der 1990er Jahre, zunehmend an Bedeutung gewonnen (Steffens, 2007). Die Diskussion um Schulqualität ging im deutschsprachigen Raum mit einem Perspektivenwechsel von einer zentralistischen Schulplanung zu einer stärkeren Orientierung zur »Einzelschule als Gestaltungseinheit im Bildungssystem« (Fend, 1986) und damit mit einer stärkeren Entwicklung und Sicherung der Schulqualität vor Ort einher (vgl. Dalin & Rolff, 1990).

Die Frage um die Qualität bzw. Effektivität der Schule erhielt erstmalig in den USA mit den Ergebnissen des Coleman-Reports 1966 einen großen Stellenwert. Die Untersuchung zeigte, dass Schulen keinen oder nur geringen Einfluss auf den Schulerfolg von Schülern haben, sondern in erster Linie Hintergrundvariablen wie das Elternhaus, Geschlecht oder die Intelligenz. Auch weitere Studien (z. B. Jencks, 1973) kamen zu dem Fazit: »schools do not make a difference« (vgl. Jencks, 1973). Folgestudien (z. B. Brookover, Beady, Flood, Schweitzer & Wisenbaker, 1979; Edmonds, 1979; Klitgaart & Hall, 1973; Rutter, Maughan, Mortimore & Ouston, 1979) kamen allerdings – aufgrund anderer Schlussfolgerungen und einer stärkeren Betrachtung innerschulischer Prozesse – zu dem gegenteiligem Ergebnis und der weit verbreiteten Grundaussage: »school matters«. Somit wurde die Basis für den Paradigmawechsel geschaffen: Im Zuge der veränderten Prioritäten steht seither die Qualität der Einzelschule und damit die Frage, was zum Erfolg einer Schule beiträgt, verstärkt im Mittelpunkt des Forschungsinteresses.

Zugänge zur Erfassung schulischer Qualität

Der Begriff Qualität hängt im Schulsystem vor allem von der Zieldimension ab. So können Gesundheit oder soziale Kompetenzen von Schülern als Ziel für Qualität definiert werden. In der Forschung zu einer effektiven Schule sind jedoch Leistungen und Fähigkeiten von Schülern maßgeblich für die Qualität – und damit für den Bildungserfolg – einer Schule. Ganz allgemein wird der Begriff Schulqualität für die verschiedenen Faktoren der *Prozesse* von Schule einerseits und den *Wirkungen* von Schule andererseits verwendet (HOLTAPPELS, 2003). Dies geschieht in Abhängigkeit davon, ob der Schwerpunkt der Betrachtung prozess- oder ergebnisorientiert ist. Je nach Betrachtungsweise lässt sich Qualität also unterschiedlich definieren (DUBS, 2005). STEFFENS (2007) konstatiert, dass über kein Thema und keinen Begriff in der Schulforschung so sehr gesprochen und debattiert wurde, wie über Schulqualität, »ohne dass eine klare Verständigung darüber erzielt wurde, was darunter zu verstehen sei« (S. 27). ROLFF (1990) schreibt hierzu: »Bei der Debatte um Schulqualität ist zunächst auffällig, wie sehr die Begriffe schillern; mal wird von ›Qualität‹ geredet, mal von ›Effektivität‹ und manchmal schlicht von ›guten‹ Schulen. Zudem gehen ständig Analyse und Bewertung durcheinander« (S. 54).

Verschiedene Begriffe, die sich im Kern auf »Schulqualität« beziehen, verdeutlichen die Aussage von ROLFF (1990): So spricht REYNOLDS (1991) z. B. von der »Wirksamkeit von Schulen«, FEND (1986) oder STEFFENS und BARGEL (1993) sprechen von »guten Schulen«. Generell kann bei der Vielfalt an verschiedenen Begriffen jedoch konstatiert werden, dass sich alle Begriffe an Faktoren und Strukturen orientieren, die im Schulsystem beobachtbar sind und die für »qualitätsrelevant« oder »qualitätsförderlich« erachtet werden (vgl. BÜELER, 1996). Die Diskussion um Schulqualität folgt damit einem praktischen Erkenntnisinteresse, bei dem es um eine Bestimmung dessen geht, was Schule leisten kann und wie sie hinsichtlich ihrer Wirksamkeit arbeiten soll (vgl. STEFFENS, 2007, S. 27).

Hinsichtlich der systematischen Erforschung schulischer Qualitäts- und Wirksamkeitsfaktoren haben sich im anglo-amerikanischen Raum und im deutschsprachigen Raum verschiedene Konzepte herausgebildet, die sich hinsichtlich ihrer Begrifflichkeiten und ihres Forschungsvorgehens unterscheiden:

So wird die Erforschung der Effektivität einer Schule im anglo-amerikanischen Raum als Schuleffektivitätsforschung (*school effectiveness research*) bezeichnet. School effectiveness research fokussiert auf die Frage, welche Faktoren Schule *effektiv und wirksam* machen (HOLTAPPELS, 2003). Durch die Identifikation von »Schlüsselmerkmalen« wirksamer Schulen konnten also Merkmale ermittelt werden, die Einfluss auf den Schulerfolg (z. B. die fachlichen Leistungen) nehmen. Das Paradigma der wirksamen und effektiven Schule ist dabei quantitativ-empirisch ausgerichtet (HUBER, 1999b).

So untersuchte z. B. die Forschergruppe um RUTTER (1979) in einer Längsschnittuntersuchung zwischen 1970 und 1974 englische Gesamtschulen. Um den Erfolg der Schulen zu messen, wurden Schuleingangsvoraussetzungen (familiärer Hintergrund, kognitiver Lernstand), Prozessvariablen (Organisation der Schule, Arbeitsatmosphäre, Lernbedingungen) sowie deren Einfluss auf den Output (Prüfungsergebnisse, aber auch delinquentes Verhalten) gemessen und somit Merkmale für gute bzw. wirksame Schulen identifiziert. Unterschiedliche fachliche Leistungen von Schulen lassen sich so miteinander vergleichen und es kann überprüft werden, warum einige

Schulen bessere Leistungen erzielen als andere. SZADAY (1995) beschreibt den Schwerpunkt von school effectiveness research folgendermaßen: »to discover those factors within a school which promote patterns of pupil achievement and school adjustement other than those to be expected from demographic characteristics alone (...). The search is for the school factors and process which ›add value‹ to the pupils passing through.« (S. 229).

Die im anglo-amerikanischen Raum erzielten Ergebnisse zum Einfluss der Schule auf Schulerfolg und insbesondere die Rezeption der Studie von RUTTER et al. (1979), hatte zu Beginn der 1980er Jahre den größten Einfluss auf die Diskussion und Forschung zur Schulqualität im deutschsprachigen Raum (STEFFENS, 2007). Zunächst interessierten vor allem Fragen, wie Schulen mit Rahmenbedingungen auf Schulsystemebene umgehen, wie Schulen ihre innere Organisation handhaben und für unterrichtliche Prozesse gestalten. Vor diesem Hintergrund sollten Merkmale und Kriterien zur Bestimmung von Schul- und Unterrichtsqualität charakterisiert werden. Die Einzelschule wird dabei als »pädagogische Handlungseinheit« (FEND, 1987) mit eigenem Profil betrachtet, der eine entscheidende Bedeutung für den Schulerfolg zukommt.

Die deutschsprachige Erforschung der Schulqualität ist primär empirisch ausgerichtet – unter Berücksichtigung verschiedener quantitativer und qualitativer Verfahren. Dabei stehen vor allem Strukturen, die zu einem bestimmten Zeitpunkt (Querschnitt-Design) an einer Schule beobachtbar sind und – nach normativ gesetzten Kriterien – als »qualitätsförderlich« erachtet werden, im Vordergrund (vgl. BÜELER, 1996; STEFFENS, 2007). Im Zentrum steht damit die Frage: Was zeichnet eine »gute« Schule aus? Diesem Vorgehen liegen zahlreiche Forschungsergebnisse aus den 1980er Jahren zugrunde, in denen über verschiedene Struktur- und Prozessmerkmale »verbesserungswürdige« und »gute« Schulen identifiziert wurden (BONSEN, 2003). So analysierte z. B. FEND (1977) 59 Schulen und charakterisierte sie hinsichtlich ihrer Prozessmerkmale. Auf Grundlage verschiedener Dimensionen (z. B. Arbeitszufriedenheit, Schulleben, Schulklima, Qualität der Schulleitung) konnten die untersuchten Schulen hinsichtlich ihrer Qualität typologisiert werden.

Mit den Ergebnissen der internationalen Schulleistungsstudien (z. B. TIMSS, PISA) ab Mitte der 1990er Jahre steht jedoch auch für die Schulqualitätsforschung zunehmend die Frage der Leistungsfähigkeit der Schulen im Vordergrund (vgl. STEFFENS, 2007, S. 27). Im Zuge der internationalen und nationalen Vergleichsstudien konstatiert STEFFENS (2007) das Einsetzen eines »Öffnungsprozesses«. Die empirischen Wissenschaften und die internationalen Entwicklungen gewannen an Bedeutung für das bildungspolitische und bildungsplanerische Handeln und die Schulqualitätsdiskussion in Deutschland. Um etwas über die Güte der Einzelschule auszusagen, stehen daher einerseits Fragen um Verbesserungen der Unterrichtsqualität im Vordergrund, andererseits die Erfassung fachlicher Leistungen über Bildungsstandards und Organisations- und Lehr-, Lernprozessen (ebd.).

Schuleffektivitäts- und Schulqualitätsforschung haben in den letzten vierzig Jahren zahlreiche Prozess- und Strukturmerkmale identifiziert, die für die Qualität und

Effektivität einer Schule maßgeblich sind und erfolgreiche Schulen kennzeichnen. Beiden Forschungstraditionen ist dabei das Aufstellen von Katalogen bzw. Merkmalslisten gemeinsam.

So können folgende zentrale Bereiche zusammenfassend aufgeführt werden, die in den letzten vierzig Jahren in der Schuleffektivitätsforschung als wirksam identifiziert wurden (vgl. BONSEN, BOS & ROLFF, 2008, S. 16; HUBER, 1999a, S. 12 ff.).

- **Leistungsorientierung:** hohe angemessene Erwartungen sowohl an Lehrkräfte als auch an Schüler.
- **Professionelle Kooperation im Kollegium:** Im Kollegium herrscht Konsens bezogen auf die Ziele pädagogischer Arbeit, der Unterricht wird gemeinsam geplant und entwickelt, Unterstützung und Kooperationen unter den Lehrkräften.
- **Pädagogische Führung:** Die Schulleitung spielt eine zentrale Rolle für die Qualitäts- und Personalentwicklung einer Schule (z. B. praxisorientierte Fortbildungen).
- **Qualität des Curriculums:** Abgleich zwischen intendiertem und implementiertem Curriculum zur Reflexion der eigenen pädagogischen Arbeit auf Schulebene als notwendiger Bestandteil von Qualitätsentwicklung.
- **Geordnete Lernatmosphäre:** Geordnete Arbeitsbedingungen und positives Sozial- und Schulklima zwischen Schülern und Lehrkräften sowie innerhalb des Kollegiums, Schulkultur mit hohen (Leistungs-) Erwartungen und einer Lernatmosphäre, in der sich Schüler auf ihren Lernerfolg konzentrieren können.
- **Evaluation:** Einsatz verschiedener Evaluationsmethoden wie Selbst- und Fremdevaluation auf verschiedenen Ebenen oder Unterrichtsfeedback.
- **Beteiligung und Engagement:** Mitbeteiligung der Lehrkräfte an der Leitung der Schule, Innovationsbereitschaft der Lehrkräfte.
- **Positive Verstärkung:** Transparente und gerechte Durchsetzung von Disziplin, Rückmeldungen/Feedback.

Aus der Schulqualitätsforschung konnten ebenfalls auf Grundlage verschiedener Studien (z. B. FEND, 1986; TILLMANN, 1989) Merkmale bestimmt werden, die zentral für die Qualität einer Schule sind und anhand derer »gute« und »verbesserungswürdige« Schulen identifiziert werden (vgl. BÜELER, 1996, S. 110):

- Orientierung der Schule an klaren fachlichen und überfachlichen **Leistungszielen.**
- **Forderndes Lernen:** Lernumfeld, in dem Schüler etwas lernen wollen und lernen können.
- **Lehrerkooperation:** Gemeinsame Projektarbeit, Hospitation, Supervision, Austausch.
- **Pädagogisches Engagement** der Lehrkräfte, ablesbar am Interesse des Wohlergehens jedes einzelnen Schülers.
- **Führungsqualitäten** von Leitungs- und Lehrpersonen im Sinne personaler Kompetenzen.
- Klima des Vertrauens, resultierend aus persönlichen Kontakten, **positive Identifikation** mit der eigenen Schule.
- **Einbezug der Eltern.**

- **Arbeitsorganisation:** Arbeitsorganisatorisches Funktionieren einer Schule.
- **Evaluation:** Kontrollierte Beobachtung und Begleitung der Lernfortschritte.
- **Innovationsbereitschaft** und **-fähigkeit** der Lehrerschaft.
- **Regeln und Prinzipien:** Sicherung der Mindestbedingungen von Disziplin und Ordnung und konsistente Handhabung.

Die Auflistung der Kriterien von Untersuchungen der Schuleffektivität und Schulqualität zeigt, dass zahlreiche Merkmale beider Forschungstraditionen identisch sind. So wurden z. B. *Lehrerengagement und Lernbedingungen, Teamarbeit und Kooperationen, positive Arbeitsbedingungen und fachliche Leistungsorientierung sowie Evaluation und Beobachtung* als Erfolgsfaktoren sowohl in Studien zur Schuleffektivität als auch in Studien zur Schulqualität identifiziert.

Weitgehend unklar ist jedoch, wie die Qualitätsfaktoren zusammen wirken und wie sie hinsichtlich ihrer Erklärungskraft einzuordnen sind. So kritisiert HUBER (1999b), dass Forschungsergebnisse vor allem in Form von Korrelationen vorliegen – diese jedoch nicht Ursache-Wirkungs-Zusammenhänge implizieren, sondern in erster Linie lineare Zusammenhänge zweier Merkmale. Zwar betont HOLTAPPELS (2003), dass Schulqualitätsmerkmale Hilfestellungen bei der Entscheidung über Qualitätsstandards geben können. Als problematisch kristallisiert sich jedoch heraus, dass es z. B. der Schulqualitätsforschung trotz zahlreicher Untersuchungen bislang nicht gelungen ist, abgesicherte und fundierte empirische und theoriegeleitete Erkenntnisse vorzulegen (BONSEN, BOS & ROLFF, 2008), die deutlich machen, »was man allgemein unter einer guten Schule versteht« (HAENISCH, 1993, S. 105). Auch der Schuleffektivitätsforschung ist es bisher nicht gelungen, eine einheitliche Definition abzuleiten, was unter Effektivität bzw. Wirksamkeit verstanden wird. Die meisten Forscher beschränken sich auf die leicht messbaren, quantifizierbaren Daten der Schülerleistung als Outputkriterium. Andere Forscher (z. B. CREEMERS, 1996) regen an, auch weitere Kriterien, z. B. soziale Fähigkeiten oder demokratische Wertehaltungen zur Messung von Schulwirksamkeit zu integrieren. Die in beiden Forschungstraditionen entstandenen Merkmalslisten als Kriterien erfolgreicher Schulen bergen den Nachteil in sich, dass vor allem Rezeptwissen oder »Tugendkataloge« gesammelt werden, die sich aber nur in bestimmten Analysekonstellationen und unter bestimmten Bedingungen als einflussreich erwiesen haben (BÜELER, 1996; HUBER, 1999a).

Um die Beziehungen zwischen den relevanten Schulqualitätsmerkmalen zu klären, schlägt DITTON (2000) ein Modell vor, das als Analyseraster angewendet werden kann. DITTON unterscheidet hier zwei grundlegende Dimensionen: Zum einen die *strukturelle Dimension*, die sich auf die Betrachtung der Schule als Mehrebenensystem bezieht, indem individuelle, unterrichtliche, schulische und kontextuelle Faktoren sich wechselseitig beeinflussen und zu Wirkungen erfolgreicher Schulen beitragen. Zum anderen die *dynamische Dimension*, die sich auf die Prozessbetrachtung und Produktionsfunktion der Schule bezieht, also darauf, wie Eingangs- bzw. Ausgangsbedingungen (Input) über strukturelle und prozessuale Faktoren (Prozessqualität) in Ergebnisse (Outputs und Outcomes) umgewandelt werden (vgl. DITTON, 2000, S. 76).

Bezogen auf die strukturelle Dimension einer Mehrebenenbetrachtung werden vier Ebenen unterschieden, die hinsichtlich ihrer Wechselwirkung zu betrachten sind: *Individuen* (Schüler und Lehrkräfte), *Unterricht* (Lehr-Lernsituationen), *Schule* und der *sozio-regionale Kontext* (vgl. DITTON, 2000). Dabei weisen die vier Ebenen eine hierarchische Struktur auf – Schule und Kontext gelten als übergeordnete Handlungs- oder Unterstützungsrahmen, individuelle und unterrichtliche Faktoren werden als untergeordnete Ebenen eingebettet. Vorrangig wird auf die Untersuchung effektiven Unterrichts (über Schülerleistungen) unter Berücksichtigung der individuellen Faktoren sowie der kontextuellen und schulischen Ebene fokussiert. Vor allem in der anglo-amerikanischen Schuleffektivitätsforschung wurden bisher Mehrebenenanalysen eingesetzt, um Einflussfaktoren effektiven Unterrichts zu identifizieren (ebd.).

Die dynamische Dimension betont die Produktionsfunktion der Schule anhand des **Input-Prozess-Output-Modells** (vgl. DITTON, 2000; HOLTAPPELS, 2003). Die *Inputs* sind Eingangsbedingungen und stellen z. B. Ressourcen, Lehrpläne oder gesetzliche Regelungen dar. Auf der *Prozessebene* können Kooperations- und Managementstrukturen, aber auch Schulkultur und Interaktionen zwischen Lernenden und Lehrenden unterschieden werden. Mit *Outputs* sind zunächst jegliche Ergebnisse schulischer Art (z. B. Fachleistungen, Schlüsselqualifikationen, Erreichen von Lernzielen) zu bezeichnen. Zusätzlich verweisen einige Autoren neben den Outputs auf *Outcomes* (z. B. Berufs- und Lebenserfolg) als weitere Ergebnisvariable der Schulqualität (vgl. DUBS, 2005). Diese schließen sich Outputs an und messen längerfristigen Erfolg. Um etwas über die Qualität einer Schule auszusagen, lassen sich so z. B. einzelne Merkmale des Inputs und der Prozess- und Outputqualität erfassen oder Beziehungen zwischen einzelnen Qualitätsfaktoren herstellen. So können Schülerleistungen (Output) über die Qualität einer Schulleitung z. B. aufgrund ihres Leitungshandels (Prozessebene) ermittelt werden. Der Einfluss der Qualität des Lehrens (Prozessebene) kann über fachliche Leistungen der Schüler (Output) untersucht werden (vgl. DITTON, 2000).

Beide Dimensionen – Mehrebenen- und Prozessbetrachtung – werden im Zuge der Theorie- und Modellentwicklung miteinander verknüpft. DITTON (2000) entwickelte hierfür ein vorläufiges Untersuchungsmodell, in dem die primär relevanten Faktoren und Beziehungen von erfolgreichen Schulen dargestellt sind (Abb. 4.1.1).

Abbildung 4.1.1: Untersuchungsraster Schul- und Unterrichtsqualität

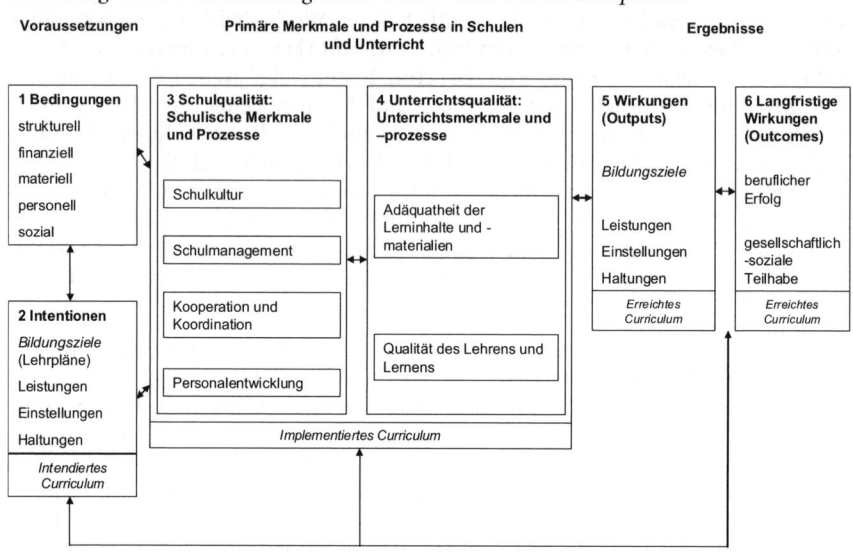

Quelle: DITTON *(2000)*

Als Kernbereich der schulischen Qualität sieht DITTON (ebd.) auf der Prozessebene den Unterricht und den Schulbetrieb und deren jeweilige Wechselbeziehungen untereinander. Die Struktur des Modells zum Prozessbereich »Unterrichtsqualität« leitet sich vom QAIT-Ansatz von SLAVIN (1996) ab, der die in der Forschung relevanten und wirksamen Unterrichtsmerkmale in vier Faktoren zusammenfasste: *Qualität, Motivierung, Angemessenheit, Unterrichtszeit.* So sind bedeutsame Merkmale für den Faktor *Qualität* die Struktur und Strukturiertheit des Unterrichts, hohe Leistungserwartungen und ein hohes Anspruchsniveau. Zum Aspekt *Motivierung* zählen z. B. bedeutungsvolle Lehrinhalte und Lernziele oder ein positives Sozialklima in der Klasse. Die Faktoren Angemessenheit des Schwierigkeitsgrades oder individuelle Unterstützung und Beratung werden unter den Faktor *Angemessenheit* subsumiert; verfügbare Zeit, Lerngelegenheiten oder genutzte Lernzeiten zum Faktor *Unterrichtszeit.*

Unter Bezug auf STRINGFIELD et al. (1992), die relevante Einflussfaktoren zur Förderung der Unterrichtsqualität auf der Schulebene im MACRO-Modell systematisiert haben, teilt DITTON (2000) den Prozessbereich der Schulqualität in vier sich wechselseitig beeinflussende Bereiche, die für die Qualität einer Schule bedeutsam erscheinen: *Schulkultur, Schulmanagement, Kooperation und Koordination, Personalpolitik und Personalentwicklung.* So thematisiert der Bereich *Schulkultur* Aspekte der Aufgabenklarheit und Handlungsrelevanz gemeinsamer Zielsetzungen und geregelter Zuständigkeiten und Verantwortlichkeiten. Der Faktor *Schulmanagement* umfasst die organisatorischen Regelungen des Schul- und Unterrichtsbetriebs und gemeinsame Visionen. Zusammenarbeit und Handlungsabstimmung im Schul- und Unterrichtsbetrieb werden im Bereich *Kooperation und Koordination*, Aspekte der Fort- und Weiterbildung u. a. im Bereich *Personalpolitik und Personalentwicklung* thematisiert.

Zudem unterscheidet DITTON (2000) Bedingungskonstellationen und Intentionen (sozialer und regionaler Kontext) auf der Inputebene. Auf der Output- und Outcomeebene werden die bei den Schülern erreichten Wirkungen (Individuen) unterschieden. Vor allem das Zusammenwirken der beteiligten Ebenen und ablaufenden Prozesse sowohl zwischen den Ebenen als auch im Einzelnen wird untersucht. Das Untersuchungsmodell bietet sich daher für empirische Untersuchungen zur Schulqualität an. So wäre z. B. zu prüfen, wie ein gesellschaftlich und sozial intendiertes Curriculum auf der Prozessebene (Schul- und Unterrichtsqualität) genau implementiert wird und welches Curriculum daraus konkret erreicht wird.

Auch künftig umfassende empirisch geprüfte Wirkungsmodelle können Einzelschulen lediglich eine Orientierung bieten, da sie nicht wie Rezepte anwendbar sind. Aufgrund der Unterschiedlichkeit von Schulen ist der Umgang der Einzelschule mit diesen Befunden wichtig. Modelle sind durch die Reduzierung von Realität nur bedingt gültig und übertragbar. Was für die Mehrheit gilt, muss im Einzelfall nicht zutreffen. Eigene Bedürfnisse, Rahmenbedingungen und Schwerpunkte der schulischen Arbeit müssen mit Forschungsbefunden in Bezug gesetzt und nicht wie ein Rezept »abgearbeitet« werden. STEFFENS und BARGEL (1993, S. 13) verweisen darauf, dass Qualitätsmerkmale einer Schule nicht von außen herangetragen werden können, sondern sich von Schule zu Schule und deren jeweiligen Kontexten unterscheiden. Qualitätsdimensionen nützen demnach wenig, wenn man nicht weiß, wie eine Schule erfolgreicher wird, wie also der Prozess der Steigerung der Wirksamkeit zu gestalten ist. Diese Veränderungsprozesse sind Gegenstand der *Schulentwicklungsforschung*. Neuere Konzepte der Schulentwicklungsforschung (im anglo-amerikanischen *school improvement research*) greifen Faktoren aus der Schulqualitäts- und Schuleffektivitätsforschung auf, die erfolgreiche Schulen beschreiben. Es wird erforscht, mit welchen Prozessen und Maßnahmen Schule weiterentwickelt werden kann (vgl. HUBER, 1999a; ROLFF, 2007). Schulentwicklungsforschung fokussiert dabei auf Ereignisse, mit denen Entwicklungsprozesse ausgelöst, verbessert und weiterentwickelt werden können (vgl. HOLTAPPELS, 2005) – der Prozess- und Veränderungscharakter einer Schule wird somit stärker betont. Schulentwicklung arbeitet dabei mit den »Treibern« der Schulqualität (BONSEN, BOS & ROLFF, 2008, S. 24), um Qualitätsverbesserungen, Prozesse, Voraussetzungen und Bedingungen der Einzelschule erforschen und weiterentwickeln zu können. Ziele und Mittel für eine erfolgreiche Schule sind »somit die Optimierung von Lehr- und Lernprozessen hinsichtlich ihrer Wirksamkeit (...), die Entwicklung der Prozessebene als Rahmen für die konkrete Unterrichtsarbeit, die systematische und kontinuierliche Professionalisierung aller in der Schule tätigen pädagogischen Fachkräfte und Lehrpersonen und schließlich die Entwicklung der Qualität der Schule insgesamt (von der Lernkultur bis zur Schulführung)« (BONSEN, BOS & ROLFF, 2008, S. 31). Für die Qualität der Schule werden damit Veränderungsprozesse vor allem auf den Ebenen der Organisation Schule (Organisationsentwicklung, OE), des Unterrichts (Unterrichtsentwicklung, UE) und des Personals (Personalentwicklung, PE) initiiert. Jedoch sind

Untersuchungen zur systematischen Verbindung beider Forschungstraditionen sowohl im deutschsprachigen als auch im internationalen Raum bislang eher selten anzutreffen (BONSEN, BOS & ROLFF, 2008; HOLTAPPELS, 2005). So fehlt Wissen darüber, *welche* schulischen Ziele es *wie* zu erreichen gilt und wie diese Zielerreichung überprüft werden soll. Hier liegt noch eine »Implementations-Lücke« vor (ROLFF, 2007, S. 33). Erst der Nachweis, dass Schule im Rahmen ihrer *eigenen* Zielsetzungen erfolgreich arbeitet, macht letztlich eine *gute* Schule aus. Um das Funktionieren des Systems Schule auch auf Dauer sicherzustellen, ist damit die Erfassung, die Prüfung und die Kontrolle der Bedingungen sowie der erreichten Ziele unverzichtbar (DITTON, 2000).

Entwicklung der Schulqualität als Leitungsaufgabe

Die Koordination von Prozessen auf Unterrichts-, Organisations- und Personalentwicklungsebene, die die Qualität der Einzelschule fördern, ist letztlich eine Führungsaufgabe (ebd. 2008, S. 32). Auch der Forschung zur Schuleffektivität und Schulqualität ist die zentrale Bedeutung der Schulleitung für die Qualität der Einzelschule gemeinsam (z. B. BONSEN, VON DER GATHEN, IGLHAUT & PFEIFFER, 2002; CREEMERS, 1994; HALLINGER & HECK, 1998; LEITHWOOD, K., 1992; MARZANO, WATERS & MCNULTY, 2005; SAMMONS, HILLMAN & MORTIMORE, 1995). Erfolgreiche Schulleitungen haben Einfluss auf gute Schülerleistungen – jedoch eher vermittelnd und indirekt (vgl. HALLINGER, BICKMANN & DAVIES, 1996; HALLINGER & HECK, 1998).

BONSEN, VON DER GATHEN, IGLHAUT UND PFEIFFER (2002) untersuchten, wie Schulleitungen ihre Leitungsrolle in der Schule erfolgreich ausgestalten und damit zur schulischen Entwicklung beitragen. Sie identifizierten drei Handlungsdimensionen erfolgreicher Schulleiter: *Zielbezogene Führung, Innovationsbereitschaft* und *Organisationskompetenz.* Weiterhin konnten auch in der Metaanalyse von MARZANO, WATERS UND MCNULTY (2005) anhand von 69 untersuchten Schulleistungsstudien 21 zentrale Determinanten effektiven Schulleitungshandelns identifiziert werden, von denen ein positiver Zusammenhang mit hohen Schülerleistungen hergestellt werden konnte. Demnach zeichnen sich »wirksame« Schulleiter vor allem durch Handlungen im Bereich der Personalführung und -entwicklung (z. B. persönlicher Kontakt, intensive Kommunikation, Partizipation der Lehrkräfte), der unterrichtsbezogenen Führung (z. B. Evaluation und Feedback bei Unterrichtsentwicklung, Entlastung von Disziplinschwierigkeiten, Anregung von Neuerungen und deren Umsetzung), aber auch dem Umsetzen von Innovationen und gemeinsamen getragenen Zielen aus. Auch in diesen Ergebnissen spiegeln sich zentrale Determinanten effektiver und qualitativer Schulen wider. Schulleiter werden somit verstärkt in die Verantwortung für die Qualität der Einzelschule gehoben, bzw. als »Initiatoren« des erfolgreichen Wandels beschrieben (BONSEN et al., 2002; HÖHER & ROLFF, 1996). Im Zuge neuer Gesetze und Reformen (z. B. Schulgesetz NRW, 2006) erfolgte ebenfalls eine grundlegende Neupositionierung und Stärkung der Schulleitungsrolle.

Fazit

Insgesamt kann Schulqualität als ein Ineinandergreifen von Ergebnissen, Zielen, Einstellungen und Haltungen aber auch von organisatorischen Merkmalen der

Einzelschule beschrieben werden. Soll Schulqualität für die Einzelschule wirksam sein, bedarf es jedoch nicht allein Merkmalslisten mit empirisch geprüften Qualitätsfaktoren. Diese haben sich meist nur in bestimmten Analysekonstruktionen als einfluss- und/oder erfolgreich erwiesen und können nicht per se auf jede Schule übertragen werden. Jede einzelne Schule benötigt eigene Zielsetzungen und Vorstellungen darüber, wie sie zu einer guten, qualitätsfördernden Schule gelangen und wie sie diese Ergebnisse langfristig sichern will. Die bisherigen Forschungsergebnisse der Schulqualitäts- und Effektivitätsforschung zeigen zudem, dass für Schulqualitätsmerkmale sowohl auf der Prozess- als auch auf der Outputebene Zusammenhänge mit Schulleitungshandeln nachgewiesen werden konnten – der Schulleitung kommt damit bei der Entwicklung einer guten Schule eine Schlüsselfunktion zu.

4.2 Konzept der »guten und gesunden Schule«

Seit Ende der 1990er Jahre rückt verstärkt die Bedeutung der Gesundheitsförderung für die Entwicklung einer Schule in den Fokus. Dieser Ansatz stammt vor allem aus der Arbeits- und Organisationspsychologie. Individuen, Arbeitsaufgaben und Arbeitsprozesse werden als wesentliche Einflussfaktoren auf Gesundheit und damit als essenziell für die Entwicklung einer Organisation und deren Leistung betrachtet (BAMBERG & FAHLBRUCH, 2007, S. 626 f.) Vor dem Hintergrund steigender Frühpensionierungs- und Dienstunfähigkeitszahlen bei Lehrkräften und der Diskussion um die schulische Qualität wurden seit Anfang der 1990er Jahre Ansätze zur Entwicklung von Gesundheit auch auf die Schule übertragen.

Dabei sind die Bemühungen um die Entwicklung von Gesundheit im schulischen Kontext nicht nur – im Sinne einer Gesundheitserziehung – auf Schüler ausgerichtet. Im Rahmen des Paradigmenwechsels der Gesundheitsansätze, z. B. durch die Ottawa-Charta der WHO (1986) erfolgte ein umfassenderes Verständnis von Gesundheitsförderung. Der Anspruch neuerer Ansätze zur Gesundheit besteht nicht allein darin, gesundheitsrelevante Verhältnisse von Teilbereichen einer Organisation zu verändern, sondern der *gesamten* Organisation (BARKHOLZ & PAULUS, 1998; POSSE & BRÄGGER, 2008). Damit einhergehend erfolgte ein Perspektivwechsel der Konzepte zur Gesundheitsförderung von einer *problembasierten Perspektive* zu einem *settingbasierten Gesundheitsansatz* (vgl. BARKHOLZ & PAULUS, 1998). Während problembasierte Gesundheitsansätze auf eine Veränderung des Gesundheitsbewusstseins, z. B. über einzelne organisationale Maßnahmen und Programme (Hygienemaßnahmen, Anti-Drogen- oder Anti-Tabakprogramme, Sport) abzielen, geht es bei settingbasierten Ansätzen um die Veränderung der *gesamten* Organisation. Dabei geht es vordergründig um die »ganzheitliche und umfassende Förderung der Gesundheit der in der Schule arbeitenden und lernenden Personen und die Schaffung gesundheitsförderlicher Bedingungen« (HOLTAPPELS, 1999, S. 45). Settingbasierte Ansätze können damit als institutionsbezogene Programme bezeichnet werden, die im Schulbereich auf die Entwicklung einer gesundheitlichen schulischen Organisation und Schulkultur fokussieren.

Erste Bemühungen unter dem Ansatz einer gesundheitsfördernden Schule gab es in Deutschland bereits seit Mitte der 1990er Jahre im Rahmen von Modellversuchen, so z. B. 1993 bis 1997 im Netzwerk »Gesundheitsfördernde Schulen« der Bundländerkommission für Bildungsplanung und Forschungsförderung (BARKHOLZ & PAULUS, 1998) oder 1997 bis 2001 im Netzwerk »OPUS« (Offenes Partizipationsnetzwerk und Schulgesundheit – Gesundheitsförderung durch vernetztes Lernen, vgl. BARKHOLZ, GABRIEL, JAHN & PAULUS, 2001).

In der Diskussion um eine »qualitätsfördernde Schule« fanden Ansätze und Maßnahmen zu einer »Gesundheitsfördernden Schule« (BARKHOLZ & PAULUS, 1998) bisher kaum Berücksichtigung. Dies hängt mit der bisher überbetont starken Konzentration dieser Konzepte allein auf die gesundheitlichen Problemlagen einer Schule zusammen, bzw. das Gesundheit selbst das Hauptziel schulischer Entwicklung darstellt (PAULUS, 2003) und nicht als ein bedeutender Faktor auf der Schulebene definiert ist.

Eine Weiterentwicklung des Ansatzes »Gesundheitsfördernde Schule« stellt das Konzept der »guten und gesunden Schule« dar (POSSE & BRÄGGER, 2008). Dieser Ansatz integriert sowohl Aspekte der Schulqualität als auch der Gesundheitsförderung und sieht dies als Grundvoraussetzung für eine optimale Gestaltung und Entwicklung von Schule. Gesundheit wird als *eine der Voraussetzungen für Schulqualität aufgefasst* (vgl. ebd., S. 46). Das Konzept berücksichtigt damit eine stärkere Ressourcenorientierung hinsichtlich der Gesundheit und der Kompetenzen von Mitarbeitern einer Organisation als Voraussetzung für erfolgreiche schulische Arbeit.

PAULUS (2003) definiert die gute und gesunde Schule als »eine Schule, die sich klar den Qualitätsdimensionen der guten Schule verpflichtet hat und die bei der Verwirklichung ihres sich daraus ergebenden Erziehungs- und Bildungsauftrages gezielt Gesundheitsinterventionen einsetzt. Ziel ist die nachhaltig wirksame Steigerung der Erziehungs- und Bildungsqualität der Schule« (S. 15). Genauer fassen POSSE und BRÄGGER (2008) die Funktion einer guten und gesunden Schule zusammen: »Eine gute und gesunde Schule verständigt sich über ihren Bildungs- und Erziehungsauftrag (schafft gemeinsame Überzeugungen und Werte) und setzt ihn erfolgreich dadurch um, dass sie

- bei allen Mitgliedern der Schulgemeinschaft (Lehrpersonen wie Schülerinnen und Schülern) Kompetenzen und Haltungen fördert, die ihre Bereitschaft zum lebenslangen Lernen stärken und sie befähigt, in einer sich verändernden Gesellschaft ein erfolgreiches und gesundes Leben zu führen.
- bei der Gestaltung der Prozesse und Rahmenbedingungen (Lehr- und Lernprozesse, Entwicklung des Schulklimas, Schulführung und Zusammenarbeit, Qualitätsmanagement) konsequent die Prinzipien der Gesundheitsförderung (Partizipation, Transparenz, Orientierung an der Salutogenese) anwendet« (S. 31).

Schule soll gezielt einen Beitrag zur Qualität der Schul- und Unterrichtsprozesse, zur Förderung der Lern- und Leistungsfähigkeit der Lehrpersonen und der Schüler und letztlich zur Steigerung von Zufriedenheit und Wohlbefinden aller an der Schule Beteiligten beitragen (POSSE & BRÄGGER, 2008).

Schulen sind laut BRÄGGER und POSSE (2007, S. 33) somit gut und gesundheitsfördernd,

● wenn sie sich in den von ihnen angestrebten Lernergebnissen und pädagogischen Wirkungen als wirksam erweisen (Ergebnis- und Leistungsqualität von Schulen und Unterricht),
● wenn sie Schulführung und Zusammenarbeit, Schulkultur und Schulklima, Unterricht als Prozesse (nach internen und externen Gütekriterien) gut zu gestalten wissen (Prozessqualität von Schule und Unterricht) und
● wenn sie Gesundheit und Wohlbefinden als Grundlage für förderliche Zusammenarbeit und gelingende Lehr- und Lernprozesse verstehen und aktiv fördern (Gesundheit als Prozess- und Ergebnisqualität).

Gesundheits- und Qualitätsverständnis der guten und gesunden Schule

Die Erfüllung des Bildungs- und Erziehungsauftrags der Schule wird explizit als Prinzip einer guten und gesunden Schule ausgewiesen. Die Gesundheit ist Grundlage im Prozess, aber auch angestrebtes Ergebnis. Das Konzept verortet sich dabei in der Schulentwicklungsforschung und wurde vom schweizerischen Qualitätsmanagementmodell Q2E (Qualität durch Entwicklung und Evaluation) (vgl. POSSE & BRÄGGER, 2008, S. 38) abgeleitet und orientiert sich damit am Qualitätsverständnis des Total-Quality-Managements (TQM) (vgl. hierzu ausführlich STEINER & LANDWEHR, 2007). Dabei stehen Kriterien im Vordergrund, die sich wie folgt charakterisieren lassen: Orientierung an den eigenen, festgelegten Qualitätskriterien, schrittweise Qualitätsverbesserung und Qualitätsoptimierung sowie Herstellung hoher Zufriedenheit.

Mit der Kategorisierung in acht Qualitätsdimensionen und insgesamt 40 Qualitätsbereichen ähnelt es den Qualitätsrahmen, wie sie z. B. auch in Nordrhein-Westfalen im Rahmen der Qualitätsanalyse zur Entwicklung und Sicherung der Qualität von Schulen seit 2006 verbindlich eingeführt wurden (vgl. BERGWEILER-PRIESTER, 2008, S. 37; MÜLLER, DEDERING & BOS, 2008). Das Qualitätstableau orientiert sich zudem am *Input-Prozess-Output-Modell* (vgl. BRÄGGER & POSSE, 2007, S. 12 f.).

115

Tabelle 4.2.1: Qualitätstableau der guten und gesunden Schule

Inputqualitäten	Prozessqualitäten Lehren und Lernen		Prozessqualitäten Schule		Prozessqualitäten Schulentwicklung, Qualitätssicherung und -evaluation		Ergebnis- und Wirkungs- qualitäten
1. Schule als Lebens- und Erfahrungsraum	**2. Unterricht**	**3. Bildungs- und Lernprozesse**	**4. Schulkultur/ Schulklima**	**5. Schulführung**	**6. Professionalität und Personal- entwicklung**	**7. Qualitäts- management**	**8. Wirkungen und Ergebnisse einer Schule**
1.1 Gesundheits- status von Schülerinnen	2.1 Schulprogramm Gesundheits- förderung und Prävention	3.1 Selbstgesteuertes entdeckendes gesundheitsbe- wusstes Lernen	4.1 Stärkende Schulgemein- schaft	5.1 Schulleitung und pädagogische Leadership	6.1 Ressourcen- orientierte Personalentwick lung	7.1 Gemeinsame Qualitäts- ansprüche und -ziele	8.1 Wahrnehmen des Erziehungs- Bildungs- auftrages
1.2 Lernumge- bungen und Bewegungs- räume	2.2 Unterrichts- gestaltung, Beurteilungs- formen	3.2 Kooperatives Lernen	4.2 Kommunikation Feedback- und Konfliktkultur	5.2 Funktionale Aufgaben	6.2 Weiterentwick- lung beruflicher Kompetenzen	7.2 Steuerung der Qualitäts- prozesse	8.2 Schlüssel- qualifikationen und Kompetenzen
1.3 Tagesstruktur, Lern- und Erholungszeiten	2.3 Klassenführung und Unterrichts- klima	3.3 Lernen mit allen Sinnen – qualitätsvolle Lernerfahrung	4.3 Kooperation und Teamarbeit	5.3 Entscheidungs- prozesse und Mitbestimmung	6.3 Personaleinsatz und Ressourcen- management	7.3 Selbstreflexion, Individual- feedback	8.3 Schul- und Laufbahn- förderung
1.4 Arbeits- bedingungen und Arbeitsplatz- qualität	2.4 Lernbegleitung Individuelle Förderung und Integration	3.4 Orientierung an Bedürfnissen der SchülerInnen	4.4 Partizipation, Öffnung der Schule	5.4 Schul- organisation und Verwaltung	6.4 Erkennen von Qualitäts- defiziten, soziale Unterstützung	7.4 Schulentwick- lung, Projekt- management, Selbstevaluation	8.4 Zufriedenheit der Anspruchs- berechtigten
1.5 Gesundheits- fördernde Kooperationen mit externen Partnern	2.5 Gesundheits- bezogene Programme	3.5 Individuelle Betreuung	4.5 Gesundheits- förderliches Schulklima	5.5 Gesundheits- förderung als Führungs- aufgabe	6.5 Betriebliche Gesundheits- förderung	7.5 Qualitäts- management der Gesundheits- förderung und Prävention	8.5 Gesundheit und Wohlbefinden der SchülerInnen und Lehrer

Quelle: Posse & Brägger (2008)

1. Schule als Lebens- und Erfahrungsraum

Die erste Dimension bezieht sich auf den Ort Schule, in dem Lehrpersonen und Schüler einen Großteil ihrer Zeit verbringen und in dem Bedingungen für ein produktives Lernen, Arbeiten und Leben geschaffen werden sollen (1.1–1.5).

2. Unterricht

Die zweite Dimension fokussiert auf das Kerngeschäft der Schule und seine Gestaltungselemente: Lehr- und Lernarrangements, Beurteilungsformen, Klassenführung usw. (2.1–2.5).

3. Bildungs- und Lernprozesse

Die dritte Dimension »Bildungs- und Lernprozesse« bezieht sich auf den Lernerfolg der Schüler (3.1–3.5).

4. Schulkultur und Schulklima

Die vierte Dimension beschreibt Schulkultur und Aspekte des Schulklimas, wie z. B. Kooperationen, Teamarbeit oder Feedback und Transparenz in der Schule (4.1–4.5).

5. Schulführung

In der fünften Dimension »Schulführung« werden Qualitätsbereiche einer guten Schulleitung im Hinblick auf die Gesundheit und Qualität einer Schule skizziert (5.1–5.5).

6. Professionalität und Personalentwicklung

Dimension sechs umfasst Prozesse und Strukturen, die die Fähigkeit und Bereitschaft der Lehrpersonen zum lebenslangen Lernen stärken und erhalten sollen (6.1–6.5).

7. Qualitätsmanagement

Die Dimension »Qualitätsmanagement« beschreibt Elemente einer systematischen Qualitätsförderung, wie gemeinsam vereinbarte Qualitätsansprüche, der Aufbau einer Feedbackkultur, Schulentwicklung, interne Evaluation und Steuerung der Qualitätsprozesse (7.1–7.5).

8. Wirkungen und Ergebnisse der Schule

Die achte Dimension des Konzepts bezieht sich auf die Output- und Outcomefaktoren, die für den Erfolg einer Schule stehen (8.1–8.5).

Gesundheitsförderung ist keine eigene Qualitätsdimension, sondern liegt quer zu den Qualitätsdimensionen und ist damit Querschnittsaufgabe in allen acht Qualitätsdimensionen. BRÄGGER, POSSE und ISRAEL (2008) betonen, dass gesundheitsbewusstes Handeln in einer belastungsintensiven Organisation wie der Schule unverzichtbar ist und daher Gesundheitsförderung in mehr oder weniger unmittelbarem Sinn für jeden der 40 Qualitätsbereiche gilt.

Fazit

Das Konzept der guten und gesunden Schule erweitert einen Qualitätsrahmen um Aspekte der Gesundheitsförderung, indem in allen Qualitätsdimensionen Gesundheitsförderung mitgedacht und in einer zusätzlichen Dimension, die im engeren Sinn mit Gesundheitsförderung verknüpft ist, mitberücksichtigt wird. Das heißt, dieser Ansatz orientiert sich daran, was unter Einbeziehung von Gesundheitsförderung zu einem erfolgreichen Bildungs- und Erziehungsauftrag einer Schule führt.

Das Konzept umfasst acht Qualitätsdimensionen auf den Ebenen Input, Prozess und Output mit insgesamt 40 festgelegten Qualitätsbereichen, zu denen eine Reihe von Schlüsselindikatoren gehört. Die Autoren sind sich bewusst, »dass eine Sammlung von Qualitätsmerkmalen und Qualitätsindikatoren unter Umständen auch entmutigend wirken kann« (BRÄGGER & POSSE, 2007, S. 15). Auch unserer Meinung nach wird durch die Vorgabe von insgesamt 40 Qualitätsmerkmalen leicht der Eindruck von Normvorgaben erweckt, die notwendigerweise alle erreicht sein müssen, um für sich proklamieren zu können, eine gute und gesunde Schule zu sein. Es ist nicht definiert, wann eine Schule mit Aufnahme weiterer Qualitätsmerkmale zu einer guten und gesunden Schule wird. Denn: Bisher ist unklar, wie diese Faktoren zusammenwirken und sich gegenseitig bedingen. Ein Herausuchen von bestimmten Kriterien könnte hier zu falschen Ergebnissen führen. Wir wissen zudem aus der

Schulqualitäts- und Effektivitätsforschung, dass es nicht reicht, mit »Treibern« der Schulqualität (BONSEN, BOS & ROLFF, 2008, S. 24) also mit in bestimmten Situationen in bestimmten Organisationen identifizierten Merkmalslisten zu arbeiten (vgl. DITTON, 2000), die oftmals auf bivariaten Zusammenhänge beruhen.

Insgesamt ist der Gedanke einer *Integration* von Gesundheitsförderung und Qualitätsentwicklung sehr wertvoll. Allerdings sehen wir, anders als POSSE und BRÄGGER, in der Gesundheitsförderung als Prozessmerkmal nicht nur eine Grundlage bzw. eine zusätzliche Dimension, die es zu erfüllen gilt oder die latent in den Qualitätsbereichen mitgedacht werden sollte. Nicht nur das Hinzufügen einer Querschnittsdimension, sondern das Aufzeigen von Merkmalen, die für Schulqualität und Gesundheit bedeutsam sind, zeigt den eigentlichen Stellenwert von Gesundheitsförderung. Ein Vergleich von schulischen Merkmalen, die durch die empirische Forschung als prädiktiv für **Gesundheit und Qualität** identifiziert wurden, zeigt, dass viele Merkmale identisch sind. So umfassen letztlich Qualitätsbereiche aller Qualitätsdimensionen neben Kriterien, die für die Qualität einer Schule stehen auch Kriterien, die Gesundheit fördern.

Im Folgenden wird daher ein Modell dargestellt (»gute gesunde Schule«), das Merkmale beinhaltet, die sowohl die Qualität der Gesundheit von Lehrkräften als auch die Schulqualität fördern. Es wird aufgezeigt, wie eng Gesundheitsförderung und Qualitätsförderung miteinander verknüpft sind. Die Förderung der Lehrergesundheit bzw. die Qualität der schulischen Arbeit steht damit im Fokus.

4.3 Schnittstellen von Qualitäts- und Gesundheitsmerkmalen

An dieser Stelle werden erste Ableitungen für ein Gesamtmodell »guter gesunder Schulen« vorgenommen. Um unsere Annahmen zu untermauern, werden im Folgenden Faktoren aus der Schuleffektivitätsforschung sowie der Gesundheitsforschung aufgeführt, die sich hinsichtlich ihrer Wirkung überschneiden und damit hohe Zusammenhänge sowohl hinsichtlich Gesundheit als auch der Wirksamkeit von Schule aufweisen. Unsere Überlegungen werden eingebettet in das im Abschnitt 4.2 erläuterte Untersuchungsraster von DITTON (2000).

Welche Merkmale erfolgreicher Schulen fördern gleichzeitig die Gesundheit der Lehrkräfte? Erste Anhaltspunkte bieten hierbei Faktoren und Merkmale, die in der Schuleffektivitätsforschung hinsichtlich ihrer Wirksamkeit empirisch immer wieder identifiziert wurden (vgl. BONSEN, BOS & ROLFF, 2008; HUBER, 1999a).

Aus der Schuleffektivitätsforschung werden vor allem Ergebnisse aus Meta-Studien des anglo-amerikanischen Raums aufgegriffen. Hinsichtlich der Merkmale zur Gesundheit werden Studien aus der Organisations- und Arbeitspsychologie sowie aus der Gesundheitsforschung herangezogen. In den uns vorliegenden Studien wurde Gesundheit mit unterschiedlichen Konstrukten operationalisiert. Es werden Studien berücksichtigt, die Gesundheit über Burnout, Wohlbefinden, Belastungserleben oder Stress messen.

Die Faktoren beider Forschungsbereiche können den von DITTON (2000) postulierten Grundbereichen der Kategorie »Schulqualität: Schulische Merkmale und Prozesse« (*Schulkultur, Schulmanagement, Kooperation und Koordination, Personal-*

entwicklung) auf der Prozessebene des *Input-Prozess-Outputmodells* zugeordnet werden. Die vorläufigen Überlegungen münden damit in Anlehnung an DITTON (2000) in ein Modell (Abb. 4.3.1), welches die primär relevanten Faktoren für Schulwirksamkeit *und* Gesundheit auf der Prozessebene in Schulen und Unterricht abbildet und das im Ergebnis Wirkungen sowohl hinsichtlich Gesundheit *als auch* Schulqualität aufzeigt. Kriteriumsvariablen (Output) sind damit neben Bildungszielen, auch die Gesundheit der Lehrkräfte (geringer Krankenstand, niedrige Burnoutquoten, wenige psychosomatische Beschwerden sowie Wohlbefinden). Die Befähigung, dauerhaft ein gesundes Leben zu führen, wird als langfristiger Effekt (Outcome) neben beruflichen Erfolgen oder gesellschaftlicher und sozialer Teilhabe angestrebt. Der Prozessbereich »Unterrichtsqualität: Unterrichtsmerkmale und -prozesse« wurde an dieser Stelle nicht weiter berücksichtigt, da hier vor allem wirksamer Unterricht und die Qualität des Lehrens und Lernens im Hinblick auf Schüler erfasst wird. Das Modell beinhaltet vor allem Ausdifferenzierungen auf Schulebene.

Abbildung 4.3.1: Modell guter gesunder Schulen

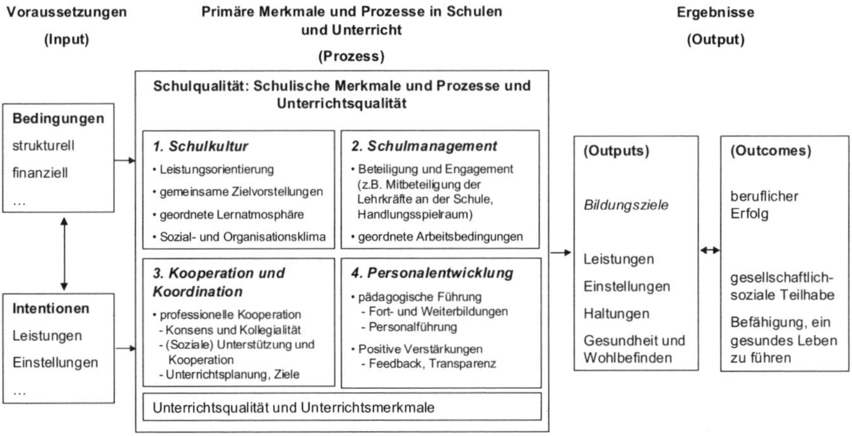

Quelle: *modifiziert nach* DITTON *(2000)*

Das Modell erhebt keinen Anspruch auf Vollständigkeit, bietet sich aber als vorläufiges Schema an. Die einzelnen Ergebnisse werden im Folgenden, kategorisiert nach den von DITTON (2000) abgeleiteten Bereichen auf der Schulebene, vorgestellt.

1. Faktoren der Schulkultur

SAMMONS et al. (1995) konnten z. B. in der Metastudie für das Office for Standards and Education (OFSTED) hohe, *gemeinsam getragene Leistungserwartungen und Zielvorstellungen* als Merkmale identifizieren, die erfolgreiche Schulen ausmachen. Hinsichtlich der Gesundheit von Mitarbeitern konnten z. B. MICHELA et al. (1995) zeigen, dass diese Aspekte (operationalisiert über hohe Leistungserwartungen, Konsens über die Ziele und Zielklarheit) bei Lehrkräften auch zu weniger gesundheitlichen Beeinträchtigungen (psychische Beschwerden, Wohlbefinden) führen.

119

MORTIMORE et al. (1988) fanden Zusammenhänge zwischen einer *lernorientierten Umgebung, einer günstigen Lernatmosphäre* und Schulerfolg. LEVIN und LEZOTTE (1990) konnten in ihrer Meta-Studie nordamerikanischer Studien zeigen, dass ein produktives Schulklima mit einer entsprechenden Schulkultur positiv mit Schulerfolg korreliert. Bedeutende Einflüsse dieser Faktoren bezogen auf Gesundheit fanden auch MOR BARAK et al. (2006). Mittels Lisrel-Analysen konnten sie zeigen, dass ein als ungerecht empfundenes, stressauslösendes Organisationsklima mit geringem Wohlbefinden und niedriger Arbeitszufriedenheit einhergeht. SCHRÖDER und BENSCH (2004) zeigen in Regressionsanalysen, dass eine positive Bewertung der Arbeitsinhalte, ein gutes Betriebsklima und eine hohe Identifikation mit dem Arbeitsplatz wichtige Prädiktoren für die gesundheitliche Stabilität (gemessen mit Skalen zur Erschöpfung und Überlastung, körperlichen Beschwerden, Gereiztheit/ Freude auf der Arbeit) der Mitarbeiter darstellen. Weiterhin konnten sie auf einen Zusammenhang zwischen kooperativem Management und Erschöpfung und Überlastung verweisen.

2. Faktoren des Schulmanagements

MORTIMORE et al. (1988) finden in ihrer englischen Studie Zusammenhänge zwischen der *Beteiligung* und dem Engagement der Lehrkräfte an der Schule und Schulwirksamkeit. Auch für Gesundheit konnten Zusammenhänge festgestellt werden. So zeigen Untersuchungen aus der Organisationspsychologie, dass Mitarbeiter, die geringe Mitbeteiligungsmöglichkeiten wahrnehmen, häufiger gesundheitliche Beeinträchtigungen und ein geringes Wohlbefinden aufweisen (MICHELA et al., 1995; MOR BARAK, LEVIN, NISSLY & LANE, 2006). SEMMER (2000), aber auch ULICH (1972) verweisen darauf, dass geringer *Handlungsspielraum* mit höherem Stressempfinden einhergeht. STADLER und SPIES (2002) konnten in ihrer Untersuchung Zusammenhänge zwischen der Beteiligung der Mitarbeiter an Planungs- und Entscheidungsprozessen und geringeren Arbeitsbelastungen ermitteln. Von ROSENSTIEL, MOLT und RÜTTINGER (1983) berichten, dass ein partizipativer Führungsstil mit geringeren psychischen Belastungen und Fehlzeiten der Mitarbeiter einhergeht.

Auch *geordnete Arbeitsbedingungen* und *positiv wahrgenommene Organisationsstrukturen* stellen Faktoren dar, die zum einen positiv die Wirksamkeit von Schulen beeinflussen (z. B. TEDDLIE & STRINGFIELD, 1993) und zum anderen mit Gesundheit korrelieren. VAN DICK (2006) fasst bezüglich der Erforschung zu Burnout im Lehrerberuf zusammen, dass erhöhte Arbeitsbelastungen, Zielintransparenz und Rollenambiguität als Organisationsmerkmale burnoutfördernd wirken. ZAPF (1991) berichtet einen mittleren signifikant positiven Zusammenhang *(r = ,32*)* zwischen der Wahrnehmung organisatorischer Probleme und psychosomatischen Beschwerden der Mitarbeiter.

3. Faktoren der Kooperation und Koordination

Schlüsselfaktoren bei der Identifikation erfolgreicher Schulen stellen Faktoren hinsichtlich der *Kooperation und Koordination* dar: So wurde immer wieder die professionelle Kooperation im Kollegium – also ein Konsens hinsichtlich der gemeinsamen Ziele pädagogischer Arbeit – die gemeinsame Planung des Unterrichts, eine hohe Kollegialität und starker Zusammenhalt, sowie Unterstützung im Kollegium, zwischen Schülern und durch den Schulleiter, als einer der Indikatoren für Schuleffektivität identifiziert (z. B. MORTIMORE et al., 1988; RUTTER et al., 1979; SAMMONS et al., 1995).

Vor allem Unterstützung in Form *sozialer Unterstützung*, z. B. durch Kollegen, aber auch durch Vorgesetzte wird häufig als Einflussvariable auf Stress, Burnout und Gesundheit – auch im Lehrerberuf – untersucht. So gibt es Ergebnisse die zeigen, dass mangelnde soziale Unterstützung mit dem Entstehen von Burnout korreliert (z. B. CORDES & DOUGHERTY, 1993; GUSY & KLEIBER, 1998; SCHWARZER & GREEN-GLASS, 1999). Weiterhin wurde in Studien der positive Einfluss von sozialer Unterstützung hinsichtlich der Gesundheit ermittelt (BLASE et al., 1986; BURKE et al., 1996; CHEUK & WONG, 1995; GREENGLASS, FIKSENBAUM & BURKE, 1994; HOUSE, 1981; PRETORIUS, 1993; SAUER & GAMSJÄGER, 1996).

GREENGLASS, FIKSENBAUM und BURKE (1994) fanden bei Lehrkräften mit hoher sozialer Unterstützung geringere Ausprägungen von Burnout. BURKE, GREENGLAS & SCHWARZER (1996) konnten in einer Längsschnittuntersuchung kanadischer Lehrkräfte zeigen, dass fehlende soziale Unterstützung durch den Schulleiter die Entstehung von Burnout beeinflusst. BLASE, DEDRICK und STRATHE (1986) ermittelten in ihrer Untersuchung an amerikanischen Lehrkräften, dass Lehrkräfte sich dann wohlfühlen und geringe Stresswerte aufweisen, wenn sich ihre Vorgesetzten unterstützend verhalten. Eine indirekte Wirkung sozialer Unterstützung in Form eines Puffereffekts konnten RUSSEL, ALTMAIER und VAN VELZEN (1987) bei amerikanischen Lehrkräften mittels Regressionsanalysen nachweisen. Sie gehen davon aus, dass Puffereffekte vor allem dann auftreten, wenn soziale Unterstützung im organisationalen Kontext erhoben wird. Haupteffekte treten dann auf, wenn soziale Unterstützung auf breiter Ebene erhoben wird (ebd.).

Hinsichtlich der Faktoren Zusammenhalt und Kollegialität konnte MILLER (2003) einen geringen Gruppenzusammenhalt als bedeutenden Prädiktor für Burnout identifizieren. QUICK et al. (2003) untersuchten Stressempfinden und Wohlbefinden am Arbeitsplatz und konnten aufzeigen, dass Mitarbeiter in Organisationen gesünder sind und weniger Stress empfinden, in denen ein kooperatives Zusammenarbeiten möglich ist und ein hohes Maß an Kollegialität und Unterstützung herrscht.

4. Faktoren der Personalentwicklung

Auch auf der Schulqualitätsebene der Personalentwicklung werden im Schulbereich immer wieder Faktoren identifiziert, die eine erfolgreiche Schule beeinflussen.

So spielt die Schulleitung im Sinne einer pädagogischen Führung – wenn auch vermittelnd – für die *Qualitäts- und Personalentwicklung* einerseits (vgl. HALLINGER & HECK, 1998), aber auch – über die Gestaltung der Arbeitsbedingungen und des eigenen Verhaltens (vgl. ZIMBER, 2004) – für das Wohlbefinden an der Schule andererseits eine zentrale Rolle (z. B. LEVINE & LEZOTTE, 1990).

In der Metaanalyse von MARZANO, WATERS und NCNULTY (2005) identifizierten die Autoren anhand von 69 untersuchten Schulleistungsstudien 21 zentrale Determinanten effektiven Schulleitungshandelns, von denen ein positiver Zusammenhang mit hohen Schülerleistungen hergestellt werden konnte. So zeichnen sich »wirksame« Schulleiter durch Handlungen im Bereich der Personalführung und -entwicklung (z. B. persönlicher Kontakt, intensive Kommunikation, Partizipation der Lehrkräfte) aus. SAMMONS et al. (1995) identifizierten in ihrer Meta-Analyse weiterhin *positive Verstärkung, Transparenz und Feedback sowie praxisnahe Fort- und Weiterbildungen* als Merkmale erfolgreicher Schulen.

Die Befundlage hinsichtlich Zusammenhängen zwischen Maßnahmen der Personalentwicklung und Gesundheit ist ähnlich: So fanden BERGER und ZIMBER (2004) in Untersuchungen von Pflegekräften heraus, dass Mitarbeiter, die angemessene Rückmeldungen erhalten, sich trotz vergleichbarer Arbeitsanforderungen deutlich geringer beansprucht fühlen und ein signifikant niedrigeres Burnout-Risiko aufweisen als Mitarbeiter, die wenig Feedback oder Bestätigung erhalten. SEMMER und UDRIS (2007) verweisen auf die hohe Bedeutung von Fort- und Weiterbildungen für den Ausbau personenbezogener Ressourcen, wie Gesundheit und für die Vermeidung und Bewältigung von Stress. STADLER und SPIESS (2002) verweisen in ihrer Literaturanalyse zum mitarbeiterorientierten Führen darauf, dass fehlende oder mangelnde Weiterbildungsangebote demotivierend und stressauslösend wirken. In einer Untersuchung zu erfolgreichen und nicht erfolgreichen Organisationen hebt BACH (2002) hervor, dass erfolgreiche Unternehmen u. a. Feedbackmechanismen für Mitarbeiter etabliert haben.

Zusammenfassung

In den aufgezeigten Forschungsergebnissen wurde deutlich, dass es Ähnlichkeiten und Überschneidungen zwischen Merkmalen gibt, die einerseits eine wirksame und effektive Schule beeinflussen und andererseits die Gesundheit von Mitarbeitern in Organisationen beeinflussen. So konnten die von uns dargestellten Faktoren, die in Metaanalysen als Kriterien erfolgreicher Schulen identifiziert wurden, auch als Schlüsselfaktoren für Gesundheit ermittelt werden. Die Förderung von Lehrergesundheit stellt also nicht nur *eine zusätzliche* (im Querschnitt angelegte) *Dimension* von wirksamer Schule dar oder schafft eine Grundlage für die Qualität schulischen Handelns: *Die Förderung von Lehrergesundheit ist bereits Qualitätsförderung.* Wird die Arbeitsorganisation (»1.4 Arbeitsbedingungen und Arbeitsqualität« im Qualitätstableau der guten und gesunden Schule, Tabelle 4.2.1) verbessert, kann effektiver gearbeitet werden, die Selbstwirksamkeit wird gestärkt, es werden Ressourcen frei und dies trägt damit auch zu einer besseren Gesundheit von Lehrkräften bei.

Bei der Nennung verschiedener Faktoren, die die Wirksamkeit einer Schule, aber auch die Gesundheit der Mitarbeiter beeinflussen, ist zu betonen, dass die hier dargestellten Merkmale nicht isoliert voneinander zu betrachten sind, sondern in wechselseitigen Beziehungen zueinander stehen. So sprechen bereits RUTTER et al. (1979) davon, dass weniger die identifizierten Einzelfaktoren als vielmehr das kumulative Zusammenwirken der einzelnen Merkmale die Wirksamkeit oder Effektivität einer Schule bestimmen. Jede Schule hat damit bestimmte Schlüsselmerkmale, die in ihrem Zusammenwirken sowohl Schulerfolg einerseits (Kapitel 4.1) als auch Gesundheit andererseits beeinflussen. Das dargestellte Modell ist ein erster Versuch, diese Gemeinsamkeiten von Qualitäts- und Gesundheitsförderung auf Prozessebene im Schulkontext aufzuzeigen. Dabei darf nicht vergessen werden, dass Schülerleistungen wie auch Gesundheit als Kriterium erfolgreicher Schulen nicht nur über Schlüsselindikatoren auf Schulebene erklärt werden können. Schulen stellen nur einen Wirkfaktor neben einer Vielzahl weiterer Merkmale dar (Familie, personale Ressourcen) (vgl. DITTON, 2000). Einfluss auf den Lernerfolg, aber auch auf die Gesundheit haben vor allem individuelle Merkmale. Es gilt daher zu überprüfen, wie die verschiedenen Merkmale zusammenspielen, welche Merkmale direkt auf Gesundheit wirken und welche Merkmale vermittelt über welche Faktoren wirken. An dieser Stelle können wir nur feststellen, dass sich Merkmale der Gesundheitsförderung und Qualitätsförderung überschneiden; welche Mechanismen jedoch im Hintergrund wirken, ist noch zu klären. Eine systematische empirische Überprüfung von Schulqualitätsfaktoren, auch hinsichtlich der Gesundheit, steht jedoch unseres Erachtens noch aus. So kann z. B. vermutet werden, dass sich geringes Wohlbefinden und ein hohes Belastungserleben bei Lehrkräften auch in der Qualität ihres Unterrichts sowie der Beziehungsqualität mit den Schülern äußert (vgl. KLUSMANN, KUNTER, TRAUTWEIN & BAUMERT, 2006) Erste Ergebnisse unserer Studie zeigen in Abbildung 4.3.2 z. B., dass ein höheres Belastungserleben des Kollegiums mit geringerer Unterrichtsqualität (subjektive Einschätzung) an der Schule einhergeht ($r = -,517^{**}$). Dies verdeutlicht die wechselseitige Beeinflussung von Gesundheit und Qualität auf Schulebene.

Abbildung 4.3.2: Zusammenhang von Belastungserleben und der eingeschätzten Unterrichtsqualität des Kollegiums auf Schulebene (n = 116)

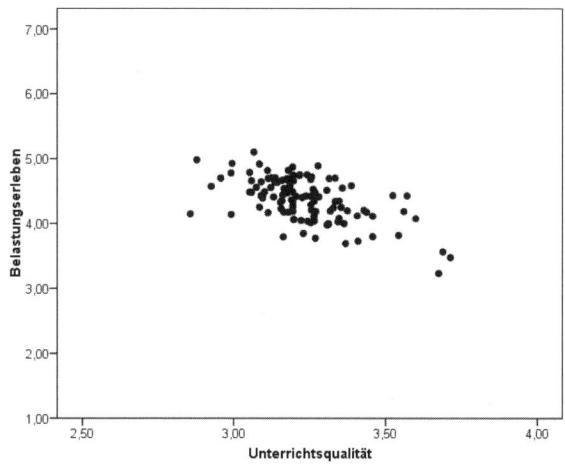

Ein Hinweis, dass sich auch auf Schulleitungsebene qualitätsförderndes Handeln und gesundheitsförderndes Handeln überschneiden, zeigen Zusammenhangsanalysen zur Wahrnehmung des Schulleiters. Schulleiter, denen ein hohes direktives

Salutogenes Leitungshandeln von ihrem Kollegium zugeschrieben wird, weisen auch eine höhere Leitungsqualität auf (*r* =-*,761***).

Abbildung 4.3.3: Zusammenhang von direktivem Salutogenem Leitungshandeln und Leitungsqualität auf Schulebene (n = 116)

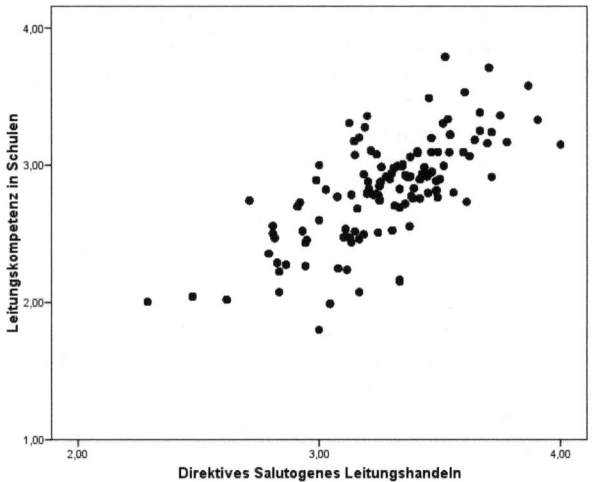

Die dargestellte Leitungskompetenz von Schulleitern ist in Anlehnung an die »Leitungskompetenz in eigenverantwortlichen Schulen« (LES) entstanden, die im Rahmen der Begleitforschung »Selbstständige Schule« entwickelt wurde. Die hier erfragte Leitungskompetenz bezieht sich sowohl auf Management- und Organisationskompetenzen als auch auf ein partizipatives und zielbezogenes Leitungshandeln sowie unterrichtsbezogene Führung (siehe Abschnitt 3.1.3). Der hohe Zusammenhang von spezifisch gesundheitsförderlichem Leitungshandeln und einer relativ umfassenden facettenreichen Konzeptionierung von Leitungskompetenz zeigt, dass auch qualitäts- und gesundheitsförderndes Leitungshandeln scheinbar eng miteinander verknüpft sind.

Eine stärker koordinierende, vergleichende Erforschung von Faktoren, die erfolgreiche Schulen und die Gesundheit aller in der Organisation Beteiligten beeinflussen, erscheint somit wünschenswert. Erste Ableitungen werden in unserem vorläufigen Modell der »*guten gesunden Schule*« dargestellt. Es werden jedoch weitere Modelle benötigt, in denen Schulen nicht auf zentrale Einzelmerkmale reduziert, sondern als Mehrebenensystem auf individueller, unterrichtlicher, schulischer und kontextueller Ebene betrachtet werden. Zudem bedarf es geeigneter Strategien, wie man als Schule zu diesen Merkmalen gelangt bzw. wie eine Schule sie erreichen kann.

5. Gesundheitsförderung an Schulen: Empfehlungen für die Praxis

Bea Harazd

An dieser Stelle werden – angelehnt an die oben referierten Forschungsergebnisse – erste Hinweise für die schulische Praxis hergeleitet.

Wie bereits angedeutet wurde, muss jede Schule ihren eigenen Weg zur guten gesunden Schule finden, da Befunde aus der Schulentwicklungsforschung daraufhin hinweisen, dass Schulen spezifische und individuelle Schulkulturen entwickeln und daher Standardmodelle und systemweite Lösungen nur eingeschränkt greifen. Schulen weisen sehr individuelle Organisationsstrukturen auf und auch Lehrkräfte haben unterschiedliche Bedürfnisse. Dennoch sollten differenzierte empirische Erkenntnisse über gesundheitsbildende und gesundheitsfördernde Zusammenhänge im schulischen Kontext gewonnen werden, die in Schulleitungsfortbildungen münden, um in der Praxis Berücksichtigung finden zu können. Dadurch lassen sich die Erfolgswahrscheinlichkeiten für ein gesünderes Kollegium, das dann mehr Ressourcen für die eigentliche Unterrichtsarbeit hat, erhöhen. Dies bedeutet nicht, dass die Gesundheit der Lehrkräfte nur in der Verantwortung der Einzelschule liegt. Was für die Schulqualität gilt, gilt auch für die gesunde Schule: Sie wird nicht nur auf der Ebene der Einzelschule beeinflusst, sondern auch durch Bedingungen des Schulsystems (vgl. Holtappels, 1999).

Handlungsebene		Handlungsmöglichkeiten
Bildungspolitik	→	Schaffung eines Bewusstseins für Gesundheitsfragen und Förderung entsprechender Maßnahmen
Schulische Ebene	→	Gesundheitsförderliche Schulentwicklung, Gesundheitsmanagement
Individuum	→	Lehrerpersönlichkeit/persönliche Kompetenzen stärken

Hier muss auf verschiedenen Handlungsebenen angesetzt werden. Allerdings kann die schulische Ebene am ehesten durch die Akteure (Schulleiter und Lehrkräfte) selbst beeinflusst werden. Daher wird im folgenden Abschnitt erläutert, wie vor allem Schulleitung die Schule unter gesundheitlichen Aspekten gestalten kann.

5.1 Gesundheitsförderliches Leitungshandeln

Die Ansprüche an Leitung nehmen im Hinblick auf Erziehung und Unterrichtsentwicklung, Personal- und Gesundheitsmanagement, Budgetgestaltung, Fortbildungsplanung und Qualitätsmanagement zu. Hinzu kommt die Aufforderung zur

Mitwirkung an umfassender Systementwicklung, d. h. an regionaler Schulentwicklung und an der Gesundheitsbildung und Gesundheitsförderung von Lehrkräften. So sind sich Gesetzgebung und Gesundheitsforscher einig: Gesundheitsmanagement ist originäre Führungsaufgabe (SchulG NRW, 2006, Arbeitsschutzgesetz, 1996; BRÄGGER & BUCHER, 2008). Selbstverständlich ist es nicht leicht, all diesen Anforderungen und Aufgaben zu genügen. Daher wird im Schulgesetz explizit darauf hingewiesen, dass Aufgaben delegiert werden können – die Gesamtverantwortung bleibt dagegen letztendlich beim Schulleiter (vgl. § 59 Abs. 2 und § 60 Abs. 3 SchulG NRW, 2006). Jedoch fehlt ein Belohnungssystem, das Anreize schaffen kann, sodass Schulleitungen nicht nur auf den guten Willen ihrer Lehrkräfte, auf ihre Motivationsfähigkeit und auf ihre Überzeugungskraft angewiesen sind (HARAZD, GIESKE & ROLFF, 2008). So ist es also für Schulleiter nicht leicht, der »Innenarchitekt der Schule« (vgl. ROLFF, 2007) zu sein und gemeinsam mit dem Kollegium Strukturen und Bedingungen zu schaffen, welche der Gesundheit zuträglich sind.

Wie bereits erläutert (siehe Abschnitt 2.7), setzt sich das Salutogene Leitungshandeln aus dem direktiven Salutogenen Leitungshandeln und dem Gesundheitsmanagement zusammen. Wie es zu einer gesundheitsfördernden Schule beitragen kann, wird im Weiteren erläutert.

Direktives Salutogenes Leitungshandeln

Das Salutogene Leitungshandeln zielt explizit auf das Gefühl der Lehrkräfte ab, über genügend Kapazitäten zu verfügen, um die Arbeit zu bewältigen. Diese positive Erwartungshaltung ist durch drei Dimensionen geprägt: dem Gefühl von Verstehbarkeit, Bewältigbarkeit und Bedeutsamkeit.

Die Schulleitung sollte darauf achten, dass ihre Handlungen, die die schulische Arbeit betreffen, nachvollziehbar und verständlich sind. Dies kann über Transparenz in den Entscheidungen, möglichst gute Informations- und Kommunikationswege und eine ganzheitliche Aufgabenbearbeitung geschehen. Aber auch die Verständlichkeit von Erklärungen trägt dazu bei. Weiterhin muss hinterfragt werden, was für wen bewältigbar ist und wo Vorlieben für bestimmte Tätigkeitsfelder sind, die dann mit einer höheren Motivation verbunden sein können. Hierfür muss die Schulleitung die vorhandenen Ressourcen und Fähigkeiten der einzelnen Lehrkräfte gut kennen, um so eine gute Passung von Person und Aufgabe zu finden. Auch Feedback, das den Arbeitsstand und das Ergebnis beinhaltet, ist wichtig, sodass gemeinsam reflektiert werden kann. Feedback trägt dazu bei, das Arbeitsergebnis einzuordnen und sich seiner Kompetenzen bewusst zu werden. Ebenso strukturiert es den Arbeitsprozess und hilft bei der Umsetzung.

Als besonders ertragreich haben sich Zielvereinbarungsgespräche als Instrument zur Zielsetzung und Rückmeldung herausgestellt. Der Schulleiter vereinbart gemeinsam mit der Lehrkraft Ziele, das heißt, vorausgedachte Ergebnisse einer Handlung werden festgelegt. Diese Ziele stellen Bezugspunkte für Leistung, Ergebniskontrolle und Motivation dar und geben damit Orientierung für Schulleitung und Kollegium. Die Rückmeldung erhöht ebenso wie die Beteiligung an der Zielsetzung die Zielerreichung (KLUGER & DENISI, 1996; WEGGE, 2004). Daher bieten sich Zielvereinbarungen sowohl zur Entwicklung der einzelnen Lehrperson als auch zur Entwicklung der Organisation an. Ausführlich wird die praktische Umsetzung von Zielvereinbarungen beispielsweise von BUHREN und ROLFF (2009) in »Personalmanagement für die Schule« erläutert.

Und nicht zuletzt wirkt sich die Bedeutsamkeit bestimmter Aufgaben oder Zielsetzungen positiv auf diese Erwartungshaltung aus, sodass Lehrkräfte Anforderungen flexibel begegnen und die angemessenen Ressourcen aktivieren können. Hier gilt es beispielsweise, Visionen zu vermitteln, Aufträge zu begründen und Entwicklungsperspektiven aufzuzeigen.

Anhand Tabelle 5.1.1 kann reflektiert werden, inwieweit das eigene Schulleitungshandeln diese salutogenen Handlungsweisen aufweist.

Tabelle 5.1.1: Direktives Salutogenes Leitungshandeln

Dimensionen	Handlungsmöglichkeiten
Verstehbarkeit	→ Transparenz in Verantwortungsregelung/Entscheidungen
	→ Informationsfluss fördern
	→ Aufgabenklarheit
	→ Verständliche Erklärungen
Bewältigbarkeit	→ Passung von Aufgabe und Person
	→ Selbstwert fördern durch Anerkennung und Rückmeldung
	→ Individuelle Stärken und Schwächen berücksichtigen
	→ Optimale Arbeits- und Organisationsstrukturen schaffen
	→ Kooperationsgelegenheiten ermöglichen
	→ Materialaustausch fördern
Bedeutsamkeit	→ Zielorientiertes Handeln
	→ Vermitteln von Visionen
	→ Gemeinsame Zielsetzung
	→ Handlungen erläutern/Zielklarheit

Ein Belastungsfaktor, der von Lehrkräften immer wieder genannt wird, ist die Konferenzarbeit (siehe Abschnitt 3.4.3). Lehrkräfte äußern, dass diese häufig unergiebig, unbefriedigend und langatmig verläuft. Wie Schulkonferenzen und vor allem Lehrerkonferenzen gestaltet werden können, wird in zahlreicher Praxisliteratur erläutert. Beispielsweise sind hier zu nennen: KLIPPERT (2006) mit dem Buch »Lehrerentlastung« und der Artikel von BARTZ (2008) »Die Schulkonferenz für die strategische Orientierung der Schule und für den Austausch von Lehrkräften, Eltern und Schülern nutzen« sowie PULLIG (2006) mit einem Aufsatz zu »Konferenzen« in Schulen in dem Buch »Professionswissen Schulleitung« (BUCHEN & ROLFF, 2006).

Gesundheitsmanagement

Für ein erfolgreiches Gesundheitsmanagement ist kennzeichnend – wenn es sich an einer salutogenen Sichtweise orientiert – dass eine organisationsbezogene Interventionsstrategie Grundlage ist und diese systematisch und nachhaltig umgesetzt wird. Gesundheitsmanagement ist Teil des Salutogenen Leitungshandelns. Im Gesundheitsmanagement zeigen sich die strukturellen Aspekte Salutogenen Leitungshandelns, wie z. B. die Regelung der Informationswege. Gesundheitsmanagement umfasst alle Ansätze und Maßnahmen einer Organisation, welche die für die Gesundheit und das Wohlbefinden der Mitarbeiter verantwortlichen Faktoren stärken bzw. Risikofaktoren reduzieren können (vgl. FALTERMEIER, 2005; RUDOW, 2004).

Damit strukturelle Maßnahmen der Gesundheitsbildung und -förderung nachhaltig wirksam sind, müssen sie – wie alle Schulentwicklungsmaßnahmen – an bestimmte Voraussetzungen geknüpft sein. Für den langfristigen Erfolg ist entscheidend, dass die Schulleitung die Aufgaben der Gesundheitsförderung wahrnimmt und institutionalisiert. Hierbei gilt es sich an den Bedürfnissen des gesamten Kollegiums zu orientieren, um gesundheitsförderliche Bedingungen zu schaffen. So sind Interventionsstrategien für die gesamte Organisation zu planen und nicht nur für Einzelaktivitäten. Die Maßnahmen sollten systematisch, also aufeinander abgestimmt und nachhaltig angelegt sein, sodass nicht bei Ausfall einer verantwortlichen Person oder nach einer bestimmten Anzahl der Aktivitäten alles wieder im Sand verläuft.

Auf schulischer Ebene wird das Belastungserleben von Lehrkräften also direkt und indirekt durch das Schulleitungshandeln beeinflusst. Sowohl hinsichtlich der direkten *Kommunikation* mit den Lehrkräften als auch die *Struktur* der Schule betreffend, sollte hinterfragt werden, inwieweit die *Verstehbarkeit, Bewältigbarkeit* und *Bedeutsamkeit* gefördert wird. Hierfür können die in Tabelle 5.1.2 aufgeführten Fragen hilfreich sein.

Tabelle 5.1.2: Beispielfragen für Salutogenes Leitungshandeln

Dimension	Kommunikation	Struktur
Verstehbarkeit	Drücke ich mich verständlich und strukturiert aus?	Verfügt die Schule über gute Kommunikationsstrukturen und ist Transparenz gegeben?
Bewältigbarkeit	Wissen die Lehrkräfte, dass sie meine Unterstützung haben?	Sind die Arbeitsabläufe ökonomisch gestaltet und werden Ressourcen optimal eingesetzt?
Bedeutsamkeit	Habe ich eine Begründung gegeben bzw. die Bedeutsamkeit aufgezeigt?	Haben wir ein gemeinsames Ziel bzw. eine Vision, auf die wir zielstrebig hinarbeiten?

5.2 Entwicklungsprozess zur guten gesunden Schule

Um ein erfolgreiches Gesundheitsmanagement zu betreiben, bietet sich ein spiralförmiges Vorgehen an, in dem mit der Steuergruppe und/oder projektorientiert gearbeitet wird. Im Kern unterscheiden sich gesundheitsbezogene Innovationsprozesse nicht von allgemeinen Personal- oder Organisationsentwicklungsprozessen (BAMBERG & FAHLBRUCH, 2007).»Organisationsentwicklung bedeutet, eine Organisation von innen heraus weiterzuentwickeln, und zwar im Wesentlichen durch deren Mitglieder selbst« (ROLFF, 2007, S. 14). Charakteristisch für Prozesse der Organisationsentwicklung bzw. Schulentwicklung sind Lernprozesse für Mensch und Organisation. Sie beziehen sich auf die Schule als Ganzes – nicht nur auf Teilbereiche der Organisation. Wichtig ist eine systematisch geplante, schrittweise Entwicklung, die nicht überstürzt erfolgt. Aktivitäten der Schulentwicklung verlaufen nicht linear, sondern sind zyklische oder spiralförmige Prozesse. Der Ansatz der Organisationsentwicklung betont, dass Organisationen nicht wirklich verändert werden können, wenn sich das Verhalten der Organisationsmitglieder nicht wandelt, und dass umgekehrt individueller Wandel folgenlos bleibt, wenn sich nicht organisatorische Rahmenbedingungen entwickeln (ROLFF, 2006). Allerdings gibt es einige Verfahren oder Methoden im Entwicklungsprozess, die in verschiedenen Phasen gezielt auf den Kontext Gesundheit zugeschnitten sind. Es gibt insgesamt vier Phasen, die in einem Entwicklungsprozess idealtypisch hintereinander erfolgen:

- Konstituierung/Zielfindung
- Planungs- und Analysephase
- Vorbereitung und Durchführung der Intervention
- Auswertung/Evaluation

Abbildung 5.2.1: Idealtypischer Ablauf eines gesundheitsbezogenen Innovationsprozesses

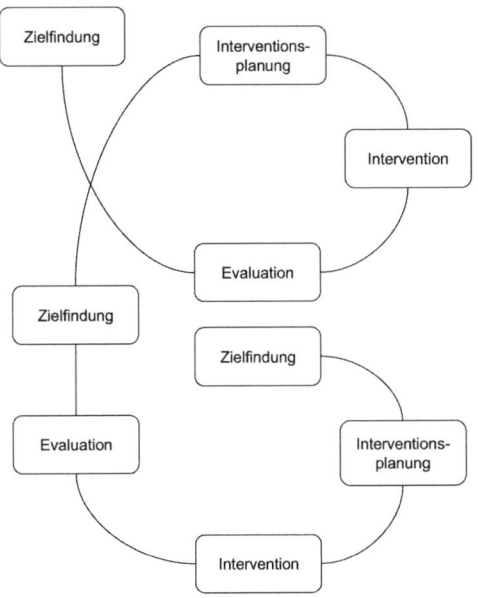

In der ersten Phase »Konstituierung/Zielfindung« geht es darum, ein Gremium zu finden, das den Prozess koordiniert, z. B. die Steuergruppe oder eine speziell hierfür gebildete »Arbeitsgruppe Gesundheit«. Um alle zu beteiligen, bietet sich ein gewählter Vertreter jeder Interessengruppe in der Schule an. In diesem Gremium erfolgt eine Problemdefinition, eine erste Eingrenzung von Zielen und Evaluationskriterien.

Wer steuert den Prozess und welches Problem gehen wir an?

Gegenstand der zweiten Phase, der »Planungs- und Analysephase«, ist die Durchführung von Analysen wie z. B. statistische Analysen über Krankenstände oder Unfälle. Aber auch schriftliche oder mündliche Mitarbeiterbefragungen zur Ermittlung von schulischen Belastungen bzw. Ressourcen gehören hierzu. Anhand der Analysen werden Schwerpunkte der Interventionen und Interventionsmethoden festgelegt.

An welchen konkreten Problemen arbeiten wir und wie können wir sie lösen?

Die dritte Phase »Vorbereitung und Durchführung der Intervention« dient der Festlegung der Evaluationskriterien, aber auch der Festlegung von Aufgabenbereichen, d. h. Zuständigkeiten, Zeitrahmen und Verantwortlichen. Erst dann kann die Intervention durchgeführt werden.

Woran machen wir den Erfolg der Intervention fest und wie setzen wir diese am besten um? War die Intervention erfolgreich?

In der vierten und letzten Phase »Auswertung/Evaluation« geht es darum, Hinweise zur Bewertung des Erfolgs der Intervention zu bekommen und diese auch zu kommunizieren. In dieser Bilanzierungsphase zeigen sich vielleicht auch weitere Probleme, deren Lösungen als notwendig erachtet werden. So ergibt sich eine Problemdefinition, die Gegenstand eines erneuten Entwicklungsprozesses ist, d. h. die Phasen werden weiter durchlaufen bis kein Handlungsbedarf mehr gesehen wird. Durch das Durchlaufen der Spirale entwickelt sich die Gesundheitsförderung an der Einzelschule weiter. Gesundheitsmanagement meint die Verbindung einzelner Aktivitäten zu einer systematischen Interventionsstrategie oder die Planung von sich ergänzenden Interventionen, die nachhaltig sind und sich an einer salutogenen Sichtweise orientieren. Die Aufgabe des Zusammenhaltens und Zusammenführens wird meist dem Schulleiter zugetragen, da er den Überblick über die schulischen Aktivitäten besitzt. Allerdings kann die Aufgabe auch delegiert werden. Voraussetzungen sind – wie bei jeder Delegation – Vertrauen, klare Anweisungen, häufige Rücksprachen und ausreichender Informationsfluss zwischen Schulleitung und verantwortlichen Lehrpersonen (Harazd et al., 2008).

Hascher und Baillod (2008) nennen für die konkrete Umsetzung der Institutionalisierung von Gesundheitsmanagement zehn zentrale strukturelle Umsetzungsaspekte:

1. Integration von Gesundheitsförderung im Schulleitbild
2. Schulbehörde und Schulleitung unterstützen die Gesundheitsförderung
3. Einsetzung eines Gremiums, das die Gesundheitsförderungsmaßnahmen plant, begleitet und auswertet

4. Möglichkeit der aktiven Beteiligung aller Interessierten
5. Erkennung der Verantwortlichkeit für belastungsgerechte und persönlichkeitsförderliche Arbeitsbedingungen durch Schulleitung und Schulbehörde
6. Kontinuierliche Überprüfung der Gesundheitsförderungsmaßnahmen durch Schulbehörde und Schulleitung
7. Ausreichend Ressourcen für die Durchführung von Maßnahmen
8. Thematisierung des Gesundheitsmanagements in Aus- und Weiterbildung
9. Sicherstellung von angemessener Beteiligung
10. Transparente Informationspolitik

Für diese Aspekte werden von HASCHER und BAILLOD (2008) vor allem Schulleitung und Schulbehörde als Initiatoren und Verantwortliche genannt, wobei sie aber auch betonen, dass die Verantwortung von allen an der Schule beteiligten Akteuren getragen werden muss.

In unserer Untersuchung fokussierten wir auf die Gesundheitsförderung von Lehrpersonen, sodass die von uns erfragten Maßnahmen einzig auf diese Personengruppe abzielen. Die in Tabelle 5.2.1 aufgeführten verhaltens- und verhältnisorientierten Maßnahmen des Gesundheitsmanagements erwiesen sich, wie oben erläutert, als wichtige Faktoren, die das Belastungserleben von Lehrkräften verringern. Lehrkräfte an Schulen, welche diese Maßnahmen umsetzten, nahmen geringere Belastungen wahr. Wenn sich Lehrkräfte weniger belastet fühlen, kommt dies auch den Schülern zugute.

Tabelle 5.2.1: Maßnahmen des Gesundheitsmanagements

Verhältnisorientierte Maßnahmen	Verhaltensorientierte Maßnahmen
Gesundheitsförderung von Lehrkräften als Teil der eigenen Schulentwicklung	Unterstützung der Lehrkräfte in der Entwicklung gesundheitsförderlicher Verhaltensweisen
Verankerung der Gesundheitsförderung und Gesundheitsziele im Leitbild und Schulprogramm der Schule	Befähigung der Betroffenen mit Belastungssituationen (z. B. Stress) umzugehen.
Bewusstsein für die Erhaltung und Förderung der Gesundheit an der Schule	Sensibilisierung der Lehrpersonen für gesundheitsrelevante Themen wie z. B. Bewegung oder Selbstmanagement
Die Arbeitsgestaltung basierend auf gesundheitsfördernden Überlegungen	
Schulweite Klärung und Unterstützung der Lehrkräfte bei Disziplinproblemen oder Unterrichtsstörungen	
Datenbasierte, systematische Verbesserung der Arbeitssituation an der Schule	

Die hier aufgeführten Maßnahmen können ebenso zur Reflexion anregen und für die Zielfindung bzw. Diagnose herangezogen werden. Inwieweit basiert die Arbeitsplatzgestaltung auf gesundheitsförderlichen Überlegungen? Haben sich bestimmte Routinen eingeschlichen, die hinterfragt werden sollten und sogar mit wenig Aufwand umgestellt werden können?

Zur Entwicklung einer gesünderen Schule sind die von BRÄGGER und POSSE (2007) entwickelten »Instrumente für die Qualitätsentwicklung und Evaluation in Schulen« empfehlenswert. Sie liefern konkrete Umsetzungsideen und beschreiben differenziert Schlüsselindikatoren, die so Qualität der schulischen Arbeit fassbarer machen.

Natürlich bedeuten Schulentwicklungsprozesse und selbst kleine Veränderungen zunächst einen höheren Arbeitsaufwand, aber bei systematischer und nachhaltiger Vorgehensweise werden auf lange Sicht Ressourcen freigesetzt.

6. Schulleitungshandeln und Lehrergesundheit – Bilanz und Perspektive

Unsere Forschungsbefunde zeigen, dass das Belastungserleben der Lehrkräfte auch von Arbeitsbedingungen an der jeweiligen Schule geprägt wird. In Abhängigkeit davon, an welcher Schule Lehrkräfte arbeiten, sind also gesundheitliche Beeinträchtigungen infolge von bestimmten Belastungen wahrscheinlicher oder unwahrscheinlicher. **Es gibt demnach stärker und weniger stark beanspruchte Kollegien.** Es gelingt also einigen Schulen trotz ähnlicher bildungspolitischer Rahmenbedingungen die Arbeitsbedingungen an der Schule so zu gestalten, dass sich die Kollegien weniger beansprucht fühlen.

Auf schulischer Ebene wird das Belastungserleben von Lehrkräften direkt und indirekt durch das Schulleitungshandeln beeinflusst. **Salutogenes Leitungshandeln steht mit dem Belastungserleben von Lehrkräften im Zusammenhang.** Es zeigt sich sowohl in direkten Kommunikationssituationen als auch in einer gesundheitsförderlichen strukturellen Schulgestaltung. Dies meint, dass die Gesundheit von Lehrkräften direkt, personal-interaktiv durch die Schulleitung, aber auch indirekt, strukturell-systemisch über geschaffene Strukturen beeinflusst werden kann. Auch personale Ressourcen einer Person wie die **Selbstwirksamkeitserwartung,** die stärker in der Person verankert sind, können durch die Arbeitsumgebung beeinflusst werden und sind zentral für den Umgang mit Stress. Der Arbeitskontext muss daher so gestaltet sein, dass sich Lehrkräfte als wirksam erleben können, um so den hohen Anforderungen gewachsen zu sein. Sowohl hinsichtlich der Kommunikation mit den Lehrkräften als auch auf die Struktur der Schule bezogen, sollten Verstehbarkeit, Bewältigbarkeit und Bedeutsamkeit viel stärker gefördert werden, damit Lehrkräfte sich selbstwirksamer erleben können.

Die Zusammenführung von Befunden der Schuleffektivitätsforschung, Gesundheitsforschung und Organisationspsychologie haben gezeigt, dass die Förderung der Gesundheit auch die Förderung der Qualität der schulischen Arbeit bedeuten kann. Zahlreiche Faktoren, die Schulqualität bewirken, bewirken auch eine gesunde Schule: das sind vor allem gemeinsame Zielvorstellungen, geordnete Lernatmosphäre, Partizipation, Kooperation, Transparenz, soziale Unterstützung und Feedback. Etliche Merkmale konnten als einflussreich für die Schuleffektivität und die Gesundheit von Lehrkräften ausgewiesen werden. **Somit ist Gesundheitsförderung auch Qualitätsförderung.** Diese Verknüpfung zeigt, dass Gesundheitsförderung nicht nur ein spezielles oder weiteres Aufgabengebiet für Schulleiter darstellt, sondern Teil qualitätsfördernder Aktivitäten ist und damit zum Kern von Leitungsfähigkeit gehört. Wir haben unsere Betrachtung auf die Schulebene konzentriert und keine Verknüpfung von Qualität- und Gesundheitsförderung auf der Unterrichtsebene vorgenommen. Merkmale guten Unterrichts wie z. B. eine angemessene Lautstärke im Unterricht haben ebenso einen positiven Einfluss auf die Lerneffizienz wie auf die Gesundheit der Lehrkraft. Dieses Beispiel verdeutlicht, dass es sinnvoll ist, auch auf der Unterrichtsebene die Überschneidung von Gesundheitsförderung und Qualitätsförderung vorzunehmen.

Der Beitrag der empirischen Forschung sollte weiterhin die Generierung von detailliertem Wissen über komplexe Zusammenhänge und Wirkungen von Lehrergesundheit in der Schule (»*Was* ist eine gute gesunde Schule?«) sein. Hier scheint uns das Konzept der Salutogenese besonders vielversprechend für die Gestaltung von Arbeitsbedingungen in der Schule und insbesondere für die Beziehung zwischen Schulleitung und Kollegium. Aber auch die Forschung über Veränderungsprozesse in Schulen muss intensiviert werden, denn es wird mehr gesichertes Wissen darüber benötigt, *wie* eine gute gesunde Schule entwickelt bzw. entstehen kann. Letztendlich sollte das Resultat handlungsorientierte Strategien auf empirisch-wissenschaftlichem Fundament sein.

Nicht verschweigen wollen wir zum Schluss, dass die Umsetzung der hier gegebenen Empfehlungen nicht gänzlich ohne weitere Ressourcen möglich ist. Es ist notwendig, mehr Geld für Bildung zu investieren. Bei allen Möglichkeiten die Schulen und Schulleitungen haben, soll an dieser Stelle nochmals ausdrücklich darauf hingewiesen werden, dass auch auf bildungspolitischer Ebene Entscheidungen getroffen werden sollten, die durch empirische Forschung identifizierten Risikofaktoren zu minimieren. Wir verstehen das Unverständnis mancher Lehrkräfte und Schulleiter über die fortwährend geforderte Eigeninitiative und ihre fehlende Ausdauer und Motivation mit unveränderten schulsystemischen Rahmenbedingungen, ihre eigene Schule unter gesundheitlicher Perspektive weiterzuentwickeln. Wir konnten zeigen: Wenn Lehrkräfte und Schulleiter ihre vorhandenen Möglichkeiten und Handlungsspielräume nutzen, kann Gesundheit gefördert werden. Deshalb sollte Gesundheitsförderung an Schulen stärker in den Fokus schulischer Arbeit rücken; denn letztendlich ist es die eigene Gesundheit, um die es geht.

7. Verzeichnisse

7.1 Literaturverzeichnis

ABELE, A. E. & ČANDOVÁ, A. (2007). Prädiktoren des Belastungserlebens im Lehrerberuf. Befunde einer 4-jährigen Längsschnittstudie. *Zeitschrift für Pädagogische Psychologie, 21*, 107–118.

ALLEN, N. J. & MEYER, J. P. (1990). The measurement and antecedents of affective, continuance and normative commitment to the organization. *Journal of Occupational Psychology, 63*, 1–18.

AMERICAN PSYCHIATRIC ASSOCIATION (Hrsg.). (2000). *Diagnostic and Statistical Manual of Mental Disorders DSM-IV.* Washington: American Psychiatric Association.

ANTONOVSKY, A. (1987). *Unraveling the mystery of health – How people manage stress and stay well.* San Francisco: Jossey-Bass.

ANTONOVSKY, A. (1997). *Salutogenese: zur Entmystifizierung der Gesundheit* (A. FRANKE & N. SCHULTE, Trans.). Tübingen: DGVT.

ARBEITSSCHUTZGESETZ (ArSchG). (1996). *Gesetz über die Durchführung von Maßnahmen des Arbeitsschutzes zur Verbesserung der Sicherheit und des Gesundheitschutzes der Beschäftigten bei der Arbeit.* Verfügbar unter: http://www.verwaltung.uni-hamburg.de/k/9/handbuch/8/arbschg.pdf (8. 9. 2008).

BACH, N. (2002). Zukunftsfähige Organisation. Stand und Entwicklungstrends der Organisation deutscher Unternehmen und Verwaltungen. *Organisations- und Verwaltungsforschung, 2*, 9–22.

BACHMANN, N. (1998). *Die Entstehung von sozialen Ressourcen abhängig vom Individuum und Kontext. Ergebnisse einer Multilevel-Analyse.* Münster: Waxmann.

BADURA, B. (2008). Auf dem Weg zu guten, gesunden Schulen. Was Schulen von Unternehmen lernen können. In G. BRÄGGER, N. POSSE & G. ISRAEL (Hrsg.), *Bildung und Gesundheit. Argumente für eine gute und gesunde Schule* (S. 97–176). Bern: hep.

BAMBERG, E. & FAHLBRUCH, B. (2004). Gesundheit und Sicherheit. In H. SCHULER (Hrsg.), *Lehrbuch Organisationspsychologie* (S. 617–639). Bern: Hans Huber.

BAMBERG, E. & FAHLBRUCH, B. (2007). Gesundheit und Sicherheit. In H. SCHULER (Hrsg.), *Lehrbuch Organisationspsychologie* (4. Aufl., S. 617–639). Stuttgart: Hans Huber.

BANDURA, A. (2001). Social Cognitive Theory: An agentic perspective. *Annual Review of Psychology, 52*, 1–26.

BARKHOLZ, U., GABRIEL, R., JAHN, H. & PAULUS, P. (2001). *Offenes Partizipationsgesetz und Schulgesundheit – Gesundheitsförderung durch vernetztes Lernen.* Norderstedt: Libri.

BARKHOLZ, U. & PAULUS, P. (1998). *Gesundheitsfördernde Schulen. Konzept, Projektergebnisse, Möglichkeiten der Beteiligung.* Gamburg: G. Conrad.

BARTH, A.-R. (1985). *Das MBI-D: Erste Untersuchungen in einer deutschen Übersetzung des »Maslach Burnout Inventory« bei klientenzentrierten Gesprächstherapeuten und Hochschullehrern.* Zulassungsarbeit zur Staatlichen Ergänzungsprüfung im Fach Psychologie, Erlangen: Universität Erlangen-Nürnberg.

BARTH, A.-R. (1990). *Burnout bei Lehrern. Theoretische Aspekte und Ergebnisse einer Untersuchung.* Dissertation. Universität Erlangen-Nürnberg.

BARTH, A.-R. (1992). *Burnout bei Lehrern.* Göttingen: Hogrefe.

BARTZ, A. (2008). Die Schulkonferenz für die strategische Orientierung der Schule und für den Austausch von Lehrkräften, Eltern und Schülern nutzen (Teil 8: 82.12). In A. BARTZ, J. FABIAN, S. HUBER, C. CLOFT, H. ROSENBUSCH & H. SASSENSCHEIDT (Hrsg.), *Praxis-Wissen Schulleitung.* Neuwied: Luchterhand.

BAUER, K.-O. & KANDERS, M. (1998). Burnout und Belastung von Lehrkräften. In H.-G. ROLFF (Hrsg.), *Jahrbuch der Schulentwicklung.* Weinheim: Juventa.

BAUER, K.-O. & KANDERS, M.5 (1999). Belastung und Beanspruchung von Schulleitungs-mitgliedern. Wie ist die Situation und was kann man tun? In H. BUCHEN, L. HORSTER & H.-G. ROLFF (Hrsg.), *Handbuch Schulleitung und Schulentwicklung*. Berlin: Raabe.

BAUMERT, J. & SCHÜMER, G. (2001). Familiäre Lebensverhältnisse, Bildungsbeteiligung und Kompetenzerwerb. In Deutsches PISA-Konsortium (Hrsg.), *PISA 2000. Basiskompetenz von Schülerinnen und Schülern im internationalen Vergleich* (S. 323–407). Opladen: Leske & Budrich.

BAUMERT, J., STANAT, P. & WATERMANN, R. (Hrsg.). (2006). *Herkunftsbedingte Disparitäten im Bildungswesen. Vertiefende Analysen im Rahmen von Pisa 2000*. Wiesbaden: VS Verlag.

BECH, P. (2004). Measuring the dimensions of psychological general well-being by the WHO-5. *QoL Newsletter, 32*, 15–16.

BECH, P., OLSEN, R. L., KJOLLER, M. & RASMUSSEN, N. K. (2003). Measuring well-being rather than the absence of distress symptoms: a comparison of the SF-36 Mental Health subscale and the WHO-Five Well-Being Scale. *International Journal of Methods in Psychatric Research, 12*, 85–91.

BECKER, P. & MINSEL, B. (1986). *Psychologie der seelischen Gesundheit*. Göttingen: Hogrefe. (Bd. 2).

BEEHR, T. A. (1995). *Psychological stress in the workplace*. London: Routledge.

BENGEL, J., STRITTMATTER, R. & WILLMANN, H. (2001). *Was erhält Menschen gesund? Antonovskys Modell der Salutogenese – Diskussionsstand und Stellenwert*. Bergisch Gladbach: Schiffmann.

BENNIS, W. (1990). *Führung lernen*. Frankfurt/Main: Campus.

BERGER, G. & ZIMBER, A. (2004). *Alter(n)sgerechte Arbeitsplätze in der Altenpflege – Wege zur Stärkung der Arbeits(bewältigungs)fähigkeit (nicht nur) der älteren Mitarbeiter/innen*. Verfügbar unter: http://www.equal-altenhilfe.de/files/Arbeitsplatz_Altenhilfe/AP_03/AP_03.pdf [4.5.2009].

BERGWEILER-PRIESTER, I. (2008). SEIS und Qualitätsanalyse – schulinterne Evaluation am besten vor der externen Evaluation. In S. MÜLLER, K. DEDERING & W. Bos (Hrsg.), *Schulische Qualitätsanalyse in Nordrhein-Westfalen – Konzepte, erste Erfahrungen, Perspektiven* (S. 36–43). Köln: LinkLuchterhand.

BERNFELD, S. (1925). *Sisyphos oder die Grenzen der Erziehung*. Wien: Internationaler Psychoanalytischer Verlag (Neudruck Frankfurt/Main: 1967).

BESSOTH, R. (1986). *Organisationsklima an Schulen*. Neuwied: Luchterhand.

BLASE, J., DEDRICK, C. & STRAHTE, M. (1986). Leadership behaviour of school principals in relation to teacher stress, satisfaction, and perfomance. *Journal of Humanistic Education and Developement, 24*, 159–171.

BÖHM-KASPER, O. (2004). *Schulische Belastung und Beanspruchung. Eine Untersuchung von Schülern und Lehrern am Gymnasium*. Münster: Waxmann.

BÖHM-KASPER, O., BOS, W., JAECKEL, S. & WEISHAUPT, H. (2000). Skalenhandbuch zur Belastung von Schülern und Lehrern. Das Erfurter Belastungs-Inventar (EBI). In H. WEISHAUPT & P. ZEDLER (Hrsg.), *Erfurter Materialien und Bericht zur Entwicklung des Bildungswesens*. Erfurt: Pädagogische Hochschule.

BONSEN, M. (2003). *Schule, Führung, Organisation. Eine empirische Studie zum Organisations- und Führungsverständnis von Schulleiterinnen und Schulleitern*. Münster: Waxmann.

BONSEN, M., BOS, W., GRÖHLICH, C. & WENDT, H. (2008). Bildungsrelevante Ressourcen im Elternhaus: Indikatoren der sozialen Komposition der Schülerschaften an Dortmunder Schulen. In Stadt Dortmund (Hrsg.), *Erster kommunaler Bildungsbericht für die Schulstadt Dortmund* (S. 125–149). Münster: Waxmann.

BONSEN, M., BOS, W. & ROLFF, H.-G. (2008). Zur Integration von Schuleffektivitäts- und Schulentwicklungsforschung. In W. BOS, H. G. HOLTAPPELS, H. PFEIFFER, H.-G. ROLFF & R. SCHULZ-ZANDER (Hrsg.), *Jahrbuch der Schulentwicklung Band 15. Daten, Beispiele und Perspektiven* (S. 11–39). Weinheim: Juventa.

BONSEN, M., VON DER GATHEN, J., IGLHAUT, C. & PFEIFFER, H. (2002). *Die Wirksamkeit von Schulleitung. Empirische Annäherung an ein Gesamtmodell schulischen Leitungshandelns.* Weinheim: Juventa.

BORTZ, J. & DÖRING, N. (2002). *Forschungsmethoden und Evaluation für Human- und Sozialwissenschaftler* (3., überarb. Aufl.). Berlin: Springer.

BOS, W., LANKES, E.-M., PRENZEL, M., SCHWIPPERT, K., WALTERS, G. & VALTIN, R. (Hrsg.). (2003). *Erste Ergebnisse aus IGLU. Schülerleistungen am Ende der vierten Jahrgangsstufe im internationalen Vergleich.* Münster: Waxmann.

BRÄGGER, G. & BUCHER, B. (2008). Ressourcenorientierte Personalentwicklung. Integrierte Gesundheits- und Qualitätsförderung als Führungsaufgabe der Schulleitung. In Netzwerk Bildung und Gesundheit (OPUS-NRW) (Hrsg.), *Bildung und Gesundheit. Argumente für eine gute und gesunde Schule* (S. 305–388). Bern: hep.

BRÄGGER, G. & POSSE, N. (2007). *Instrumente für die Qualitätsentwicklung und Evaluation in Schulen (IQES). Wie Schulen durch eine integrierte Gesundheits- und Qualitätsförderung besser werden können.* Bern: hep. (Bd. 1: Schritte zur guten Schule).

BRÄGGER, G. & POSSE, N. (2007). *Instrumente für die Qualitätsentwicklung und Evaluation in Schulen (IQES). Wie Schulen durch eine integrierte Gesundheits- und Qualitätsförderung besser werden können.* Bern: hep. (Bd. 2: Vierzig Qualitätsbereiche mit Umsetzungsideen).

BRÄGGER, G., POSSE, N. & ISRAEL, G. (Hrsg.). (2008). *Bildung und Gesundheit. Argumente für eine gute und gesunde Schule.* Bern: hep.

BRÄHLER, E. & SCHEER, J. (1983). *Der Gießener Beschwerdebogen (GBB).* Bern: Hans Huber.

BROOKOVER, W., BEADY, C., FLOOD, P., SCHWEITZER, J. & WISENBAKER, J. (1979). *School social systems and student achievement: Schools can make a difference.* New York: Praeger.

BROUWERS, A. & TOMIC, W. (2000). A longitudinal study of teacher burnout and perceived self-efficacy in classroom management. *Teaching and Teacher Education, 16,* 239–253.

BUCHEN, H. & ROLFF, H.-G. (2006). *Professionswissen Schulleitung.* Weinheim: Beltz.

BÜELER, X. (1996). Die Verwirklichung guter Schulen: Trendberichte zur Schulqualitäts- und Schulentwicklungsforschung im deutschsprachigen Raum. In C. SZADAY, X. BÜELER & B. FAVRE (Hrsg.), *Schulqualität und Schulentwicklung* (S. 79–162). Bern: Schweizerische Koordinationsstelle für Bildungsforschung.

BUHREN, C. & ROLFF, H.-G. (2009). *Personalmanagement in der Schule.* Weinheim: Beltz.

BUNDESBEAMTENGESETZ (BBG). (1999). *Bundesbeamtengesetz in der Fassung der Bekanntmachung vom 31. März 1999.* Verfügbar unter: http://norm.bverwg.de/jur.php?bbg,42 [07.01.2009].

BUNDESMINISTERIUM DES INNERN (BMI). (2000). *Gesetz zur Neuordnung der Versorgungsabschläge vom 19. Dezember 2000. Bundesgesetzblatt I S. 1786.* Verfügbar unter: http://www.bmi.bund.de/nn_164570/Internet/Content/Themen/Oeffentlicher__Dienst/Einzelseiten/Gesetz__zur__Neuordnung__der__Id__31226__de.html [07.01.2009].

BUNDESMINISTERIUM DES INNERN (BMI). (2005). *Dritter Versorgungsbericht der Bundesregierung:* Berlin.

BUNDESMINISTERIUM FÜR BILDUNG UND FORSCHUNG (BMBF). (2008). *OECD-Veröffentlichung »Bildung auf einen Blick«. Wesentliche Aussagen in der Ausgabe 2008.* Berlin: Bundesministerium für Bildung und Forschung.

BURKE, R. J., GREENGLASS, E. R. & SCHWARZER, R. (1996). Predicting teacher burnout over time: Effects of work stress, social support, and self-doubts on burnout and its consequences. *Anxiety, Stress and Coping: An International Journal, 9,* 261–275.

ČANDOVÁ, A. (2005). *Determinanten der beruflichen Belastung bei jungen Lehrerinnen und Lehrern. Eine Längsschnittstudie.* Dissertation, Erlangen-Nürnberg: Friedrich-Alexander-Universität Erlangen-Nürnberg.

CAPLAN, G. (1964). *Principles of preventive psychiatry.* New York: Basis Books.

CHERNISS, C. (1988). Observed supervisory behavior and teacher burnout in special education. *Exceptional Children, 54,* 449–454.

CHEUK, W. H. & WONG, K. S. (1995). Stress, social support, and teacher burnout in Macau. *Current Psychology: Developmental, Learning, Personality, Social, 14*, 42–46.

CHRIST, O. (2004). *Die Überprüfung der transaktionalen Stresstheorie im Lehramtsreferendariat.* Dissertation, Marburg: Universität Marburg.

COHEN, J. (1988). *Statistical power analysis for the behavioral sciences* (2. Aufl.). Hillsdale: Lawrence Erlbaum Associates.

COHEN, S. & WILLS, T. A. (1985). Stress, social support, and the buffering hypothesis. *Psychological Bulletin, 98,* 310–357.

CORDES, C. L. & DOUGHERTY, T. W. (1993). A review and an integration of research on job burnout. *Academy of Management Review, 18,* 621–656.

CREEMERS, B. (1994). *The effective classroom.* New York: Continuum International Publishing.

CREEMERS, B. (1996). The goals of school effectiveness and school improvement. In D. REYNOLDS, R. BOLLEN, B. CREEMERS, D. HOPKINS, L. STOLL & N. LAGERWEIJ (Hrsg.), *Making good schools: Linking school effectiveness and school improvement* (S. 21–35). London: Routledge.

CUMMINGS, O. W. & NALL, R. L. (1983). Relationship of leadership style and burnout counsellor's perceptions of their jobs, themselves, and their clients. *Counsellor Education and Supervision, 22,* 227–234.

DALIN, P. & ROLFF, H.-G. (1990). *Institutionelles Schulentwicklungsprogramm. Eine neue Perspektive für Schulleiter, Kollegium und Schulaufsicht.* Soest: Soester Verlagskontor.

DEUTSCHES INSTITUT FÜR MEDIZINISCHE DOKUMENTATION UND INFORMATION (DIMDI). (2008). *Internationale statistische Klassifikation der Krankheiten und verwandter Gesundheitsprobleme -10. Revision German Modification Version 2009.* Verfügbar unter: http://www.dimdi.de/static/de/klassi/diagnosen/icd10/htmlgm2009/index.htm (04. 12. 2008).

DITTON, H. (2000). Qualitätskontrolle und Qualitätssicherung in Schule und Unterricht. Ein Überblick zum Stand der empirischen Forschung. *Zeitschrift für Pädagogik, Beiheft, 41,* 73–92.

DUBS, R. (2005). *Die Führung einer Schule. Leadership und Management* (2., vollständig neu bearbeitete Aufl.). Zürich: SVK.

DUCKI, A. (2000). *Diagnose gesundheitsförderlicher Arbeit: Eine Gesamtstrategie zur betrieblichen Gesundheitsanalyse.* Zürich: vdf.

EDMONDS, R. R. (1979). Effective schools for the urban poor. *Educational Leadership, 37,* 15–27.

ELMORE, R. (2004). *School reform from inside out.* Cambridge, MA: Harvard.

EVANS, R. (1996). *The human side of school change.* San Francisco: Jossey-Bass.

EVANS, V. & JOHNSON, D. J. (1990). The relationship of principals' leadership behavior and teachers' job-related stress. *Journal of Instructional Psychology, 17,* 11–18.

FALTERMEIER, T. (2005). *Gesundheitspsychologie.* Stuttgart: Kohlhammer.

FELDHOFF, T., KANDERS, M. & ROLFF, H.-G. (2008). Schulleitung und interne Organisation. In H. G. HOLTAPPELS, K. KLEMM & H.-G. ROLFF (Hrsg.), *Schulentwicklung durch Gestaltungsautonomie* (S. 146–194). Münster: Waxmann.

FEND, H. (1977). *Schulklima: Soziale Einflussprozesse in der Schule.* Weinheim.

FEND, H. (1986). »Gute Schulen – schlechte Schulen«. Die einzelne Schule als pädagogische Handlungseinheit. *Die deutsche Schule, 3,* 275–293.

FEND, H. (1987). »Gute Schulen – schlechte Schulen« – Die einzelne Schule als pädagogische Handlungseinheit. In U. STEFFENS & T. BARGEL (Hrsg.), *Erkundungen zur Wirksamkeit und Qualität von Schule (Beiträge aus dem Arbeitskreis Qualität von Schule, Heft 1)* (S. 55–80). Wiesbaden: Hessisches Institut für Bildungsplanung und Schulentwicklung.

FIDLER, R. (2004). *Lehrerwahrnehmungen und Stressprävention. Stresserleben am Arbeitsplatz Schule und Stressprävention im Rahmen der Lehrerfortbildung.* Dissertation, Kassel: Kassel University Press.

FREIMUTH, J., HAUCK, O. & TREBESCH, K. (2003). They (n)ever come back – Orientierungsweisen und -waisen im mittleren Management. *Organisationsentwicklung*, 22, 24–35.

GAMSJÄGER, E. & SAUER, J. (1994). Ausgebrannt. Eine empirische Untersuchung bei Hauptschullehrern. *Erziehung und Unterricht*, 144, 636–648.

GEWERKSCHAFT FÜR ERZIEHUNG UND WISSENSCHAFT (GEW). (2004). *GEW lehnt Bandbreitenmodell ab! Neubewertung der Lehrerarbeitszeit.* Verfügbar unter: http://www.gew-bw.de/Binaries/Binary3372/Bandbreitenmodell.pdf [11.2.2009].

GREENGLASS, E. R., FIKSENBAUM, L. & BURKE, R. J. (1994). The relationship between social support and burnout over time in teachers. Annual meeting of Canadian Psychological Association. *Journal of Social Behavior and Personality*, 9, 219–230.

GREIF, S., BAMBERG, E. & SEMMER, N. (Hrsg.). (1991). *Psychischer Streß am Arbeitsplatz.* Göttingen: Hogrefe.

GROSSKINSKY, E. (2000). Ort des Grauens. *FOCUS*, 6, 99–103.

GUSY, B. & KLEIBER, D. (1998). Burnout. In E. BAMBERG, A. DUCKI & A.-M. METZ (Hrsg.), *Handbuch betriebliche Gesundheitsförderung* (S. 15–327). Göttingen: Verlag für angewandte Psychologie.

HÄBLER, H. & KUNZ, A. (1985). *Qualität der Arbeit und Verkürzung der Arbeitszeit in Schule und Hochschule.* München: IMU-Institut für Medienforschung.

HAEDAYET, W.-F. (2000). *Lehrerarbeit im Spannungsfeld von beruflicher Belastung und Gesundheitsförderung. Eine Untersuchung unter besonderer Berücksichtigung einer Befragung von pensionierten Grund-, Haupt- und Realschullehrkräften.* Dissertation, Hamburg: Universität Hamburg.

HAENISCH, H. (1993). *Wie sich Schulen entwickeln.* Soest: Landesinstitut für Schule und Weiterbildung.

HALLINGER, P., BICKMANN, L. & DAVIES, K. (1996). School context, principal leadership, and student reading achievement. *The Elementary School Journal*, 96, 527–549.

HALLINGER, P. & HECK, R. H. (1998). Exploring the principial's contribution to school effectiveness: 1980–1995. *School Effectiveness and School Improvement*, 9, 157–191.

HARAZD, B., GIESKE, M. & ROLFF, H.-G. (2008). Herausforderungen an Schulleitung: Verteilung von Verantwortung und Aufgaben. In W. BOS, H. G. HOLTAPPELS, H. PFEIFFER, H.-G. ROLFF & R. SCHULZ-ZANDER (Hrsg.), *Jahrbuch der Schulentwicklung Band 15. Daten, Beispiele und Perspektiven.* Weinheim: Juventa.

HARGREAVES, A. & FINK, D. (2006). *Sustainable leadership.* San Francisco: Jossey Bass.

HASCHER, T. & BAILLOD, J. (2008). Der Gesundheitsbegriff. In H. VOSS (Hrsg.), *Innovatives Schulmanagement* (S. 85–101). Gernsbach: Deutscher Betriebswirte-Verlag.

HEDDERICH, I. (1997). *Burnout bei Sonderschullehrerinnen und Sonderschullehrern: Eine vergleichende empirische Untersuchung, durchgeführt in Schulen für Körperbehinderte und in Hauptschulen, auf der Grundlage des Maslach-Burnout-Inventory.* Berlin: Edition Marhold.

HILLERT, A. & LEHR, D. (2004). Stationäre Behandlung psychosomatisch erkrankter Lehrer. In A. HILLERT & E. SCHMITZ (Hrsg.), *Psychosomatische Erkrankungen bei Lehrerinnen und Lehrern. Ursachen, Folgen, Lösungen* (S. 248–265). Stuttgart: Schattauer.

HINRICHS, P., KOCH, J., MEYER, C. & PHILLIP, B. (2003). Horrortrip Schule. *DER SPIEGEL*, 46, 46–68.

HÖHER, P. & ROLFF, H.-G. (1996). Neue Herausforderungen an Schulleitungsrollen: Management – Führung – Moderation. In H.-G. ROLFF (Hrsg.), *Jahrbuch der Schulentwicklung. Band 9* (S. 187–221). Weinheim: Juventa.

HOLTAPPELS, H. G. (1999). Gesundheitsförderung und Schulentwicklung. In H. BUCHEN, L. HORSTER & H.-G. ROLFF (Hrsg.), *Gesundheit und Schulentwicklung* (S. 33–52). Stuttgart: Raabe.

HOLTAPPELS, H. G. (2003). *Schulqualität durch Schulentwicklung und Evaluation. Konzepte, Forschungsbefunde, Instrumente.* München: Luchterhand.

HOLTAPPELS, H. G. (2005). Bildungsqualität und Schulentwicklung. In H. G. HOLTAPPELS & K. HÖHMANN (Hrsg.), *Schulentwicklung und Schulwirksamkeit* (S. 27–47). Weinheim und München: Juventa.

HOUSE, J. S. (1981). *Work stress and social support.* Reading, MA: Addison-Wesley.

HUBER, S. (1999a). School Effectiveness: Was macht Schule wirksam? *Schul-management, 30,* 10–17.

HUBER, S. (1999b). School Improvement: Wie kann Schule verbessert werden? Internationale Schulentwicklung II. *Schul-management, 30,* 7–18.

HÜBNER, P. & WERLE, M. (1997). Arbeitszeit und Arbeitsbelastung Berliner Lehrerinnen und Lehrer. In S. BUCHEN, U. CARLE, P. DÖBRICH, H.-D. HOYER & H.-G. SCHÖNWÄLDER (Hrsg.), *Jahrbuch Lehrerforschung* (S. 203–226). Weinheim, München: Juventa. (Bd. 1).

JEHLE, P. (1996). *Vorzeitige Pensionierung von Lehrerinnen und Lehrern – Eine Analyse amtlicher Materialien aus den alten Bundesländern.* Frankfurt/Main: DIPF. (Forschungsberichte).

JEHLE, P. & KRAUSE, P. (1994). *Berufsbezogene Angst von Lehrerinnen und Lehrern: Eine epidemiologische Pilotstudie.* Frankfurt/Main: DIPF.

JEHLE, P. & SCHMITZ, E. (2007). Innere Kündigung und vorzeitige Pensionierung von Lehrkräften. In M. Rothland (Hrsg.), *Belastung und Beanspruchung im Lehrerberuf. Modelle, Befunde, Interventionen* (S. 160–184). Wiesbaden: VS Verlag.

JENCKS, C. (1973). *Chancengleichheit.* Reinbek: Rowohlt.

JÜLICH, C. (2006). *Das neue Schulgesetz Nordrhein-Westfalen. Vom 15. Februar 2005 in der Fassung der Änderungsgesetze vom 13. und 17. Juni 2006* (2. Aufl.). München: Luchterhand.

KALDYBAJEWA, K. & KRUSE, E. (2007). Altersteilzeit immer beliebter. Statistische Fakten, Interpretationen und Bewertungen. *RV aktuell, 8,* 244–253.

KELEHEAR, Z. (2004). Controlling stress. *Principal Leadership, 5,* 30–33.

KLIEME, E., DÖBERT, H., BAETHGE, M., FÜSSEL, H.-P., HETMEIER, H.-W., RAUSCHENBACH, T., ROCKMANN, U. & WOLTER, A. (2008). *Bildung in Deutschland 2008. Ein indikatorengestützter Bericht mit einer Analyse zu Übergängen im Anschluss an den Sekundarbereich I.* Bielefeld: Bertelsmann.

KLIPPERT, H. (2006). *Lehrerentlastung. Strategien zur wirksamen Arbeitserleichterung in Schule und Unterricht.* Weinheim: Beltz.

KLITGAART, R. E. & HALL, G. E. (1973). *A statistical search for unusually effective schools.* Santa Monica, CA: Rand Cooperation.

KLUGER, A. N. & DeNISI, A. (1996). The effects of feedback intervention on performance. A historical review, a meta-analysis and a preliminary feedback intervention theory. *Psychological Bulletin, 119,* 254–284.

KLUSMANN, U., KUNTER, M., TRAUTWEIN, U. & BAUMERT, J. (2006). Lehrerbelastung und Unterrichtsqualität aus der Perspektive von Lehrenden und Lernenden. *Zeitschrift für Pädagogische Psychologie, 20,* 161–173.

KÖRNER, S. C. (2003). *Das Phänomen Burnout am Arbeitsplatz Schule. Ein empirischer Beitrag zur Beschreibung des Burnout-Syndroms und seiner Verarbeitung sowie zur Analyse von Zusammenhängen und potentiellen Einflussfaktoren auf das Ausbrennen von Gymnasiallehrern.* Berlin: Logos.

KRAMIS-AEBISCHER, K. (1995). *Stress, Belastungen und Belastungsverarbeitung im Lehrerberuf.* Bern: Haupt.

KREMER-HAYON, L., FARAJ, H. & WUBBELS, T. (2001). Burn-out among Israeli Arab school principals as a function of professional identity and interpersonal relationship with teachers. *International Journal Leadership in Education, 5,* 149–162.

KROHNE, H. W. (1999). Stress und Stressbewältigung. In R. SCHWARZER (Hrsg.), *Gesundheitspsychologie. Ein Lehrbuch* (S. 263–277). Göttingen: Hogrefe.

KYRIACOU, C. & SUTCLIFFE, J. (1978). A model of teachers stress. *Educational studies, 4,* 1–6.

LAMNEK, S. (2005). *Qualitative Sozialforschung. Lehrbuch.* Weinheim: Beltz PVU.

Landesamt für Datenverarbeitung und Statistik Nordrhein-Westfalen (LDS). (2007). *In den Ruhestand gewechselte Landesbeamte und Richter in Nordrhein-Westfalen 2001–2006. Verfügbar unter: http://www.lds.nrw. de/presse/pressemitteilungen/2007/pdf/ 185_07.pdf (07. 01. 2008).*

Landesamt für Datenverarbeitung und Statistik NRW (LDS). (2007). *In den Ruhestand gewechselte Landesbeamte und Richter in Nordrhein-Westfalen 2001–2006. Verfügbar unter: http://www.lds.nrw.de/presse/pressemitteilungen/2007/pdf/185_07.pdf (07. 01. 2008).*

Lazarus, R. S. (1966). *Psychological stress and the coping process.* New York: McGraw Hill.

Lazarus, R. S. (1990). Stress und Stressbewältigung – Ein Paradigma. In S.-H. Filipp (Hrsg.), *Kritische Lebensereignisse* (2., erweit. Aufl., S. 198–232). München: Psychologie Verlags Union.

Lazarus, R. S. & Launier, R. (1981). Streßbezogene Transaktionen zwischen Personen und Umwelt. In J. R. Nitsch (Hrsg.), *Stress. Theorien, Untersuchungen, Maßnahmen* (S. 213–259). Bern: Verlag Hans Huber.

Lechner, F., Reiter, W., Riesenfelder, A., Mitschka, R., Fischer, A. & Schaarschmidt, U. (1995). *Das Befinden von Lehrerinnen und Lehrern an österreichischen Schulen. Eine empirische Untersuchung zum physischen und psychischen Zustandsbild.* Innsbruck, Wien: Studien-Verlag.

Lederer, P., Weltle, D. & Weber, A. (2001). Sozialmedizinische Evaluation der Begutachtungen zur vorzeitigen Dienstunfähigkeit von Beamtinnen und Beamten. *Gesundheitswesen, 63,* 509–513.

Leithwood, K. (1992). The move toward transformational leadership. *Educational Leadership, 49,* 8–12.

Leithwood, K. & Jantzi, D. (1999). Transformational school leadership effects. A replication. *School Effectiveness and School Improvement, 10,* 451–479.

Leithwood, K., Jantzi, D. & Steinbach, R. (2001). Maintaining emotional balance. *Horizons, 79,* 73–82.

Leithwood, K., Menzies, T., Jantzi, D. & Leithwood, J. (1999). Teachers burnout: A critical challenge for leaders of restructuring schools. In R. Vandenberghe & A. M. Hubermann (Hrsg.), *Understanding and preventing teacher burnout – A sourcebook of international research and practice* (S. 85–114). Cambridge: University Press.

Leuschner, G. G. (1977). *Untersuchungen zum Zusammenhang von psychischer Beanspruchung, Persönlichkeit und Tätigkeit im Lehrerberuf.* Dissertation, Rostock: Universität Rostock.

Levine, D. U. & Lezotte, L. W. (1990). *Unusually effective schools. A review and analysis of research and practice.* Wisconsin: National Center for Effective Schools Research and Development.

Littrell, P. C., Billingsley, B. S. & Cross, L. H. (1994). The effects of principal support on special and general educators‹ stress, job satisfaction, school commitment, health, and intent to stay in teaching. *Remedial and Special Education, 15,* 297–310.

Maier, G. W. & Woschée, R.-M. (2002). Die affektive Bindung an das Unternehmen. Psychometrische Überprüfung einer deutschsprachigen Fassung des Organizational Commitment Questionnaire (OCQ) von Porter und Smith (1970). *Zeitschrift für Arbeits- und Organisationspsychologie, 46,* 126–136.

Marzano, R., Waters, T. & McNulty, B. (2005). *School leadership that works. From research to results.* Alexandria, VA: Association for Supervision and Curriculum Development.

Maslach, C. (1993). Burnout: A multidimensional perspective. In W. B. Schaufeli, C. Maslach & T. Marek (Hrsg.), *Professional burnout: Recent developments in theory and research* (S. 19–32). Washington, DC: Taylor & Francis.

MASLACH, C. & JACKSON, S. E. (1981). The measurement of experienced burnout. *Journal of Occupational Behaviour, 2*, 99–113.

MASLACH, C. & JACKSON, S. E. (1986). *Maslach Burnout Inventory, Manual.* (2. Aufl.). Palo Alto, CA: Consulting Psychologists Press.

MASLACH, C., SCHAUFELI, W. B. & LEITER, M. P. (2001). Job burnout. *Annual Review of Psychology, 52*, 397–422.

MATTHEWS, K. A., COTTINGTON, E. M., TALBOT, E., KULLER, L. H. & SIEGEL, J. M. (1987). Stressful work conditions and diastolic blood pressure among blue-collar factory workers. *American Journal of Epidemiology, 126*, 280–291.

McGRATH, J. E. (1981). Stress und Verhalten in Organisationen. In J. R. NITSCH (Hrsg.), *Stress. Theorien, Untersuchungen, Maßnahmen* (S. 441–499). Bern: Huber.

MICHELA, J. L., LUKASZEWSKI, M. P. & ALLEGRANTE, J. A. (1995). Organizational climate and work stress: a general framework applied to inner-city schoolteachers. In S. L. SAUTER & L. R. LAWRENCE (Hrsg.), *Organizational risk factors for job stress* (S. 61–80). Washington, D.C.: American Psychological Association.

MILLER, A. (2003). *An analysis of the relationship between the perceives organizational climate and professional burnout in libraries and computing centers in West Virgina public higher education institutions.* Dissertation, Huntington, WV: Marshall University.

MINISTERIUM FÜR SCHULE UND WEITERBILDUNG DES LANDES NRW (MSW). (2007). Das Alter der Lehrkräfte in NRW – Teil 1. *Schulverwaltung NRW, 4*, 127.

MINISTERIUM FÜR SCHULE UND WEITERBILDUNG DES LANDES NRW (MSW). (2006). *Qualitätstableau für die Qualitätsanalyse an Schulen in NRW.* Verfügbar unter: http://www.schulsport-nrw.de/info/01_schulsportentwicklung/gutersportunterricht/pdf/qualitaetstableau.pdf (10. 1. 2009).

MINISTERIUM FÜR SCHULE UND WEITERBILDUNG DES LANDES NRW (MSW). (2007). *Presseinformationen vom 17.07.2007: Pensionierungen von Lehrerinnen und Lehrern wegen Dienstunfähigkeit liegen auf dem niedrigsten Stand seit mehr als 10 Jahren.* Verfügbar unter: http://www.schulministerium. nrw.de/BP/Presse/Meldungen/PM_2007/pm_17_07_2007_pdf.pdf (07. 01. 2009).

MOR BARAK, M. E., LEVIN, A., NISSLY, J. A. & LANE, C. J. (2006). Why do they leave? Modelling child welfare workers‹ turnover intentions. *Children and Youth Services Review, 28* (5), 548–577.

MORTIMORE, P., SAMMONS, P., STOLL, L., LEWIS, D. & ECOB, R. (1988). *School matters: The junior years.* Somerset: Open Books.

MÜLLER, S., DEDERING, K. & BOS, W. (2008). *Schulische Qualitätsanalyse in Nordrhein-Westfalen – Konzepte, erste Erfahrungen, Perspektiven.* Köln: LinkLuchterhand.

MÜLLER VON BLUMENCRON, M. & MOHR, J. (1993). »Die sind satt und festgefahren«. *DER SPIEGEL, 24*, 34–44.

MUMMERT & PARTNER. (1999). *Untersuchung zur Ermittlung, Bewertung und Bemessung der Arbeitszeit der Lehrerinnen und Lehrer im Land Nordrhein-Westfalen.* Verfügbar unter: http://www.callnrw.de/php/lettershop/download/837/download.pdf (29. 04. 2008).

NITSCH, J. R. (Hrsg.). (1981). *Stress. Theorien, Untersuchungen, Maßnahmen.* Bern: Verlag Hans Huber.

NITSCHKE, G. (2002). Wie kann ich aus meiner Arbeit aussteigen? In Bayerischer Lehrer- und Lehrerinnenverband (Hrsg.), *Arbeitsbelastung in Schulen – damit Schule nicht krank macht! Hilfe für Lehrer/innen* (S. 30–35). Dorfen: Präbst Druck.

NÜBLING, M., STÖSSEL, U., HASSELHORN, H.-M., MICHALIS, M. & HOFMANN, F. (2005). *Methoden zur Erfassung psychischer Belastungen. Erprobungen eines Messinstrumentes (COPSOQ).* Bremerhaven: Wirtschaftsverlag NW.

OESTERREICH, R. (1999). Konzepte zu Arbeitsbedingungen und Gesundheit – Fünf Erklärungsmodelle im Vergleich. In R. OESTEREICH & W. VOLPERT (Hrsg.), *Psychologie gesundheitsgerechter Arbeitsbedingungen* (S. 141–215). Göttingen: Hans Huber.

PARSONS, T. (1968). *Sozialstruktur und Persönlichkeit.* Frankfurt/Main: Europäische Verlagsanstalt.

PAULUS, P. (2003). Schulische Gesundheitsförderung – vom Kopf auf die Füße gestellt. Von der Gesundheitsfördernden Schule zur guten gesunden Schule. In K. AREGGER & U. P. LATTMANN (Hrsg.), *Gesundheitsfördernde Schule – eine Utopie?* (S. 93–114). Oberentfelden: Sauerländer.

PIETSCH, M., BONSEN, M. & BOS, W. (2007). Ein Index sozialer Belastung als Grundlage für die Rückmeldung »fairer« Vergleiche von Grundschulen in Hamburg. In W. BOS & M. PIETSCH (Hrsg.), *KESS 4 – Kompetenzen und Einstellungen von Schülerinnen und Schülern am Ende der Jahrgangsstufe 4 in Hamburger Grundschulen* (S. 225–245). Münster: Waxmann.

PONT, B., NUSCHE, D. & MOORMAN, H. (2008). *Improving school leadership. Policy und practice.* Paris: OECD.

POSSE, N. & BRÄGGER, G. (2008). Wege zur guten, gesunden Schule – Argumente und Handlungskonzepte einer integrierten Gesundheits- und Qualitätsförderung. In G. BRÄGGER, N. POSSE & G. ISRAEL (Hrsg.), *Bildung und Gesundheit. Argumente für eine gute gesunde Schule* (1. Aufl., S. 19–54). Bern: hep.

PRETORIUS, T. B. (1993). Commitment, participation in decision-making and social support: Direct and moderating effects on the stress-burnout relationship within an educational setting. *South African Journal of Psychology, 23,* 10–14.

PRUESSNER, J. C. (2004). Von der schulischen Belastung zum Symptom: psychosomatische Konzepte und deren neuroendokrinologische Korrelate bei Lehrkräften. In A. HILLERT & E. SCHMITZ (Hrsg.), *Psychosomatische Erkrankungen bei Lehrerinnen und Lehrern* (S. 82–96). Stuttgart: Schattauer.

PULLIG, K.-K. (2006). Konferenzen- System, Kultur, Methoden. In H. BUCHEN & H.-G. ROLFF (Hrsg.), *Professionswissen Schulleitung* (S. 1088–1116). Weinheim: Beltz.

QUICK, J. C., COOPER, C. L., NELSON, D. L., QUICK, J. D. & GAWIN, J. H. (2003). Stress, health, and well-being at work. In J. Greenberg (Hrsg.), *Organizational behavior: the state of the science* (S. 53–58). Mahwah, NJ: Lawrence Erlbaum.

RAUIN, U. (2007). Im Studium wenig engagiert – im Beruf schnell überfordert. Studienverhalten und Karrieren im Lehrerberuf – Kann man Risiken schon im Studium prognostizieren? *Forschung Frankfurt, 3,* 60–64.

REYNOLDS, D. (1991). School effectiveness in secondary schools. In S. RIDDELL & S. BROWN (Hrsg.), *School effectiveness research: Massages for school improvement.* Edinburgh: HMSO.

RIMPELÄ, M. & RIGOFF, A.-M. (2007). Hyvinvoinnin ja terveyden edistäminen peruskouluissa. In J. KUUSELA & H. PELTONEN (Hrsg.), *Perusraportti kyselystä 7.-9. vuosiluokkien kouluille.* Vammala: Vammalan Kirjepaino Oy.

ROHMERT, W. & RUTENFRANZ, J. (1975). *Arbeitswissenschaftliche Beurteilung der Belastung und Beanspruchung an unterschiedlichen industriellen Arbeitsplätzen.* Bonn: BMA Referat Öffentlichkeitsarbeit.

ROLFF, H.-G. (1990). Wie gut sind gute Schulen? Kritische Analysen zu einem Modethema. In H.-G. ROLFF (Hrsg.), *Jahrbuch der Schulentwicklung. Band 6* (S. 243–261). Weinheim: Juventa.

ROLFF, H.-G. (2006). Konfluente Leitung – Führung aufteilen, Co-Management praktizieren und Prozesse gemeinsam gestalten. In H. BUCHEN, L. HORSTER & H.-G. ROLFF (Hrsg.), *Schulleitung und Schulentwicklung* (S. 1–14). Berlin: Raabe.

ROLFF, H.-G. (2007). *Studien zu einer Theorie der Schulentwicklung.* Weinheim u. a.: Beltz.

ROSE, U., SEIBT, R. & GALLE, M. (2006). Workload and menthal health of saxonian female teachers, *7th full conference of EAOHP 08.-10.11.2006.* Dublin.

ROSENHOLTZ, S. J. (1991). *Teacher's workplace: the sozial organization of schools.* New York: Teachers College Press.

Rudow, B. (1994). *Die Arbeit des Lehrers. Zur Psychologie der Lehrertätigkeit, Lehrerbelastung und Lehrergesundheit*. Bern: Huber.

Rudow, B. (2004). *Das gesunde Unternehmen: Gesundheitsmanagement, Arbeitsschutz und Personalpflege in Organisationen*. München: Oldenbourg.

Russel, D. W., Altmaier, D. & van Velzen, E. (1987). Job-related stress, social support and burnout among classroom teachers. *Journal of Applied Psychology, 72*, 269–274.

Rutter, M., Maughan, B., Mortimore, P. & Ouston, J. (1979). *Fifteen thousand hours – secondary schools and their effects on children*. London: Open Books.

Sammons, P., Hillman, J. & Mortimore, P. (1995). *Key characteristics of effective schools. A review of school effectiveness research*. London: OFSTED (Institute of Education).

Sauer, J. & Gamsjäger, E. (1996). *Ist Schulerfolg vorhersagbar? Die Determinanten der Grundschulleistung und ihr prognostischer Wert für den Sekundarerfolg*. Göttingen: Hogrefe.

Schaarschmidt, U. (2002). Die Belastungssituation von Lehrerinnen und Lehrern. Ergebnisse und Schlussfolgerungen aus der Potsdamer Lehrerstudie. *Pädagogik, 7*, 8–13.

Schaarschmidt, U. (Hrsg.). (2005). *Halbtagsjobber? Psychische Gesundheit im Lehrerberuf – Analyse eines veränderten Zustandes* (2. Aufl.). Weinheim, Basel: Beltz.

Schaarschmidt, U. & Fischer, A. W. (2003). *Arbeitsbezogenes Verhaltens- und Erlebensmuster (AVEM)*. Frankfurt/Main: Swets & Zeitlinger.

Schaarschmidt, U. & Kieschke, U. (2007). Beanspruchungsmuster im Lehrerberuf. In M. Rothland (Hrsg.), *Belastung und Beanspruchung im Lehrerberuf. Modelle, Befunde, Interventionen* (S. 81–98). Wiesbaden: VS Verlag.

Schaufeli, W. B. & Enzmann, D. (1998). *The burnout companion to study and practice. A critical analysis*. London: Taylor & Francis.

Scheuch, K. & Vogel, H. (1993). Prävalenz von Befunden in ausgewählten Diagnosegruppen bei Lehrern. *Soz Präventivmed, 38*, 20–25.

Schmidt, K. H. (1996). Wahrgenommenes Vorgesetztenverhalten, Fehlzeiten und Fluktuation. *Zeitschrift für Arbeits- und Organisationspsychologie, 40*, 54–62.

Schmitz, E. (2004). Burnout: Befunde, Modelle und Grenzen eines populären Konzeptes. In A. Hillert & E. Schmitz (Hrsg.), *Psychosomatische Erkrankungen bei Lehrerinnen und Lehrern* (S. 50–68). Stuttgart: Schattauer.

Schmitz, E. & Leidl, J. (1999). Brennt wirklich aus, wer entflammt war? Studie 2: Eine LISREL-Analyse zum Burnout-Prozeß bei Lehrpersonen. *Psychologie in Erziehung und Unterricht, 46*, 302–310.

Schmitz, G. S. (2001). Kann Selbstwirksamkeitserwartung vor Burnout schützen? Eine Längsschnittstudie in zehn Bundesländern. *Psychologie in Erziehung und Unterricht, 48*, 49–67.

Schneider, W. (2003). Betriebsräte als Co-Manager? *Organisationsentwicklung, 1*, 80–83.

Schönpflug, W. (1987). Beanspruchung und Belastung bei der Arbeit. Konzepte und Theorien. In U. Kleinbeck & J. Rutenfranz (Hrsg.), *Arbeitspsychologie* (S. 130–184). Göttingen: Hogrefe.

Schönwälder, H.-G. (1997). Dimensionen der Belastung im Lehrerberuf - Versuch einer Orientierung. In S. Buchen, U. Carle, P. Döbrich, H.-D. Hoyer & H.-G. Schönwälder (Hrsg.), *Jahrbuch Lehrerforschung*. (S. 179–202). Weinheim: Juventa. (Bd. 1).

Schönwälder, H.-G. (2001). *Die Arbeitslast der Lehrerinnen und Lehrer*. Essen: Neue Deutsche Schule.

Schratz, M. (1996). Die neue Qualität von Schulleitung. Schule als lernende Organisation. In W. Specht & J. Thonhauser (Hrsg.), *Entwicklungen, Befunde, Perspektiven* (S. 173–222). Innsbruck: Studien Verlag.

Schröder, C. & Bensch, A. (2004). Work and health conditions of nursing staff in palliative care and hospices in Germany. *Psycho Social Medicine, 1*, 1–15.

SCHULGESETZ FÜR DAS LAND NORDRHEIN-WESTFALEN (In der Fassung vom 15. 02. 2005). *(GVBl. S.102 ff.)*. Verfügbar unter: http:/www.bildungsportal.nrw.de/BP/Schule/System/Recht/Vorschriften/Gesetze/SchulG_Text.pdf (15. 05. 2006).

SCHUMACHER, J., WILZ, G., GUNZELMANN, T. & BRÄHLER, E. (2000). Die Sense of Coherence Scale von Antonovsky. *Psychotherapie Psychosomatik Medizinische Psychologie, 50,* 472–482.

SCHWARZER, R. (1987). *Streß, Angst und Hilflosigkeit. Die Bedeutung von Kognitionen und Emotionen bei der Regulation von Belastungssituationen* (2., erw. Aufl.). Stuttgart: Kohlhammer.

SCHWARZER, R. & GREENGLASS, E. R. (1999). Teacher burn-out from a social-cognitive perspective: A theoretical position paper. In R. VANDENBERGHE & M. HUBERMANN (Hrsg.), *Understanding and preventing teacher burnout: A sourcebook of international research and practice.* Cambridge: University Press.

SCHWARZER, R. & JERUSALEM, M. (1999). *Skalen zur Erfassung von Lehrer- und Schülermerkmalen.* Berlin: Freie Universität Berlin.

SCHWARZER, R. & JERUSALEM, M. (2002). Das Konzept der Selbstwirksamkeit. *Zeitschrift für Pädagogik, 44. Beiheft,* 28–213.

SEASHORE LOUIS, K., KRUSE, S. & MARKS, H. M. (1996). Schoolwide professional community. In F. M. Newman (Hrsg.), *Authentic achievement. Restructuring schools for intellectual quality.* San Francisco: Jossey-Bass Publishers.

SEIBT, R., HEDUSCHKA, D., DUTSCHKE, D., SPITZER, S. & SCHEUCH, K. (2006). *Wirkung arbeits- und gesundheitsbedingter Einflussfaktoren auf die Arbeitsfähigkeit von Lehrern.* Verfügbar unter: http://www.egms.de/en/meetings/gmds2006/06gmds030.shtml (18. 07. 2008).

SELYE, H. (1981). Geschichte und Grundzüge des Streßkonzepts. In J. R. NITSCH (Hrsg.), *Stress. Theorien, Untersuchungen, Maßnahmen* (S. 163–187). Bern: Verlag Hans Huber.

SEMMER, N. K. (2000). Control at work: Issues of specifity, generality, and legitimacy. In W. J. PERRIG & A. GROB (Hrsg.), *Control of human behavior, mental processes, and consciousness* (S. 555–574). Mahwah: Erlbaum.

SEMMER, N. K. & UDRIS, I. (1995). Bedeutung und Wirkung von Arbeit. In H. SCHULER, H. M. BRANDSTÄTTER, M. BUNGARD, S. M. GREIF, E. M. ULICH & B. WILPERT (Hrsg.), *Lehrbuch Organisationspsychologie* (S. 133–165). Bern: Huber.

SEMMER, N. K. & UDRIS, I. (2007). Bedeutung und Wirkung von Arbeit. In H. SCHULER (Hrsg.), *Lehrbuch Organisationspsychologie* (4. Aufl., S. 157–198). Bern: Hans Huber.

SLAVIN, R. E. (1996). *Education for all.* Lisse: Swets & Zeitlinger.

SÖLVA, M., BAUMANN, U. & LETTNER, K. (1995). Wohlbefinden: Definition, Operationalisierung, empirische Befunde. *Zeitschrift für Gesundheitspsychologie, 3,* 292–309.

SOSNOWSKY, N. (2007). Burnout – Kritische Diskussion eines vielseitigen Phänomens. In M. ROTHLAND (Hrsg.), *Belastung und Beanspruchung im Lehrerberuf. Modelle, Befunde, Interventionen* (S. 120–137). Wiesbaden: VS Verlag für Sozialwissenschaften.

SPIEWAK, M. (2006). Die Ausgebrannten. Interview mit UWE SCHAARSCHMIDT. *DIE ZEIT, 51,* 47–48.

STADLER, P. & SPIESS, E. (2002). Mitarbeiterorientiertes Führen und soziale Unterstützung am Arbeitsplatz. *Schriftenreihe der Bundesanstalt für Arbeitsschutz und Arbeitsmedizin,* 1–33.

STATISTISCHE VERÖFFENTLICHUNGEN DER KULTUSMINISTERKONFERENZ (2007). *Schüler, Klassen, Lehrer und Absolventen der Schulen 1997 bis 2006. Dokumentation Nr. 184:* Sekretariat der Ständigen Konferenz der Kultusminister der Länder in der Bundesrepublik Deutschland.

STATISTISCHES BUNDESAMT (2002). *Finanzen und Steuern. Versorgungsempfänger des öffentlichen Dienstes 2001. (Fachserie 14, Reihe 6.1.).* Wiesbaden: Statistisches Bundesamt.

STATISTISCHES BUNDESAMT (2003). *Finanzen und Steuern. Versorgungsempfänger des öffentlichen Dienstes. (Fachserie 14, Reihe 6.1.).* Wiesbaden: Statistisches Bundesamt.

STATISTISCHES BUNDESAMT (2006). *Durchschnittsalter der Lehrerkollegien steigt.* Verfügbar unter: http://www.destatis.de/jetspeed/portal/cms/Sites/destatis/Internet/DE/Presse/pm/zdw/2006/PD06_040_p002,templateId=renderPrint.psml (07. 01. 2008).

STATISTISCHES BUNDESAMT (2007a). *Aktuelle Fakten zum Tag des Lehrers. Pressemitteilung Nr.399 vom 04.10.2007.* Verfügbar unter: http://www.destatis.de/jetspeed/portal/cms/Sites/destatis/Internet/DE/Presse/pm/2007/10/PD07_399_211,templateId=renderPrint.psml (27. 01. 2009).

STATISTISCHES BUNDESAMT (2007b). *Finanzen und Steuern. Versorgungsempfänger des öffentlichen Dienstes.* Verfügbar unter: https://www-ec.destatis.de/csp/shop/sfg/bpm.html.cms.cBroker.cls?cmspath=struktur,sfgsuchergebnis.csp&action=newsearch&op_EVASNr=startswith&search_EVASNr=742 (28. 04. 2008).

STATISTISCHES BUNDESAMT (2008). *Finanzen und Steuern. Versorgungsempfänger des öffentlichen Dienstes. (Fachserie 14, Reihe 6.1).* Wiesbaden: Statistisches Bundesamt.

STEFFENS, U. (2007). Schulqualitätsdiskussion in Deutschland – ihre Entwicklung im Überblick. In J. VAN BUER & C. WAGNER (Hrsg.), *Qualität von Schule – Entwicklungen zwischen erweiterter Selbstständigkeit, definierte Bildungsstandards und strikte Ergebniskontrolle. Ein kritisches Handbuch.* Frankfurt/Main: Lang.

STEFFENS, U. & BARGEL, T. (1993). *Erkundungen zur Qualität von Schule.* Neuwied: Luchterhand.

STEINER, P. & LANDWEHR, N. (2007). *Das Q2E-Modell. Schritte zur Schulqualität. Aspekte eines ganzheitlichen Qualitätsmanagements an Schulen* (2. Aufl.). Bern: hep. (Q2E. Qualität durch Evaluation und Entwicklung; Bd. 1).

STRINGFIELD, S., TEDDLIE, C., WIMPELBERG, R. K. & KIRBY, P. (1992). A five year follow-up of schools in the Lousiana School Effectiveness Study. In J. BASHI & Z. SASS (Hrsg.), *School effectiveness and school improvement: Proceedings of the Third International Congress, Jerusalem.* Jerusalem: Magnes Press.

STROBEL, G. & WITTMANN, M. (1996). *Entwicklung branchenspezifischer Leitfäden zur Motivation und Förderung des bestimmungsmäßigen Einsatzes von Persönlichen Schutzausrüstungen.* Köln: Hauptverband der gewerblichen Berufsgenossenschaften.

SZADAY, C. (1995). *Creating effective schools for all: Trends in school effectiveness and school improvement research.* Ebikon: Zentralschweizer Beratungsdienst für Schulfragen.

TANG, C. S.-K., AU, W.-T., SCHWARZER, R. & SCHMITZ, G. (2001). Mental health outcomes of job stress among Chinese teachers: Role of stress resource factors and burnout. *Journal of Organizational Behavior, 22,* 887–901.

TEDDLIE, C. & STRINGFIELD, S. (1993). *Schools do make a difference: Lessons learned from a 10-year study of school effects.* New York: Teachers College Press.

TERHART, E., CZERWENKA, K., EHRICH, K., JORDAN, F. & SCHMIDT, H. J. (1994). *Berufsbiographien von Lehrern und Lehrerinnen.* Frankfurt/Main: Peter Lang.

TILLMANN, K.-J. (1989). *Was ist eine gute Schule?* Hamburg: Bergmann & Helbig.

UDRIS, I., RIMANN, M. & THALMANN, K. (1994). Gesundheit erhalten, Gesundheit herstellen: Zur Funktion salutogenetischer Ressourcen. In B. BERGMANN & P. RICHTER (Hrsg.), *Die Handlungsregulationstheorie* (S. 199–215). Göttingen: Hogrefe.

ULRICH, E. (1972). Arbeitswechsel und Aufgabenerweiterung. *REFA-Nachrichten, 25,* 265–275.

VAN DICK, R. (2006). *Stress und Arbeitszufriedenheit bei Lehrerinnen und Lehrern. Zwischen »Horrorjob« und Erfüllung* (2. Aufl.). Marburg: Tectum.

VAN DICK, R., WAGNER, U., STELLMACHER, J. & CHRIST, O. (2005). Mehrebenenanalysen in der Organisationspsychologie: Ein Plädoyer und ein Beispiel. *Zeitschrift für Arbeits- und Organisationspsychologie, 49,* 27–34.

VERBAND BILDUNG UND ERZIEHUNG NRW (VBE). (2008). *Altersteilzeit im Lehrerbereich hat sich bewährt.* Verfügbar unter: http://www.vbe-nrw.de/content_id/1740.html?session=ac5066413c5ce2fe3ae38047f9be4923 (07. 01. 2009).

VERBAND DEUTSCHER RENTENVERSICHERUNGSTRÄGER (VDR). (1995). *VDR Statistik.* Frankfurt/Main: VDR. (Rentenzugang Berichtsjahr 1994; Bd. 1).

VERORDNUNG ZUR AUSFÜHRUNG DES § 93 ABS. 2 SCHULGESETZ (VO zu § 93 Abs. 2 SchulG). Vom 18. März 2005 (GV. NRW. S. 218) geändert durch Verordnung vom 18. Mai 2006 (GV. NRW. S. 215), 11 – 11 Nr. 1.

VON ROSENSTIEL, L. (2003). Führung und Arbeit in Gruppen. In L. VON ROSENSTIEL, E. REGNET & M. DOMSCH (Hrsg.), *Führung von Mitarbeitern* (5. überarb. Aufl., S. 367–386). Stuttgart: Schäfer Poeschel.

VON ROSENSTIEL, L., MOLT, W. & RÜTTINGER, B. (1983). *Organisationspsychologie.* Stuttgart: Kohlhammer.

VON SALDERN, M. & KATZ, P. (1990). Die Bedeutung der Klassenfrequenz im Urteil der Lehrer. In Pädagogisches Zentrum des Landes Rheinland Pfalz (Hrsg.), *Pädagogik zeitgemäß.* Bad Kreuznach: Pädagogisches Zentrum. (Bd. 8).

WALLER, H. (2002). *Gesundheitswissenschaft. Eine Einführung in Grundlagen und Praxis von Public Health* (3. Aufl.). Stuttgart: Kohlhammer.

WEBER, A. (2004). Krankheitsbedingte Frühpensionierungen von Lehrkräften. In A. HILLERT & E. SCHMITZ (Hrsg.), *Psychosomatische Erkrankungen bei Lehrerinnen und Lehrern* (S. 23–28). Stuttgart: Schattauer.

WEBER, A., WELTLE, D. & LEDERER, P. (2001). Macht Schule krank? – Zur Problematik krankheitsbedingter Frühpensionierungen von Lehrkräften. *Bayerische Schule, 54,* 214–215.

WEGGE, J. (2004). *Führung von Arbeitsgruppen.* Göttingen: Hogrefe.

WEGNER, R., LADENDORF, B., MINDT-PRÜFERT, S. & POSCHADEL, B. (1998). Psychomentale Belastung und Beanspruchung im Lehrerberuf, Ergebnisse einer Fragebogenerhebung. *Arbeitsmedizin Sozialmedizin Umweltmedizin, 33,* 248–259.

WEGNER, R. & SZADKOWSKI, D. (1999). Gymnasiallehrkräfte und Lehrerinnen am höchsten belastet. *Profil. Das Magazin für Gymnasium und Gesellschaft, 6,* 16–25.

WEICK, K. E. (1976). Educational organizations as loosely coupled systems. *Administrative Science, 21,* 1–19.

WENDT, H., SCHARENBERG, K., BONSEN, M., BOS, W. & GRÖHLICH, C. (2008). Schülerkomposition aus Lehrer- und Schulleitersicht, *Postervortrag auf dem 21. Kongress der Deutschen Gesellschaft für Erziehungswissenschaft (DGfE).* Dresden.

WOLFF, G. & GOESCHEL, G. (1988). Fehlzeiten im Betrieb – Ein Thema für Führungskräfte. *Humane Produktion, Humane Arbeitsplätze, 6,* 20–24.

WORLD HEALTH ORGANIZATION (WHO). (1986). *Ottawa charter for health promotion.* Ottawa. (First International Conference on Health Promotion).

WUNDERER, R. (2003). *Führung und Zusammenarbeit. Eine unternehmerische Führungslehre* (5., überarb. Aufl.). München: Luchterhand.

WUNDERER, R. (2005). *Führung und Zusammenarbeit.* Neuwied: Luchterhand.

ZAPF, D. (1991). Arbeit und Gesundheit: Realer Zusammenhang oder Methodenartefakt? In S. GREIF, E. BAMBERG & N. SEMMER (Hrsg.), *Psychischer Stress am Arbeitsplatz* (S. 185–200). Göttingen: Hogrefe.

ZIMBER, A. (2004). *BGW-Projekt »Führung und Gesundheit«. Wie Führungskräfte zur Mitarbeitergesundheit beitragen können: Eine Pilotstudie in ausgewählten BGW-Mitgliedsbetrieben.* Verfügbar unter: http://www.bgw-online.de/internet/generator/Inhalt/OnlineInhalt/Medientypen/Fachartikel/BGW-Projekt_20F_C3_BChrung_20und_20 Gesundheit,property=pdfDownload.pdf (05. 11. 2008).

7.2 Tabellenverzeichnis

7.3 Abbildungsverzeichnis

7.4 Schlagwortverzeichnis

Anhang

Anhang A: Lehrerskalen

Bezeichnung	Gesundheitsmanagement		
Anzahl der Items	9		
Frage	*Inwieweit stimmen Sie folgenden Aussagen zu?*		
Anweisung	Bitte markieren Sie in jeder Zeile nur eine Antwort!		

Item-Nr	Itemformulierung	M	SD	r_{it}
L1401	An unserer Schule werden die Lehrkräfte bei Problemen mit Schülern (z. B. Disziplinprobleme oder Unterrichtsstörungen) unterstützt.	3,06	0,83	0,47
L1402	In unserer Schulentwicklungsgruppe ist die Gesundheitsförderung von Lehrkräften ein Thema.	1,87	0,83	0,73
L1403	Gesundheitsförderung und Gesundheitsziele sind im Leitbild und Schulprogramm unserer Schule verankert.	2,06	0,94	0,65
L1404	An unserer Schule spielt die Erhaltung und Förderung der Gesundheit eine wichtige Rolle.	2,01	0,83	0,80
L1405	Die Arbeitsgestaltung unserer Schule beruht auf gesundheitsfördernden Überlegungen.	1,79	0,73	0,81
L1406	An unserer Schule wird systematisch versucht die Arbeitssituation zu verbessern, indem z. B. Arbeitsbelastungen erhoben werden.	1,87	0,80	0,66
L1407	An unserer Schule werden Lehrkräfte in der Entwicklung gesundheitsförderlicher Verhaltensweisen unterstützt.	1,91	0,80	0,79
L1408	Die Betroffenen werden befähigt, mit Belastungssituationen (z. B. Stress) umzugehen.	1,75	0,72	0,76
L1409	Lehrpersonen an unserer Schule werden für gesundheitsrelevante Themen wie z. B. Bewegung oder Selbstmanagement sensibilisiert.	1,76	0,77	0,76

Kodierung	4 trifft zu, 3 trifft eher zu, 2 trifft eher nicht zu, 1 trifft nicht zu		
Ermittelter Wertebereich	1–4	Theoretischer Wertebereich	1–4
Mittelwert Gesamtskala	2,01	Varianzaufklärung durch Faktor/en in %	61,71
Fallzahl (n)	2977	Reliabilität (α)	0,917
Quelle	Eigenentwicklung orientiert an BRÄGGER & POSSE (2007)		

Bezeichnung	Wohlbefinden			
Anzahl der Items	5			
Frage	*In den letzten zwei Wochen...*			
Anweisung	Bitte markieren Sie in jeder Zeile nur eine Antwort!			
Item-Nr	**Itemformulierung**	**M**	**SD**	r_{it}
L1501	war ich froh und guter Laune.	3,42	0,98	0,69
L1502	habe ich mich ruhig und entspannt gefühlt.	2,82	1,07	0,69
L1503	habe ich mich energisch und aktiv gefühlt.	3,16	1,07	0,70
L1504	habe ich mich beim Aufwachen frisch und ausgeruht gefühlt.	2,73	1,15	0,63
L1505	war mein Alltag voller Dinge, die mich interessieren.	3,35	1,05	0,58
Kodierung	5 die ganze Zeit, 4 meistens, 3 weder/noch, 2 ab und zu, 1 zu keinem Zeitpunkt			
Ermittelter Wertebereich	1–5	Theoretischer Wertebereich	1–5	
Mittelwert Gesamtskala	3,10	Varianzaufklärung durch Faktor/en in %	62,21	
Fallzahl (n)	3169	Reliabilität (α)	0,846	
Quelle	WHO-5 (II), BECH et al. (2003), BECH (2004), Antwortformat modifiziert			

Bezeichnung	Burnout: Emotionale Erschöpfung			
Anzahl der Items	5			
Frage	*Diese Aussage trifft auf mich zu...*			
Anweisung	Bitte markieren Sie in jeder Zeile nur eine Antwort!			
Item-Nr	**Itemformulierung**	**M**	**SD**	r_{it}
L1601	Ich fühle mich am Ende eines Arbeitstages geschafft.	3,07	0,64	0,58
L1602	Ich fühle mich von meiner Arbeit emotional ausgelaugt.	2,41	0,75	0,72
L1603	Ich fühle mich erschöpft, wenn ich morgens aufstehe und wieder einen Arbeitstag vor mir habe.	2,23	0,71	0,64
L1605	Ich fühle mich ausgebrannt von meiner Arbeit.	2,06	0,79	0,73
L1610	Ich fühle, dass ich in meinem Beruf zu hart arbeite.	2,63	0,73	0,53
Ausgeschlossene Items				
L1613	Ich habe das Gefühl, mit meinem Latein am Ende zu sein.	1,73	0,63	–
Kodierung	4 (fast) immer, 3 häufig, 2 selten, 1 nie			
Ermittelter Wertebereich	1–4	Theoretischer Wertebereich	1–4	
Mittelwert Gesamtskala	2,48	Varianzaufklärung durch Faktor/en in %	60,55	
Fallzahl (n)	3153	Reliabilität (α)	0,836	
Quelle	Maslach & Jackson (1981), Deutsche Fassung von Barth (1985), Items und Antwortformat modifiziert			

Bezeichnung	Psychosomatische Beschwerden			
Anzahl der Items	7			
Frage	*Ich leide unter ...*			
Anweisung	Bitte markieren Sie in jeder Zeile nur eine Antwort!			
Item-Nr	**Itemformulierung**	**M**	**SD**	r_{it}
L1701	**Abgespanntheits-, Antriebs-, Müdigkeits-, Überlastungserscheinungen** (z. B. Ein- oder Durchschlafschwierigkeiten, Schlafbedürfnis, Abgespanntheit, Zerschlagenheit).	2,43	0,75	0,63
L1702	**körperlichen Erregungserscheinungen** (z. B. leichte Erregbarkeit, schnelles Erröten, körperliche Unruhe, Stottern, Weinen, Zittern).	1,69	0,72	0,61
L1703	**Herz-Kreislauf-Erscheinungen** (z. B. Herzklopfen oder -stechen, Kopfschmerzen, Schwindel, Kurzatmigkeit, Hitzewallungen).	1,81	0,78	0,65
L1704	**Magen-Darm-Erscheinungen** (z. B. Übelkeit, Erbrechen, Verstopfung, Blähungen, Sodbrennen, Magenschmerzen).	1,72	0,75	0,55
L1705	**emotional-psychischen Erscheinungen** (z. B. Nervosität, starke Erregungsgefühle, Angstgefühle, Neigung zu Stimmungsschwankungen, Depressionen).	1,82	0,77	0,70
L1706	**konzentrativen Erscheinungen** (z. B. Vergesslichkeit, leichte Ablenkbarkeit, Zerstreutheit).	2,12	0,72	0,55
L1707	**Glieder- und Muskelbeschwerden** (z. B. Gelenk- oder Gliederschmerzen, Kreuzschmerzen, Nacken- oder Schulterschmerzen).	2,23	0,90	0,51
Kodierung	4 (fast) immer, 3 häufig, 2 selten, 1 nie			

Ermittelter Wertebereich	1–4	Theoretischer Wertebereich	1–4
Mittelwert Gesamtskala	1,97	Varianzaufklärung durch Faktor/en in %	51,41
Fallzahl (n)	3154	Reliabilität (α)	0,838
Quelle	BRÄHLER & SCHEER (1983) modifiziert		

Bezeichnung	Außerschulische soziale Unterstützung			
Anzahl der Items	3			
Frage	*Inwieweit treffen folgende Aussagen auf Sie zu, wenn Sie beruflich unter Druck geraten?*			
Anweisung	Bitte markieren Sie in jeder Zeile nur eine Antwort!			
Item-Nr	**Itemformulierung**	**M**	**SD**	r_{it}
L4103r	In meinem Freundeskreis gibt es nur wenige Menschen, die mir in Schulangelegenheiten gute Tipps geben.	2,48	0,96	0,34
L4106r	Ich habe keine Freunde, mit denen ich Freud und Leid, die die Schule so mit sich bringt, teilen kann.	3,44	0,77	0,47
L4110	Es gibt mindestens eine Person in meinem Bekanntenkreis, mit der ich meine Sorgen und Probleme besprechen kann.	3,75	0,58	0,35
Kodierung	4 trifft zu, 3 trifft eher zu, 2 trifft eher nicht zu, 1 trifft nicht zu			
Ermittelter Wertebereich	1–4	Theoretischer Wertebereich	1–4	
Mittelwert Gesamtskala	3,22	Varianzaufklärung durch Faktor/en in %	54,73	
Fallzahl (n)	3005	Reliabilität (α)	0,560	
Quelle	Eigenentwicklung orientiert an VAN DICK (2006)			

Bezeichnung	Belastungsindex: Organisationsklima/soziales Klima		
Anzahl der Items	8		
Frage	*Aus schulischen Arbeitsbedingungen können mehr oder weniger starke Belastungen, aber auch stärkende Ressourcen für den Einzelnen resultieren. Entscheiden Sie bitte für jede einzelne der aufgeführten Bedingungen, in welchem Maße Sie sich durch diese Bedingungen gegenwärtig belastet oder entlastet fühlen.*		
Anweisung	Bitte markieren Sie in jeder Zeile nur eine Antwort!		

Item-Nr	Itemformulierung	M	SD	r_{it}
L4303	Die Zusammenarbeit zwischen Eltern und Lehrkräften.	4,00	1,14	0,33
L4304	Den Informationsfluss.	3,82	1,41	0,66
L4305	Der Umgang mit Anerkennung und Entlohnung (faires Anreizsystem).	4,23	1,39	0,69
L4306	Die Fortbildungsförderung.	3,56	1,23	0,55
L4307	Die Mitbestimmungsmöglichkeiten.	3,72	1,32	0,71
L4308	Der Umgang mit der Gesundheit der Lehrkräfte an dieser Schule.	4,55	1,32	0,65
L4311	Das Arbeitsklima im Kollegium.	2,59	1,37	0,46
L4312	Das Schulleiterhandeln.	3,47	1,59	0,69

Kodierung	Erlebe ich als … 7 sehr belastend, 6 belastend, 5 etwas belastend, 4 weder noch, 3 etwas entlastend, 2 entlastend, 1 sehr entlastend		
Ermittelter Wertebereich	1–7	Theoretischer Wertebereich	1–7
Mittelwert Gesamtskala	3,74	Varianzaufklärung durch Faktor/en in %	49,72
Fallzahl (n)	2825	Reliabilität (α)	0,851
Quelle	Eigenentwicklung		

Bezeichnung	Belastungsindex: Individuelle Unterrichtsarbeit			
Anzahl der Items	3			
Frage	*Aus schulischen Arbeitsbedingungen können mehr oder weniger starke Belastungen, aber auch stärkende Ressourcen für den Einzelnen resultieren. Entscheiden Sie bitte für jede einzelne der aufgeführten Bedingungen, in welchem Maße Sie sich durch diese Bedingungen gegenwärtig belastet oder entlastet fühlen.*			
Anweisung	Bitte markieren Sie in jeder Zeile nur eine Antwort!			
Item-Nr	**Itemformulierung**	**M**	**SD**	r_{it}
L4309	Die Anzahl der wöchentlichen Unterrichtsstunden.	4,51	1,47	0,43
L4313	Die Korrektur von Klassenarbeiten.	5,27	1,23	0,51
L4314	Die Vor- und Nachbereitung des Unterrichts.	4,68	1,06	0,48
Kodierung	Erlebe ich als … 7 sehr belastend, 6 belastend, 5 etwas belastend, 4 weder noch, 3 etwas entlastend, 2 entlastend, 1 sehr entlastend			
Ermittelter Wertebereich	1–7	Theoretischer Wertebereich	1–7	
Mittelwert Gesamtskala	4,82	Varianzaufklärung durch Faktor/en in %	60	
Fallzahl (n)	2954	Reliabilität (α)	0,652	
Quelle	Eigenentwicklung			

Bezeichnung	Belastungsindex: Arbeitsorganisation/Arbeitsbedingungen des Unterrichts			
Anzahl der Items	4			
Frage	*Aus schulischen Arbeitsbedingungen können mehr oder weniger starke Belastungen, aber auch stärkende Ressourcen für den Einzelnen resultieren. Entscheiden Sie bitte für jede einzelne der aufgeführten Bedingungen, in welchem Maße Sie sich durch diese Bedingungen gegenwärtig belastet oder entlastet fühlen.*			
Anweisung	Bitte markieren Sie in jeder Zeile nur eine Antwort!			

Item-Nr	Itemformulierung	M	SD	r_{it}
L4301	Die Unterrichtsorganisation (z. B. Stundenplan, Raumbelegung, Vertretungsplanung).	3,87	1,55	0,53
L4302	Die Organisationsstruktur der Schule (z. B. Anzahl und Koordination der Gremien, formale Regelungen).	4,19	1,44	0,54
L4310	Die räumliche und materielle Ausstattung der Schule (z. B. Zustand des Gebäudes, Kopierer, Lehrmittel).	4,61	1,75	0,49
L4319	Die Arbeitsumweltbedingungen (z. B. Luft, Licht, Temperatur).	4,57	1,19	0,44

Kodierung	Erlebe ich als ... 7 sehr belastend, 6 belastend, 5 etwas belastend, 4 weder noch, 3 etwas entlastend, 2 entlastend, 1 sehr entlastend	
Ermittelter Wertebereich	1–7	Theoretischer Wertebereich	1–7
Mittelwert Gesamtskala	4,31	Varianzaufklärung durch Faktor/en in %	53,73
Fallzahl (n)	2960	Reliabilität (α)	0,707
Quelle	Eigenentwicklung	

Bezeichnung	Belastungsindex: Unterrichtsgeschehen			
Anzahl der Items	3			
Frage	Aus schulischen Arbeitsbedingungen können mehr oder weniger starke Belastungen, aber auch stärkende Ressourcen für den Einzelnen resultieren. Entscheiden Sie bitte für jede einzelne der aufgeführten Bedingungen, in welchem Maße Sie sich durch diese Bedingungen gegenwärtig belastet oder entlastet fühlen.			
Anweisung	Bitte markieren Sie in jeder Zeile nur eine Antwort!			

Item-Nr	Itemformulierung	M	SD	r_{it}
L4315	Die Anzahl der zu unterrichtenden Schüler.	4,87	1,42	0,50
L4316	Das Verhalten der Schüler im Unterricht.	4,76	1,37	0,69
L4318	Die Lautstärke im Unterricht.	4,87	1,25	0,62

Kodierung	Erlebe ich als … 7 sehr belastend, 6 belastend, 5 etwas belastend, 4 weder noch, 3 etwas entlastend, 2 entlastend, 1 sehr entlastend		
Ermittelter Wertebereich	1–7	Theoretischer Wertebereich	1–7
Mittelwert Gesamtskala	4,83	Varianzaufklärung durch Faktor/en in %	68,71
Fallzahl (n)	3004	Reliabilität (α)	0,766
Quelle	Eigenentwicklung		

Bezeichnung	Belastungsindex: Reform- und Verwaltungsarbeit			
Anzahl der Items	4			
Frage	*Aus schulischen Arbeitsbedingungen können mehr oder weniger starke Belastungen, aber auch stärkende Ressourcen für den Einzelnen resultieren. Entscheiden Sie bitte für jede einzelne der aufgeführten Bedingungen, in welchem Maße Sie sich durch diese Bedingungen gegenwärtig belastet oder entlastet fühlen.*			
Anweisung	Bitte markieren Sie in jeder Zeile nur eine Antwort!			
Item-Nr	Itemformulierung	M	SD	r_{it}
L4317	Administrative Pflichten (z. B. verwaltende, kontrollierende, fachfremde Aufgaben).	5,22	1,20	0,44
L4320	Die Gremien- und Konferenzarbeit (Lehrerkonferenz, Schulkonferenz).	4,84	1,14	0,42
L4321	Aktuelle Reformen: Kopfnoten	5,76	1,17	0,49
L4322	Aktuelle Reformen: zentrale Prüfungen	5,04	1,34	0,37
Kodierung	Erlebe ich als … 7 sehr belastend, 6 belastend, 5 etwas belastend, 4 weder noch, 3 etwas entlastend, 2 entlastend, 1 sehr entlastend			
Ermittelter Wertebereich	1–7	Theoretischer Wertebereich	1–7	
Mittelwert Gesamtskala	5,21	Varianzaufklärung durch Faktor/en in %	49,14	
Fallzahl (n)	2820	Reliabilität (α)	0,649	
Quelle	Eigenentwicklung			

Bezeichnung	Allgemeine Selbstwirksamkeitserwartung			
Anzahl der Items	7			
Frage	keine Frage			
Anweisung	Bitte markieren Sie in jeder Zeile nur eine Antwort!			
Item-Nr	**Itemformulierung**	**M**	**SD**	**r_{it}**
L4501	Wenn sich Widerstände auftun, finde ich Mittel und Wege, mich durchzusetzen.	3,12	0,55	0,53
L4502	In unerwarteten Situationen weiß ich immer, wie ich mich verhalten soll.	2,89	0,53	0,63
L4503	Auch bei überraschenden Ereignissen glaube ich, dass ich gut mit ihnen zurechtkommen kann.	3,10	0,52	0,69
L4504	Schwierigkeiten sehe ich gelassen entgegen, weil ich meinen Fähigkeiten vertrauen kann.	3,02	0,63	0,67
L4505	Für jedes Problem kann ich eine Lösung finden.	2,87	0,61	0,58
L4506	Wenn eine neue Sache auf mich zukommt, weiß ich, wie ich damit umgehen kann.	2,99	0,51	0,67
L4507	Wenn ein Problem auftaucht, kann ich es aus eigener Kraft meistern.	3,03	0,46	0,58
Kodierung	4 trifft zu, 3 trifft eher zu, 2 trifft eher nicht zu, 1 trifft nicht zu			
Ermittelter Wertebereich	1–4	Theoretischer Wertebereich	1–4	
Mittelwert Gesamtskala	3,00	Varianzaufklärung durch Faktor/en in %	53,97	
Fallzahl (n)	2923	Reliabilität (α)	0,854	
Quelle	SCHWARZER & JERUSALEM (1999)			

Bezeichnung	Direktives Salutogenes Leitungshandeln			
Anzahl der Items	3			
Frage	*Inwieweit stimmen Sie folgenden Aussagen zu?*			
Anweisung	Bitte markieren Sie in jeder Zeile nur eine Antwort!			
Item-Nr	**Itemformulierung**	**M**	**SD**	r_{it}
L3901	Die Anweisungen/Aufträge meines Schulleiters ergeben für mich prinzipiell einen Sinn.	3,17	0,71	0,74
L3902	Die Anweisungen/Aufträge meines Schulleiters sind in der Regel zu bewältigen.	3,26	0,60	0,72
L3903	Die Anweisungen/Aufträge, die mein Schulleiter an mich richtet, sind prinzipiell verständlich und nachvollziehbar.	3,32	0,65	0,78
Kodierung	4 trifft zu, 3 trifft eher zu, 2 trifft eher nicht zu, 1 trifft nicht zu			

Ermittelter Wertebereich	1–4	Theoretischer Wertebereich	1–4
Mittelwert Gesamtskala	3,25	Varianzaufklärung durch Faktor/en in %	79,16
Fallzahl (n)	2975	Reliabilität (α)	0,866
Quelle	Eigenentwicklung		

Bezeichnung	Leitungskompetenz in Schulen		
Anzahl der Items	5		
Frage	*Inwieweit stimmen Sie folgenden Aussagen zu?*		
Anweisung	Bitte markieren Sie in jeder Zeile nur eine Antwort! (Der Schulleiter …)		

Item-Nr	Itemformulierung	M	SD	r_{it}
L2120	versteht es, kritische Situationen und Probleme zu antizipieren und durch sachgerechte Entscheidungen zu entschärfen.	2,79	0,80	0,65
L2408	Der Schulleiter ist offen für Vorschläge aus dem Kollegium.	3,08	0,81	0,61
L3305	Der Schulleiter sorgt dafür, dass die pädagogischen Ziele innerhalb der Schule eindeutig interpretiert werden.	2,68	0,81	0,60
L3408	arbeitet engagiert für die Beschaffung von Ressourcen.	3,26	0,79	0,57
L3707	spricht mit Lehrkräften häufig über die Qualität des Unterrichts.	2,17	0,82	0,49

Kodierung	4 trifft zu, 3 trifft eher zu, 2 trifft eher nicht zu, 1 trifft nicht zu		
Ermittelter Wertebereich	1–4	Theoretischer Wertebereich	1–4
Mittelwert Gesamtskala	2,79	Varianzaufklärung durch Faktor/en in %	55,71
Fallzahl (n)	2672	Reliabilität (α)	0,799
Quelle	FELDHOFF et al. (2008)		

Anhang B: Schulleiterskalen

Bezeichnung	Wohlbefinden			
Anzahl der Items	5			
Frage	*In den letzten zwei Wochen ...*			
Anweisung	Bitte markieren Sie in jeder Zeile nur eine Antwort!			
Item-Nr	**Itemformulierung**	**M**	**SD**	**r_{it}**
S5201	war ich froh und guter Laune.	3,82	0,77	0,65
S5202	habe ich mich ruhig und entspannt gefühlt.	3,03	1,06	0,52
S5203	habe ich mich energisch und aktiv gefühlt.	3,83	0,79	0,38
S5204	habe ich mich beim Aufwachen frisch und ausgeruht gefühlt.	3,25	1,12	0,48
S5205	war mein Alltag voller Dinge, die mich interessieren.	3,93	0,87	0,47
Kodierung	5 die ganze Zeit, 4 meistens, 3 weder/noch, 2 ab und zu, 1 zu keinem Zeitpunkt			
Ermittelter Wertebereich	1,2–4,8	Theoretischer Wertebereich	1–5	
Mittelwert Gesamtskala	3,57	Varianzaufklärung durch Faktor/en in %	49,50	
Fallzahl (n)	111	Reliabilität (α)	0,729	
Quelle	WHO-5 (II), BECH et al. (2003), BECH (2004), Antwortformat modifiziert			

Bezeichnung	Burnout: Emotionale Erschöpfung		
Anzahl der Items	6		
Frage	*Diese Aussage trifft auf mich zu...*		
Anweisung	Bitte markieren Sie in jeder Zeile nur eine Antwort!		
Item-Nr	Itemformulierung	M	SD	r_{it}
S5301	Ich fühle mich am Ende eines Arbeitstages geschafft.	2,79	0,70	0,56
S5302	Ich fühle mich von meiner Arbeit emotional ausgelaugt.	2,09	0,65	0,72
S5303	Ich fühle mich erschöpft, wenn ich morgens aufstehe und wieder einen Arbeitstag vor mir habe.	1,82	0,65	0,66
S5305	Ich fühle mich ausgebrannt von meiner Arbeit.	1,55	0,68	0,59
S5310	Ich fühle, dass ich in meinem Beruf zu hart arbeite.	2,39	0,87	0,50
S5313	Ich habe das Gefühl, mit meinem Latein am Ende zu sein.	1,39	0,53	0,41
Kodierung	4 (fast) immer, 3 häufig, 2 selten, 1 nie		
Ermittelter Wertebereich	1–3	Theoretischer Wertebereich	1–4
Mittelwert Gesamtskala	2,00	Varianzaufklärung durch Faktor/en in %	52,11
Fallzahl (n)	112	Reliabilität (α)	0,805
Quelle	MASLACH & JACKSON (1981), Deutsche Fassung von BARTH (1985), Items und Antwortformat modifiziert		

Bezeichnung	Belastungsfaktoren für die Schulleitung			
Anzahl der Items	7			
Frage	*Entscheiden Sie bitte für jede einzelne der aufgeführten Bedingungen, in welchem Maße Sie diese gegenwärtig als Belastung wahrnehmen.*			
Anweisung	Bitte markieren Sie in jeder Zeile nur eine Antwort!			
Item-Nr	**Itemformulierung**	**M**	**SD**	**N**
S5401	Die Zusammenarbeit mit dem Kollegium.	1,43	0,58	115
S5402	Die Zusammenarbeit mit den Eltern/Öffentlichkeitsarbeit.	1,57	0,68	115
S5403	Personalführung und -entwicklung.	1,79	0,74	115
S5404	Administrative Tätigkeiten (z. B. Verwaltung, Unterrichtsplanung, Budget u. Finanzen).	2,47	0,95	115
S5405	Anordnungen des Schulministeriums (z. B. Kopfnoten, zentrale Prüfungen).	3,02	0,84	115
S5406	Die eigene Unterrichtstätigkeit.	1,63	0,72	114
S5407	Die räumliche und materielle Ausstattung der Schule (z. B. Klassenraumgröße, Kopierer, Lehrmittel).	2,16	1,01	113
Kodierung	Empfinde ich als … 4 sehr belastend, 3 belastend, 2 etwas belastend, 1 nicht belastend			
Ermittelter Wertebereich	–	Theoretischer Wertebereich	1–4	
Quelle	Eigenentwicklung			

Bezeichnung	Belastungseinschätzung des Kollegiums durch die Schulleitung		
Anzahl der Items	6		
Frage	*Aus schulischen Arbeitsbedingungen können mehr oder weniger starke Belastungen, aber auch stärkende Ressourcen für den Einzelnen resultieren. Entscheiden Sie bitte für jeden der aufgeführten Bereiche, in welchem Maße dieser Ihr Kollegium gegenwärtig belastet oder entlastet.*		
Anweisung	Bitte markieren Sie in jeder Zeile nur eine Antwort!		
Item-Nr	**Itemformulierung**	**M**	**SD**	**N**
S5601	Organisatorische Rahmenbedingungen der Schule (z. B. Anerkennung und Entlohnung, Mitbestimmungsmöglichkeiten, Fortbildungsförderung)	3,48	1,45	115
S5602	Schulische Arbeitsorganisation (z. B. Unterrichtsorganisation, Arbeitszeit, Organisationsstruktur, räumliche und materielle Ausstattung)	3,90	1,60	115
S5603	Soziale Bedingungen (z. B. Arbeitsklima im Kollegium, Zusammenarbeit mit Eltern und Schülern)	2,67	1,35	115
S5604	Konferenz- und Teamebene (z. B. Gremien- und Konferenzarbeit)	3,50	1,38	115
S5605	Unterrichtsbedingungen (z. B. Unterrichtsarbeit, Vor- und Nachbereitung, Korrekturen, Verhalten der Schüler im Unterricht)	5,04	1,36	115
S5606	Aktuelle Reformen (z. B. Kopfnoten, zentrale Prüfungen)	6,00	1,18	115
Kodierung	Empfinde ich als ... 7 sehr belastend, 6 belastend, 5 etwas belastend, 4 weder noch, 3 etwas entlastend, 2 entlastend, 1 sehr entlastend		
Ermittelter Wertebereich	–	Theoretischer Wertebereich	1–7
Quelle	Eigenentwicklung